ワークショップ
人間関係の心理学

藤本忠明・東 正訓 ◉編
FUJIMOTO Tadaaki, HIGASHI Masanori

ナカニシヤ出版

まえがき

　「ワークショップ心理学」を世に出してから十年少々が過ぎました。この間，大学生の資質や気質が大きく様変わりしました。少子化が最大の原因で，大学全入時代が目前に迫っています。またその中での志願者獲得策としての入試の多様化は大学生の基礎学力の低下や資質の偏りを生みました。大学での学習計画の立て方や講義の受け方，本の検索の仕方や読み方，レポートの書き方，発表の仕方など，大学での学習スキルを提供する導入教育を新入生に対して実施する大学が増えてきたのも，このような状況を反映したものです。

　したがって，子ども子どもした大学生をいかに教育し，どれだけの付加価値をつけ，どれだけ人間的にも成熟させて社会に送り出すかが今日の大学教育の最も重要な課題です。その中での心理学教育も講義内容をいかに充実させ，受講生に魅力的なものにするかの工夫が絶えず求められることはいうまでもありません。

　集中的な学習を行わせ，講義の教育効果を高めるためにセメスター制を導入する大学が今日的になってきたこととあわせて，心理学の教材としてのテキストも見直す必要が出てきました。「ワークショップ心理学」は1年間で心理学全般について講義するためのテキストですが，これを半年間で行うためには，講義内容を絞り込まなければなりません。そこで大学生の人間関係に焦点をあて，受講生の人間形成や対人関係のよりよいあり方につながることを講義の目標とし「ワークショップ人間関係の心理学」とすることにしました。

　ワークショップは仕事場，研究会，勉強会，討論会という意味です。人間関係の心理学のさまざまな課題を受講生の皆さんがともに，作業をしながら，考え，論議するというところから，「ワークショップ心理学」と同様に「ワークショップ人間関係の心理学」と名づけました。ワークショップは全部で36あります。章や節のはじめにあることが多いですが，節の半ばにあることもあります。これらのワークショップを通じて講義の内容の理解が一層深まることを

期待しております。また，本文中にコラムを設け，さらなる理解の一助としました。さらに節の冒頭には学習目標，章の時には節の終わりに，要約，キーワード，知識チェック，討論課題，ブックガイドを示してありますので，学習内容の整理やまとめ，理解度のチェックやさらなる理解の拡大に活用いただきたいと考えております。

さて，本書は「ワークショップ心理学」同様，追手門学院大学人間学部心理学科の関係者である，編者2名と辻さん，永野さんの2名の専任教員と広澤さん，小城さん，橋本さんの3名の非常勤講師と本学大学院修了生の奥田さんの8名で執筆いたしました。辻さんと永野さんは臨床心理士の資格を持つ純然たる臨床心理学者です。人間関係の心理学をまとめるにあたり，臨床心理学の視点が不可欠であると考えて，執筆いただきましたが，本書の大きな特徴となっております。

編者で度重なる編集会議を開催し，執筆いただいた原稿のチェックや手直し，加筆，再構成を行いました。また執筆者にもご無理を申し上げましたが，ひとえにできるだけよいテキストにしたいという思いからでありました。したがって，本書の構成や記述の不備はすべて編者の責任であると認識いたしております。読者やご活用いただきました授業担当者の忌憚ないご指摘を願って，よりよい工夫をしたいと考えています。

おわりに，本書の出版を快くお引き受けいただきました，ナカニシヤ出版の中西健夫社長はじめ，編集会議に何度もご足労を煩わし，細部にわたってゆき届いた編集作業を進めていただいた編集長の宍倉由高氏，編集部の酒井敏行氏に厚く感謝の意を表します。

2004年1月

編者

目　　次

1. 人と人との出会いを心理学しよう……………………………………1
   第1節　第一印象　1
   第2節　印象形成　4
   第3節　対人認知　6

2. 人を好きになる心理学をしよう……………………………………15
   第1節　対人魅力の規定因　15
   第2節　親密な人間関係　25
   第3節　友情と孤独　34

3. 対人コミュニケーションを円滑にする心理学をしよう……………45
   第1節　対人コミュニケーション　45
   第2節　非言語的コミュニケーションとは何か　50
   第3節　効果的なコミュニケーションをめざして　57

4. われわれは他者からどのように影響を受けるかを心理学しよう……67
   第1節　説得的コミュニケーション　67
   第2節　マス・コミュニケーションの影響　78
   第3節　コンピュータ・コミュニケーション　87

5. 集団の中でわれわれはどうふるまうのかを心理学しよう…………95
   第1節　集団の中の個人　95

第2節 集団のしくみと影響　103

6. 集団間の利害の対立を心理学しよう……………………113
第1節　集団間の利害の対立　113
第2節　集団の利益と個人の利益　120

7. 対人関係の諸問題を心理学しよう……………………129
第1節　攻撃行動　129
第2節　運転における攻撃性　133
第3節　児童虐待　140
第4節　DV　149

8. よりよい人間関係を保つために自分自身を心理学しよう……157
第1節　自分を知るための検査法　158
第2節　「今、ここでの自分」を感じる　164
第3節　変化のプロセスを体験してみよう　169

9. ストレスと人間関係を心理学しよう……………………179
第1節　ストレスとは何か　179
第2節　大学生の対人ストレスを調べてみよう　185
第3節　ストレスを緩和する要因を調べてみよう　193

10. 幸福感と人間関係を心理学しよう……………………201
第1節　主観的幸福感　201
第2節　心理的 well-being　210

事項索引　219
人名索引　221

ワークショップ目次

ワークショップ 1-1　この授業の担当者の第一印象は？　2
ワークショップ 1-2　カウンセラーのクライエント理解　8
ワークショップ 2-1　他者に心ひかれる理由は？　16
ワークショップ 2-2　あなたの愛の類型はどのタイプ　28
ワークショップ 2-3　あなたの友人関係における孤独感は？　37
ワークショップ 3-1　「コミュニケーション」という言葉から連想されるものは？　45
ワークショップ 3-2　言葉を交わさなくても，コミュニケーションは成り立つ？　50
ワークショップ 3-3　パーソナル・スペースを測ってみよう　52
ワークショップ 3-4　相手との向き合い方で，どのように相手の視線を感じるでしょう？　53
ワークショップ 3-5　自分をよく見せるには——面接場面での面接官は何を見ているか？　57
ワークショップ 4-1　喫煙に対する態度を測定してみよう　69
ワークショップ 4-2　流行　84
ワークショップ 5-1　あなたは援助するだろうか？　100
ワークショップ 5-2　だれかと作業するとどうなるか？　101
ワークショップ 5-3　あなたの所属している集団は？　104
ワークショップ 5-4　ソシオグラムを作ってみよう　106
ワークショップ 5-5　あなたの集団の決まり事は？　106
ワークショップ 5-6　自分の意見を押し通せるか？　109
ワークショップ 6-1　ブレインストーミングでアイデアを出そう　115
ワークショップ 6-2　みんなで考えるとどうなるか？　116
ワークショップ 6-3　囚人のジレンマ・ゲームをやってみよう　122
ワークショップ 6-4　廃棄物ゲームをやってみよう　124
ワークショップ 7-1　あなたの攻撃性の度合いを測ってみよう　130
ワークショップ 7-2　あなたの運転場面の攻撃度を測ってみよう　134
ワークショップ 8-1　エゴグラム　158
ワークショップ 8-2　今の身体の状態に注意を向ける　166
ワークショップ 8-3　そのまま感じる　168
ワークショップ 8-4　気がかりの整理図　170
ワークショップ 8-5　コラージュを作ってみよう　174
ワークショップ 9-1　社会的再適応評定尺度　182
ワークショップ 9-2　大学生用ストレッサー尺度　186
ワークショップ 9-3　認知的評価尺度と対人関係コーピング尺度　187
ワークショップ 9-4　心理的ストレス反応尺度　190
ワークショップ 9-5　ソーシャルサポートの測定　196
ワークショップ 10-1　主観的幸福感の測定　203
ワークショップ 10-2　心理的 well-being 尺度　212

コラム目次

コラム 1-1　対人不安　10
コラム 2-1　コンピュータ・ダンス実験　20
コラム 2-2　バーンとネルソンの態度の類似性と対人魅力の実験　22
コラム 2-3　人間関係の悩みにどう対処すればよいか──カウンセラーの立場から　40
コラム 3-1　アメリカに留学しているある日本人学生の話　49
コラム 3-2　山アラシのジレンマ　54
コラム 3-3　問題解決のためのアサーション　60
コラム 3-4　よい聴き手になるには──積極的傾聴法のポイント　61
コラム 4-1　認知的不協和の理論　70
コラム 4-2　効果的な説得者になるには　72
コラム 4-3　ドアインザフェイス・テクニック　73
コラム 4-4　フットインザドア・テクニック　74
コラム 4-5　応諾技法に対して抵抗力をつけるには　75
コラム 4-6　態度と関係する諸概念　76
コラム 5-1　援助行動に関する新聞記事　97
コラム 6-1　ブレインストーミングの例　114
コラム 6-2　シェリフの泥棒洞窟実験　117
コラム 6-3　囚人のジレンマ・ゲーム　123
コラム 7-1　攻撃行動の社会的背景　131
コラム 7-2　破れ窓理論　137
コラム 7-3　児童虐待の防止等に関する法律　143
コラム 7-4　DV防止法　150
コラム 9-1　ストレスとうまく付き合うには　194
コラム 10-1　応用　幸せになる14ヶ条　208

1
人と人との出会いを心理学しよう

　人間関係は人と人との出会いから始まります。初めて出会った人であっても私たちは短時間のうちにその人物がどういう人であるかの印象を形成し，この人とならうまくやっていけそうだとか，どうも相性はわるそうだとか判断します。お互いがうまくやっていけそうだと判断すれば2人は付き合いを始めることになるでしょうが，そうでなければ2人の関係はそれっきりということになります。では，何を手掛かりにして初めて出会った人の印象を形成することができるのでしょうか。まずは人と人との出会いを心理学しましょう。

第1節　第一印象

【学習目標】
・どのようにして第一印象が形成されるかを理解しよう。

　まずワークショップ1-1で，この授業の担当者の第一印象を調べてみましょう。何を手掛かりにそのような印象をもったのでしょうか。隣の人と印象の違いを比較してみたり，なぜそのような印象を抱いたのか話し合ってみてください。
　初めて出会った人の第一印象はどのようにして形成されるのでしょうか。その人についての情報はほとんどありません。仕方がないので，どんな体型をしているのか，どんな顔かたちをしているのか，メガネをかけているか，服装は，髪形は，話し方は，などなどを手掛かりにその人の印象を形成することになり

ワークショップ 1-1

この授業の担当者の第一印象は？

この授業の担当者に抱いたあなたの第一印象を以下の項目で当てはまる数字を○で囲んで答えてください。

	非常に	かなり	やや	どちらでもない	やや	かなり	非常に	
神経質	1	2	3	4	5	6	7	神経質でない
とっつきやすい	1	2	3	4	5	6	7	とっつきにくい
明るい	1	2	3	4	5	6	7	暗い
暖かい	1	2	3	4	5	6	7	冷たい
不親切な	1	2	3	4	5	6	7	親切な
繊細な	1	2	3	4	5	6	7	繊細でない
社交的	1	2	3	4	5	6	7	非社交的
人のよい	1	2	3	4	5	6	7	人のわるい
試験はやさしそう	1	2	3	4	5	6	7	試験はむずかしそう
採点は甘そう	1	2	3	4	5	6	7	採点はきびしそう

ます。

大橋（1984）は相貌特徴がどのような性格特性と結びつけられて認知されやすいかを調査しています。その結果の一部をみてみましょう。

①体型：太った人は痩せた人に比べて，積極的な，心のひろい，感じのよい，親しみやすい，気長な，親切な，外向的な人とみられますが，知的でないとの印象ももたれます。

②身長：背の高い人は低い人に比べて，積極的な，知的な，外向的な人とみられますが，親しみにくい，不親切な印象ももたれます。

③額のひろさ：額のひろい人は狭い人に比べて，積極的な，心のひろい，分別のある，責任感のある，感じのよい，親しみやすい，気長な，親切な，知的な，外向的な人とみられます。

④口の大きさ：口の大きい人は小さい人に比べて，積極的な，心のひろい，

親しみやすい，外向的な人とみられますが，分別のない，感じのわるい，知的でない人ともみられます。

また，小池（1981）は4人の女性に，メガネをかける場合とかけない場合，かつらをつける場合とつけない場合，和服の場合か洋服の場合か，それぞれ組み合わせて8通りの装いをさせて，上半身のカラースライドを作りました。それらを刺激材料（投影時の大きさはタテ150cm×ヨコ105cm）にして，印象を調べました。その結果，

⑤メガネ：メガネをかけると，普段の装いのときより，理知的で，粘り強いが，神経質で，感じが悪く，とっつきにくく，暗い，非社交的な，地味な，消極的な人物との印象が強くなっています。

⑥和服：和服は普段の装いのときより，暗いイメージがもたれています。

⑦かつら：かつらをつけると，普段の装いのときより，感じがわるく，とっつきにくく，暗い，非社交的な，不親切な，地味，消極的な，保守的な人物との印象が強くなっています。

わが国では，男性のひげはまだまだ社会に定着していませんが，アラブ系の男性の多くがひげをはやしていたり，欧米で活躍する日本人にもひげをたくわえている人が多いようですが，それらの社会ではひげは重要な意味をもっています。

⑧ひげ：ペルグリニ（Pellegrini, 1973）はひげをたくわえた22歳から25歳の8人の男性に10＄払って被験者になってもらいました。被験者は理容師にひげを剃り落とされるのですが，剃り始める前，あごひげだけを残した状態または口ひげだけを残した状態，ひげをすっかり剃り落とした状態の4状態の写真をとられました。それらの写真を刺激に大学生に印象を評定させたところ，ひげを顔じゅうにはやしている男性が男らしく，成熟しており，見ばえがよく，権力があり，自信があり，勇敢で，人間が大きく，勤勉であり，もっともよい印象がもたれています。つぎによい印象がもたれたのは，あごひげまたは口ひげだけの男性で，すっかりひげを剃り落とした男性の印象がもっともわるかったのです。ひげはやはり大きな役割を果たしているのです。

⑨身体的魅力：ディオンら（Dion et al., 1972）は，あらかじめ身体的魅力度で3段階（魅力度高・魅力度中・魅力度低）に評定されている同年代の人物写

真をミネソタ大学生に提示し，それぞれの人物を評定させたところ，身体的魅力度の高い人物は社会的に望ましいパーソナリティ特性をもち，仕事で高い地位につき，結婚への可能性や適性も高く，幸福感も高いと評定され（表1-1），身体的魅力も第一印象形成の大きな手掛かりとなっています。

表1-1 刺激人物の評定された諸特性

	身体的魅力度		
	低	中	高
パーソナリティの社会的望ましさ	56.31	62.42	65.39
仕事での地位	1.70	2.02	2.25
結婚への適性	.37	.71	1.70
親としての適性	3.91	4.55	3.54
社会的・職業的幸福感	5.28	6.34	6.37
生活全般の幸福感	8.83	11.60	11.60
結婚の可能性	1.52	1.82	2.17

注）数字が大きいほど社会的望ましさは高い

なお，第一印象の形成にとって外見や身体的魅力が重要な役割を果たしますが，人間関係が深まっていくと性格や価値観など相手の内面的特性が印象を大きく左右することになります。

第2節 印象形成

【学習目標】
・印象形成のしくみを理解しよう。
・言い表し方によっては人物の印象がガラッと変わることを理解しよう。

わずかな情報しかないのになぜ印象が形成されるのでしょうか。アッシュ（Asch, 1946）は仮想人物の特徴を，例えば，知的な－器用な－勤勉な－暖かい－決然とした－実際的な－慎重な，というような形容詞語のリストで示し，仮想人物の印象を調べる一連の組織的な研究を行っています。その結果，

①与えられた形容詞語は単なる寄せ集めではなく，相互に影響し合いながら，全体的な印象を形成すること，

②与えられた形容詞語は同じ重みをもつのではなく，中心的な役割を果たすものとそうでないものがあり，「暖かい」と「冷たい」は印象形成で中心的な役割を果たすこと，

③与えられた形容詞語の提示順序が大きく影響し，全体として同じ形容詞語が与えられても，提示順序を逆にすると異なった印象が形成されること，

④仮想人物の全体印象は最初に与えられた形容詞語に強く方向づけられる初頭効果（primary effect）がみられること，

を明らかにしています。

ケリー（Kelley, 1950）はアッシュの「暖かい－冷たい」効果を実際の人物の印象形成で確かめています。この実験はマサチューセッツ工科大学の心理学の授業で行われました。受講生は55名の男子学生で，ほとんどが3年生です。心理学の助手がクラスに来て，次のように説明します。

「今日，担当の先生は出張中です。この授業では，先生が違うと授業がどのように変わるかの問題を扱ってきたので，今から皆さんが初めて出会うA先生を授業に迎えます。そして授業が終わったら，A先生について2, 3の質問に答えてもらいます。A先生がどのような人物であるのか，よく知っている人が書いたA氏の略歴を配りますから，A先生が来るまでに読んでください。A先生に何が行われようとしているのか気づかれないように，このことについて互いに話し合わないようにしてください。」

その後，略歴が配布されますが，略歴は2種類あり，違う点は「暖かくて」か「冷たくて」です。互いの話し合いが禁じられていますので，2種類の略歴が配布されていることには学生の誰も気づいていません。

配布された略歴は「A先生はマサチューセッツ工科大学の経済社会科学部の卒業生で，他大学で3学期間心理学の授業の経験があります。このクラスで教えるのは初めてです。A先生は26歳で，経験豊かで，結婚しています。A先生をよく知っている人はA先生のことを，どちらかというと暖かく（または冷たく），勤勉で，批判力に優れ，実際的な，決然とした人だといっています」という内容でした。

授業後，受講生はA先生の印象や評価をたずねられます。「暖かい」と「冷たい」の間で有意差がみられた項目とアッシュの結果は表1-2のとおりです。

ケリーの実際の人物での印象形成でも,「暖かい－冷たい」が印象形成で中心的な役割を果たしていることが明らかになりました。

印象形成に関する一連の実験結果は,人を紹介するときには,その言い表し方に特段の気配りが大切であることを示しています。言い表し方によっては印象がガラッと変わってしまうからです。

表1-2 「暖かい」と「冷たい」での印象の違い (Kelley, 1950)

	平均評定値			アッシュの結果	
	暖かい	冷たい	p	暖かい	冷たい
他人を配慮する―自己中心的	6.3	9.6	1%		
ざっくばらんな―形式的な	6.3	9.6	1%		
社交的な―非社交的な	5.6	10.4	1%	91%	38%
人気のある―人気のない	4.0	7.4	1%	84%	28%
性質のよい―癇癪もちの	9.4	12.0	5%	94%	17%
寛大な―寛大でない	8.2	9.6		91%	8%
ユーモアのある―ユーモアのない	8.3	11.7	1%	77%	13%
重要な―重要でない	6.5	8.6		88%	99%
人情のある―無慈悲な	8.6	11.0	5%	86%	31%

注) ケリーの評定は15段階;アッシュの%は左端の評定率

第3節 対人認知

【学習目標】
・対人認知をゆがめる要因にどのようなものがあるのか理解しよう。
・カウンセラーがどのようにクライエントを理解しているのかについて理解しよう。

1. 印象形成や対人認知をゆがめる要因

人についての印象を判断するときに,私たちが陥りやすい落とし穴についてみてみましょう。多くの人にかなりの程度共通する特徴・偏りといってもいいような傾向があることが明らかにされています。

印象形成や対人認知 (person perception) をゆがめる要因を,萩原 (1984) は以下の5つに整理しています。

①光背効果（halo effect）：ある人物の一側面が好ましい，あるいは好ましくないと評価されると，その人物の他のすべての側面にまでその評価が影響を及ぼす傾向。

②想定類似性（assumed similarity）：自分が好ましく思っている他者のほうが好ましく思っていない他者よりも，実際以上に自分と似た特徴をもっていると考える傾向。

③寛容効果（leniency effect）：他者を評価するときに，好ましい特徴はより好意的に，好ましくない特徴は寛大に評価する傾向。

④ステレオタイプ（stereotype）：ある特定の集団に対して人々がもっている信念を，その集団に所属しているすべての個人に共通の特徴であると考える傾向。

⑤暗黙の性格理論（implicit personality theory）：「おしゃべりな人は明るい」などのように，自分の過去の経験をもとに，ある特性をもつ個人は，それと論理的に関連すると思われる他の特性までをあわせもつと考える傾向。

そして，④のステレオタイプのうち，その内容が望ましくないもので，憎悪や敵意の感情と結びついている場合，とくにそれを「偏見（prejudice）」とよびます。

(1) 認知的複雑性

その他，印象形成や対人認知に影響を及ぼす要因の1つに認知的複雑性（cognitive complexity）というものがあります。ビエリ（Bieri, 1955）は他者を多くの側面で，多次元的に知覚できる能力・性質を「認知的複雑性」とよんでいます（坂元, 1993）。認知的複雑性とは，「社会的知覚を規定する個人差変数の一つであり，個人が環境（とくに他者）を複雑に知覚できるかどうかという性質あるいは能力である」と定義されます（坂元, 1993）。一般に認知的複雑性の低い人は，独断主義的傾向や権威主義的傾向，偏見が強く，認知する対象に極端な評価を下す傾向が強く，一方，認知的複雑性の高い人は，特定の情報にとらわれることなく，さまざまな情報をよく統合して，認知する対象に統一的な印象を形成し，他者の行動についての予測が正確であるといったことが明らかにされています。

(2) 転移

さらに臨床心理学における対人認知のゆがみに関する問題として，カウンセリング関係の中でみられる，転移（transference）という現象をあげることができます。転移とは，カウンセリングや心理療法の中で「クライエント」とよばれる相談を依頼した人が，自分の過去の重要な他者（主に父親や母親など）に対する感情や関係のあり方をカウンセラーとの間に移し変えてくることをいいます。しかしカウンセリングといった特殊な対人関係の中だけではなく，私たちの日常の生活の中でも，転移的な現象はよく起こっています。例えば，父親に対して怖いといった感情を強くもつ人が，父親と似たような外見や雰囲気をもった人に対して，知らず知らずのうちに父親に対するのと同じような気持ちや行動を示してしまったり，また初めて会った人が，以前からよく知っている人と外見上よく似ていると，その人の性格など内面性まで，もともと知っていた人と同じように判断してしまうといったようなことです。

このようにみてくると私たちの印象形成や対人認知は，程度の差はいろいろながら，判断される側の外見や判断する側の主観などによってゆがめられているものといえます。毎日あちこちでなされる対人認知の中には，結婚相手の選択や就職の採用者の選択などのように，自分自身や他者にとって一生にかかわるような重要な判断をしなければならない場合があります。このような場合の人に対する判断の誤りは，非常に大きな損害を多くの人にもたらす可能性をもっています。これまで取り上げたような，対人認知の落とし穴について慎重に検討してみることによって，誤った判断を下してしまうことはかなり防げるのではないかと考えられます。

ワークショップ 1-2

カウンセラーのクライエント理解。
カウンセラーはどのようにしてクライエントを理解しようとしているのか，考えてみましょう。

2. カウンセラーのクライエント理解

カウンセラーや精神療法家は，クライエントの内面を深く理解し，場合によ

ってはその人の性格や病理性を診断的に理解することを主な仕事としていますが，専門家としてのカウンセラーは，どのように他者を理解しているのでしょうか？

　初めて会った人に職業についてたずねられ，「カウンセラーです」と自己紹介すると，相手から「私が今，何を考えているかわかったりするんですか」といった言葉が返ってくることがあります。また，少しカウンセリングを勉強した人でも，カウンセリングにおいてもっとも重要なことの1つとされる「共感」について，「私はまったく共感能力がなくて」などと口にされることがあります。よく聞いてみるとその人は共感というものを，目の前に座っているクライエントがそのときに感じている感情をカウンセラーが手に取るようにはっきりと感じ取れることのように理解しているらしいのです。

　精神科医で精神療法家である成田（1989）は，治療者は患者（クライエント）のことをすぐにわかってしまおうとする必要はなく，また，もしわかりすぎたとしたら，そのことはときには患者にとって危険ですらあるとした上で，共感について，治療者が相手を理解しようと努め，その難しさを痛感する中で「共感という花が束の間の奇跡のように咲く」と表現しています。筆者の経験でも，クライエント以上にその人の気持ちがわかるとカウンセラーが感じるような瞬間もあるのですが，これもまたカウンセラーの思い込みにすぎないのかもしれませんし，だいたいはそう簡単に相手の気持ちがわかるわけではありません。その時々にクライエントの気持ちがわかるかどうかは別にして，とにかく，カウンセラーはクライエントを理解しようとする姿勢をもち続けることが大切なのだといえるでしょう。

　一口にカウンセラーまたは精神療法家といっても，さまざまな学派が存在し，それぞれいくらか異なった理論に基づいて実践をしています。さらにまたその実践ではカウンセラー個々の個性による違いも小さいとはいえません。

　ただ一般に，カウンセラーは人に対してできるかぎり予断や偏見をもたないように訓練されますし，また人をより深く理解するために必要な，人格や性格，人格の形成，人格の病理性などに関する理論についても十分学んでいる必要があります。さらに人の性格などをより客観的・正確に判断するための手段として心理テストを利用することもあります。

コラム 1-1

対人不安

　対人不安（social anxiety）とは，「現実の，あるいは想像上の対人場面において，他者からの評価に直面したり，もしくはそれを予測したりすることから生じる不安状態」（Schlenker & Leary, 1982）と定義されます。

　対人不安の問題は先に取り上げた対人認知と密接な関係にあることが，研究の結果，わかっています。もう少し正確にいうと，人をどんなふうに見るかという対人認知の逆，つまり人からどのように見られるかという問題と関連が強いことが明らかにされています。

　例えば，人前でスピーチをするとき，学生であれば授業で発表をするときなどには，だれしも程度の差はあれ，普段あまり感じないような緊張を感じるでしょう。自分の印象をよりよく見せたいとき，例えば，高い地位の人に応対するときや就職の面接時なども，緊張を感じやすいものです。さらに，社会的ルールをよく知らない場面，例えば，初めてのフォーマルなディナーをたべるときなども緊張するものです。

　もし，あなたがこういった状況に置かれたとしたら，あなたの頭の中にどのような思いがめぐっているのでしょうか。失敗したらどうしよう……。うまくいかなくて人からバカにされたり，後からだれかにからかわれたりしたらどうしよう……。このようにさまざまないわゆる「プレッシャー」が言葉やイメージとなって私たちを襲ってきます。一方でこんなときにもケロッと平気な人もいます。

　では，このような個人差は何が原因で生じるのでしょうか。他者からよい評価を得たいと望む気持ちが強い人ほど，一般に対人不安が高くなる傾向が強いことが明らかにされています。他者に自分のよい印象を与えようと動機づけられ，さらに印象づけたい能力に自信がもてない場合には，強い対人不安が生じると考えられています。

　さらに対人不安は，「人から見られる自分」を意識しやすくなる思春期や青年期に，多くの若者に見られる発達的な心理現象でもあり，成人すれば次第に消えていくことがわかっています。その意味で，対人不安に悩む大学生には，将来，対人不安が次第に弱くなるということなので，少し安心してもらえるのではないでしょうか。しかし，今，強い対人不安に悩んでいる方には，例えば学生相談室のカウンセラーに相談することも1つの有効な対処になります。

　また，人によっては「安心できる環境で対人場面になれていく」ことで，自信を少しずつつけていくこともよいかもしれません。最初は少し緊張したけれど案外うまくやりとげることができた，まわりの人からも拒絶されず受容された，関心をもってもらえたといった成功体験を無理せずに，徐々に積み重ねることです。すると積み重ねてきた成功体験によって，自己イメージが変化し始めます。例えば，「自分は人間関係の中でも，けっこういきいきとできるのだなあ」というふうに内面の変化が生じます。内面の変化はつぎに新たな積極的行動を生み，さら

> に自信が……という具合に，安心できる対人環境→外面行動の変化→行動結果に基づく内面の変化→外面行動と対人環境のさらなる変化→……というふうに，よい循環が生じます。
> 　ここで，もっとも大事なことは，本人の努力や忍耐ではなくて，「安心できる対人環境」です。大学生の皆さんにとっては，5名から20名程度の学生を教員が指導するゼミ（たいがい3，4年次に開講されています）が「安心できる対人環境」になる場合があります。中高生にくらべてメンバーが成熟しているので対人葛藤が生じにくい，適度な距離感を保ちやすい，ゼミでの共同体験を通じて集団凝集性が高まり，メンバーの心理的安定（自尊心向上と不安感の低下）をもたらすなど，大学のゼミには中学校や高校のクラスとは質的に異なるよい面があると思われます。引っ込み思案で対人不安や孤独感の強い学生が，ゼミ活動を通じて，自分に対して柔軟な見方を身につけ，他者とのかかわり方に自信をつけるといった成長のプロセスを，多くのゼミで見かけることができます。

　とくに，カウンセリング関係の中ではカウンセラー個人がもつ価値観や常識といった枠組みから相手をみることはできるかぎり控え，クライエント側の枠組みに沿って相手を理解しようと努めることが原則とされています。また経験豊かなカウンセラーになると自分自身の多くのクライエントとの関係の中から独自のクライエントを理解するための目や勘を身につけているものと考えられます。

　しかし，多くのカウンセリングに共通するもっとも大きな特徴は，一般にカウンセリングや心理療法が，クライエントと一対一で週に1回1時間弱（正式の精神分析などでは，週に4・5回）面接をし，それを数10回，場合によっては数100回というように，非常に多くの時間をとって，主にクライエントの思いや感情に焦点を当てながら，互いに話を進めていくことにあります。さらに，その中で互いに関係が深まるにつれて，親や身内にも話したことのないようなことまで語るようになることからもたらされる，他者の判断における情報の多さと深さをもつことにあるといえます。

　カウンセリングにおいては，その営み自体がクライエントその人をどう理解するかに尽きるものだといってもよいので，さまざまな方法を用いながら多くの時間をかけてクライエントその人の有り様をより深く全体的に理解しようと努めます。そのことが先に挙げた認知的複雑性についていわれるように，クライエントについての判断や行動の予測を正確にすることはいうまでもないこと

です。

〈要　約〉
　第一印象の形成には，その人物についての情報が少ないので，外見が大きな手掛かりとなります。体型や顔かたちや服装などから第一印象を形成しますが，好印象がもたれ，人間関係が進展すると，外見よりその人の性格や価値観など内面的特性が印象を左右することになります。また印象形成についての一連の研究は，印象形成において「暖かい－冷たい」という表現が中心的な役割を果たしています。また，対人認知は主観によってゆがめられやすいことがわかっています。そのため心理学の研究によって明らかにされている対人認知をゆがめる要因などに注意を払うことによって，非常に慎重さを要する他者の判断を行うときなどにも，判断の失敗を避けることができます。とくに正確なクライエントの理解を必要とするカウンセリングでは，カウンセラーは多くの時間をかけ，臨床心理学的理論や技術，経験を用いてクライエントの理解を慎重に進めます。

〈キーワード〉
　第一印象，体型と性格，身長と性格，額のひろさと性格，口の大きさと性格，メガネと性格，装いと性格，ひげと性格，身体的魅力と性格，印象形成，初頭効果，アッシュの印象形成の実験，ケリーの印象形成の実験，対人認知，光背効果，想定類似性，寛容効果，ステレオタイプ，暗黙の性格理論，偏見，認知的複雑性，転移，共感，対人不安

〈知識チェック〉
・アッシュの印象形成の実験で明らかにされたことを述べなさい。
・対人認知をゆがめる要因を説明しなさい。
・認知的複雑性を説明しなさい。

〈レポート・討論課題〉
　①初対面の人に出会ったとき，何を手掛かりに第一印象を形成していますか。クラスの皆さんと話し合ってください。

②体型や身長などの相貌特徴と想定された性格特性との関係をワークショップ 1-1 の尺度を参考に自分たちで調査してみよう。

〈ブックガイド〉

クラインク, C.L.　福屋武人（監訳）　1984　榎本博明・塩崎万里（訳）　ファースト・インプレッション　有斐閣

【引用文献】

Asch, S.E.　1946　Forming impressions of personality. *Journal of Abnormal and Social Psychology*, **41**, 258-290.
Bieri, J.　1955　Cognitive complexity-simplicity and predictive behavior. *Journal of Abnormal and Social Psychology*, **51**, 263-268.（坂元　章　1993　「認知的複雑性」と「社会的知覚システムの進展」　風間書房　に引用）
Dion, K., Berscheid, E., & Walster, E.　1972　What is beautiful is good. *Journal of Personality and Social Psychology*, **24**(3), 285-290.
萩原　滋　1984　社会の認知Ⅰ：感情・性格の認知　青木孝悦・萩原　滋・箱田裕司　資料中心一般心理学　関東出版社　199-218.
Kelley, H.H.　1950　The warm-cold variable in first impression of persons. *Journal of Personality*, **18**, 431-430.
小池和代　1981　印象形成に関する実験的研究　追手門学院大学文学部心理学科藤本忠明ゼミ卒業演習論文（未公刊）
Leary, M.R.　1983　*Understanding social anxiety: social personality and clinical perspective*. Sage.（生和秀敏監訳　1990　対人不安　北大路書房）
成田善弘　1989　青年期境界例　金剛出版
大橋正夫　1984　対人関係の社会心理学　福村出版
Pellegrini, R.J.　1973　Impressions of the male personality as a function of beardedness. *Psychology*, **10**, 29-33.
坂元　章　1993　「認知的複雑性」と「社会的知覚システムの進展」　風間書房
Schlenker, B.R., & Leary, M.R.　1982　Social anxiety and self-presentation: A conceptualization and model. *Psychological Bulletin*, **92**, 641-669.

2
人を好きになる心理学をしよう

　私たちはなぜ，人に心ひかれるのでしょうか。また，そのとき私たちの心にはどのような感情が生起するのでしょうか。このテーマは，古今東西を問わず古くから文学の世界で描かれ続けてきましたが，心理学が取り組むようになったのは，ごく最近のことです。心理学自体が新しい学問である以上，当然のことですが，それ以外にテーマのもつ性格がかかわっていたようです。「蓼食う虫も好きずき」というように，「好き嫌い」は人さまざまです。そして，「愛」はロマンチックで神聖なものですので，実験や調査といった科学的なメスを入れることは冒瀆的な行為であると考えられていたようです。また，「好き嫌い」や「愛」は非常にとらえどころのないあいまいな現象ですから，厳密性にこだわる心理学者はあまり興味を示さなかったのかもしれません。

　ここでは，「人はなぜ，他者に心ひかれるのか」という対人魅力（interpersonal attraction）の規定因と，そのとき私たちの心に生起する感情―好意と愛情―，そして，恋愛にみられる親密な人間関係，友人関係における友情と孤独について考察することにより，人を好きになる心理学をしましょう。

第1節　対人魅力の規定因

【学習目標】
・「人はなぜ，他者に心ひかれるのか」，対人魅力の規定因にはどのような要因があるのかを理解しよう。
・環境要因としての「近接性」と「単純接触の効果」について学ぼう。

- 他者要因としての「身体的魅力」について学ぼう。
- 相互関係要因としての「類似性」,「相補性」,「好意の返報性」について学ぼう。
- 対人魅力の規定因が導き出された実証的研究を理解するとともに,なぜ,その要因によって魅力を感じるのかを考察しよう。

ワークショップ2-1

他者に心ひかれる理由は?

あなたは,今までに他者に心ひかれた経験がありますか。もしあれば,最近のケースをよく思い出して,次の質問に答えてください。

1. 相手との年齢差は?(　　歳くらい,年上・年下,または,同年齢)
2. その人は,同性・異性のどちらですか?(同性・異性)
3. その人は,同じ学校の人ですか?(はい・いいえ)
4. その人は,同級生ですか?(はい・いいえ)
5. あなたはなぜ,その人に心ひかれたのでしょうか。その理由を具体的に書き出してください。
6. 一般的に,人が他者に心ひかれる要因は何だと思いますか。思いつくまま挙げてください。
7. 4〜5人のグループになって,質問1〜4を集計してみましょう。また,5,6より,人が他者に心ひかれる要因を整理してみましょう。

---

1. 近接性

上記ワークショップの質問3,4で皆さんはどのように回答されましたか。グループでの集計をみても,多くの人が同じ学校の同級生に心ひかれたと答えていたのではないでしょうか。そういえば,サークルやゼミ内での親友やカップルを私たちのまわりでもよく目にします。これは,近くにいるということがきっかけで親しくなり,友人関係や恋愛関係に発展したと考えられます。

このように,近くにいるというだけで他者に心ひかれる傾向のことを近接性(proximity)とよんでいます。2者間の物理的距離は,人と人とが親密になる過程において重要なかかわりをもち,人間関係の形成に環境要因が大きく寄与していることを意味します。フェスティンガーら(Festinger et al.,1950)は,

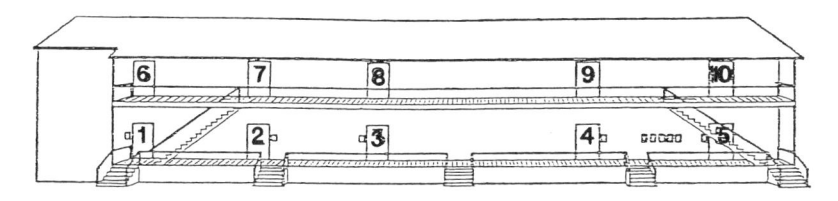

図2-1 ウエストゲート・ウエストのアパートの概略図 (Festinger et al., 1950)

既婚学生の住むアパートにおいて未知の学生同士がどのように親しくなるかを調べ，この傾向を実証しています。そのアパートは，2階建てで各階に5戸ずつ並んでおり（図2-1），全部で17棟ありました。各戸は受付順に割当てられたので，引っ越してきたときには全員が初対面でした。入居して約半年後に，同じ棟の同じ階に住む世帯のうちでもっとも親しくしている人を選んでもらいました。したがって，各世帯は同じ階に住む4世帯の中から選ぶことになり，

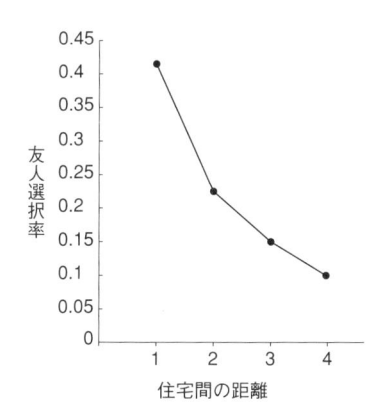

図2-2 住宅間の距離と友人選択率 (Festinger et al., 1950)

表2-1 ウエストゲート・ウエストの同一フロアにおける住宅間の距離と友人選択との関係

(1) 距離	(2) 実際に選択された数	(3) 理論上選択可能な数	(4) (2)／(3)
1	112	8×34	.412
2	46	6×34	.225
3	22	4×34	.162
4	7	2×34	.103

(Festinger et al., 1950)

隣を選べば1，1軒おいた隣は2，2軒おいた隣は3というように数値化され，住宅間の戸数が距離の指標とされました。この住宅間の距離と友人選択率との関係は，表2-1のとおりです。その結果，図2-2より，やはり距離の近い隣の世帯が選択されることが多く，距離が遠くなるにつれて選択される率が減少することがわかりました。つまり，距離が近いほど親しくなりやすく，遠いほど親しくなりにくいということで，物理的距離は，心理的距離と関係があるということです。

2. 単純接触の効果

それでは，なぜ私たちは，近くにいるというだけで他者に心ひかれるのでしょうか。近くにいると接触する機会も多くなると考えられますが，ザイアンス（Zajonc, 1968）は，単に何度も会っただけでその人に好意を抱くという単純接触仮説（mere-exposure hypothesis）を提唱しています。そして，大学生を対象に未知の人の顔写真を用いて，その提示回数と好意度との関係を調べました。その結果，顔写真の内容に関係なく，一度も顔写真を見せられなかった場合は

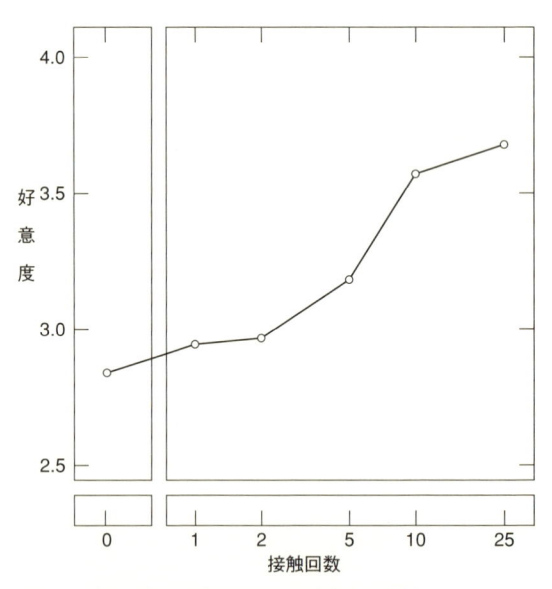

図2-3 接触回数と写真に対する好意度との関係（Zajonc, 1968）

もっとも好意度が低く，提示回数が多くなるにつれて好意度も高くなることが示されました（図2-3）。私たちは一般に，未知のものに対して不安を抱きます。しかし，接触する機会が多くなると見慣れたものになり，安心感を抱き，親近感が湧いたり好感につながるのではないでしょうか。

　ただし，単純接触の効果は嫌悪感を助長する場合もあるので注意が必要です。「もし，あなたが相手に不快な感情を与える対象であれば，接触する機会が多ければ多いほどあなたはますます相手から嫌われる」ということが，強化理論の立場から予測されるからです。例えば，アメリカでは「たいていの凶悪な暴行は家族内あるいは隣人間や知人間に生じる」（Hoover, 1966）とされており，私たちの経験から嫁姑問題や夫婦間のトラブルもこの効果が少なからずかかわっていると考えられます。したがって，決定的な関係の崩壊を迎える前に，なるべく早く両者が距離をおいて冷静になることが必要だといえます。

3. 身体的魅力

　「人を外見で判断してはいけない」と思いつつも，美しい人やハンサムな人を見かけるとつい心ひかれてしまう，といった経験が私たちにはあります。確かに人間は，生活していく上で視覚情報からの影響を強く受けており，外見に左右されるのもやむを得ないことかもしれません。とくに，私たちが異性の外見的美しさに心ひかれるというのは，多くの動物と同様に，この視覚刺激を求愛行動の手段として用いているからだと考えられます。こうした外見の美しさは身体的魅力（physical attractiveness）とよばれ，一般に容貌や容姿の美しさを指しますが，服装や化粧の仕方なども含めることができます。

　ウォルスターら（Walster et al., 1966）は，大学生を対象にコンピュータ・ダンス実験を行い，パートナーに対する好意度が相手の身体的魅力とのみ関連することを明らかにしました（コラム2-1）。つまり，相手が外見的に魅力的であればあるほど，好意をもたれるということです。対人魅力に及ぼす身体的魅力の影響は，これ以外にも多くの研究によって検証されており，確かに，出会った初期の頃に大きく影響します。一方で，外見の美しさに比べ，相手の行動や性格が期待はずれのものであった場合には，その人に失望したり嫌悪感を抱くこともよく知られています。シーガルとオストロブ（Sigall & Ostrove, 1975）

は，大学生を対象に模擬裁判の実験を行い，被告人女性の魅力の程度と犯罪の種類が，陪審員の判決に及ぼす影響を調べました。その結果，強盗の場合には魅力的な女性ほど刑が軽くなったのに対し，詐欺事件ではその美しさを犯罪に利用したと考えられ，より厳しく罰せられたと報告しています。

このように，身体的魅力には人間の判断をゆがめてしまう力のあることがわかります。私たちが人を判断する際には，外見に惑わされることなく，相手の性格や人間性といった内面を見抜く目をもつことが大切です。一方，私たちが人から判断される際には，外見に気を配ることが必要です。先に述べたように，身体的魅力は容貌や容姿がすべてではありません。外見に自信のない人は，ファッションセンスを磨いたり，化粧の仕方を工夫することによって，自分なりの魅力を引き出し，自信をもつことです。そうすれば，表情もいきいきと明るくなり，まわりの人から好感をもたれるはずです。

コラム 2-1

コンピュータ・ダンス実験

ウォルスターら（1966）は，大学生を対象にコンピュータ・ダンス実験を行いました。まず，新入生歓迎の特別行事としてダンス・パーティが企画され，コンピュータがあなたにふさわしい相手を選んでくれると宣伝されました。パーティに参加するためにチケットを購入しにきた男女各々376名は，コンピュータへの入力情報ということで，年齢，身長，人種，宗教，さまざまな性格特性，学業成績などに関する質問項目に答えさせられました。実はこのとき，ひそかに4人の実験協力者によって参加者の身体的魅力が評価されていました。この2日後に，ダンス・パーティが催され，参加者にはコンピュータによってダンス・パートナーが選ばれると伝えられていましたが，実際はまったくでたらめにペアが決められていました。そして，パーティの休憩時間を利用して，パートナーに対する好意度や，またデートしたいかなどについて調査されました。その結果，パートナーに対する好意度は，受付の際にたずねた質問項目の性格や学業成績とは関連がなく，身体的魅力とのみ関連していることがわかりました。

---

4. 類似性

「類は友をよぶ」という諺にみられるように，自分と仲のよい友人を思い浮かべてみると，ものの考え方や行動の仕方が似ている人が多かった，という経

験はだれにでもあります。とりわけ，態度（第4章第1節参照）の類似性(similarity)は，対人魅力の重要な規定因であることがわかっています。ニューカム（Newcomb, 1961）は，大学の寮に入ってくる新入生を対象に，半年にわたって親密化の過程を調査し，自分の態度と類似している人が友人になる傾向を見出しています。彼は，この結果を認知的斉合性理論の立場から，A－B－Xモデルを用いて説明しています。このモデルでは，態度の一種である魅力が，相互関係をもつ2人（A，B）と共通の対象（X）を含む3者間で，常に安定した方向に維持あるいは変化するシステムと考えられています。そして，3者の関係はプラスとマイナスの符号で表され，3つの符号の積がプラスならば安定，マイナスならば不安定な状態ということになります。例えば，A君が熱狂的な阪神ファンで阪神タイガース（X）に対して非常に好意的な感情をもっているとします。このとき，AとXの関係はプラス（＋）の符号で表されます。同様にB君も阪神ファンで，阪神タイガース（X）に好意的な感情をもっているとします。BとXの関係もプラスです。さて，A君とB君の関係はどうなるでしょうか。おそらく，2人は友好的な関係になるはずです。AとBの関係が＋であれば，3者の関係は符号の積が＋となり安定的です。このようにお互いの態度が類似していると，好意的な感情を引き出すことになり，逆に態度が類似していなければ，相互に不快な感情をもつことによって，3者の関係が安定した方向で保たれるわけです。

　一方，バーンとネルソン（Byrne & Nelson, 1965）は，対人魅力の程度と態度の類似性との関係を実験的に研究しています（コラム2-2）。バーンらはこれ以外にも多くの実験を行っており，そこで得られた11のデータを整理しています（図2-4）。このグラフの横軸は類似した態度の比率（X）を，縦軸は魅力度（Y）を表し，両者の関係は，$Y = 5.44X + 6.62$という正の一次関数で示されると結論づけられており，態度が類似していればいるほど魅力の程度も高くなることがわかります。このことについて，バーンは，強化理論的な観点から説明しています。つまり，他者が自分と類似した態度をもっているということは，自分の態度が正しいという1つの証明になり，このことを一致的妥当化(consensual validation)とよんでいます。その結果，快の感情体験をもち，自尊心を保つことができるわけです。このような経験を積み重ねることによって，

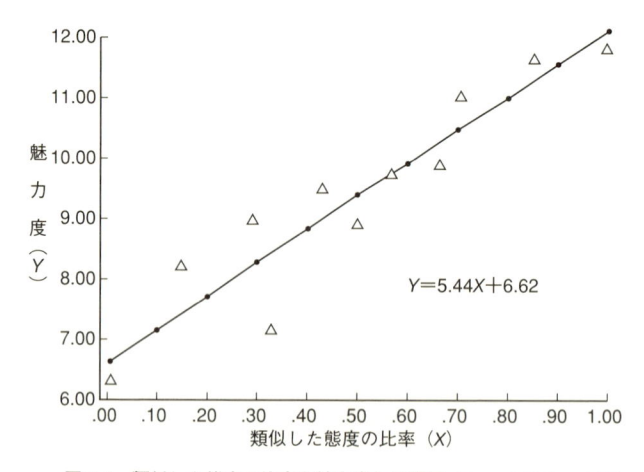

図 2-4　類似した態度の比率と魅力度との関係　(Byrne & Nelson, 1965)

$Y=5.44X+6.62$

　類似した態度をもつ他者に好意をもつようになるというのです。また，類似した態度をもつ人とはコミュニケーションが容易であり，相手の行動も予測しやすく，共通の体験をもちやすいという長所があるので，そのことからも類似性は魅力につながるといえます。

コラム 2-2

バーンとネルソンの態度の類似性と対人魅力の実験

　バーンとネルソン（1965）は，相手の態度と自分の態度が類似している数と比率のいずれが，対人魅力に影響を及ぼすのかを実験的に研究しています。まず，心理学入門の受講生 168 名を対象に，学生寮，人種統合政策，SF 小説，子どものしつけなどさまざまな社会事象に関する態度調査が実施されました。回答は，「賛成」から「反対」までの 6 段階で，左の 3 つは「賛成」，右の 3 つは「反対」というように 2 つのカテゴリーにまとめられ，態度が類似か非類似かを容易に決めることができるように偶数段階が用いられました。
　次に，各被験者の回答結果に合わせて架空の人物の回答票が作成されました。類似性の項目数については，被験者の態度と 4 項目，8 項目，16 項目が類似している場合の 3 条件が，また，類似性の比率については，被験者の態度と全項目（100％類似），3 分の 2 の項目（67％類似），半数の項目（50％類似），3 分の 1 の項目（33％類似）が類似している場合の 4 条件が設定されました。

表2-2 類似／非類似項目数の4条件

類似した 態度の比率	類似した態度の数		
	4	8	16
1.00	4／0	8／0	16／0
.67	4／2	8／4	16／8
.50	4／4	8／8	16／16
.33	4／8	8／16	16／32

スラッシュの左側の数字が類似項目数，右側が非類似項目数

後日，被験者らが実験室に集合すると，この実験は対人知覚の実験で，限られた情報からどの位正確に他者を知覚することができるかを調査することが目的であると伝えられました。そして，各被験者は，「あなたが会ったことのない学生の回答票です」と架空の人物の回答票を渡され，その記入内容からどのような人かを判断するように求められました。バーンらが用いた対人判断尺度は，知能，時事問題の知識，道徳性，適応性，個人的な感情，仕事を一緒にすることの6項目について7段階尺度で評価するというものでした。そのうち，実際に対人魅力の指標とされたのは最後の2項目だけで，その合計の2点から14点の範囲で好意度が高いほど高得点になるように表されました。

この実験の結果は表2-3のとおりです。これより，相手と自分との態度の類似性が，相手に対する魅力を規定する重要な要因であることがあらためて実証されました。そして，その類似性というのは，相手の態度と自分の態度が類似している数ではなく，類似している態度の比率であることがわかりました。

表2-3 類似した態度の数と態度の比率別の魅力度の平均値および標準偏差

類似した 態度の比率	類似した態度の数							
	4		8		16		全体	
	平均値	標準偏差	平均値	標準偏差	平均値	標準偏差	平均値	標準偏差
1.00	11.14	1.68	12.79	1.01	10.93	2.28	11.62	1.93
.67	10.79	2.46	9.36	2.64	9.50	2.47	9.88	2.60
.50	9.36	2.52	9.57	2.53	7.93	3.20	8.95	2.86
.33	8.14	3.02	6.64	1.99	6.57	2.02	7.12	2.50
全体	9.86	2.74	9.59	3.05	8.73	3.01		

(Byrne & Nelson, 1956)

5. 相補性

では，私たちは自分と似ている人にだけ好意を抱くのでしょうか。自分にないもの，似ていないものをもっているからこそ心ひかれる，ということもあるように思われます。これは，お互いの欲求が相補うような関係にあるため，両

者の欲求がともに満たされ魅力を感じる場合を意味し，欲求の相補性（need complement）とよばれています。ウィンチ（Winch, 1958）は，学生結婚したカップルを面接調査し，夫と妻それぞれの欲求の強さを測定することによって，欲求の相補性の考え方を支持しています。そして，彼によると相補性には2種類のタイプが仮定されています。タイプⅠの相補性は，同じ欲求で強さに差がある場合で，例えば，支配欲求が強い人と弱い人の関係などがあてはまります。またタイプⅡの相補性は，異なる2つの欲求同士の場合で，例えば，擁護欲求（守ってあげたい）の強い人と求護欲求（守ってほしい）の強い人の関係などが当てはまります。

この欲求の相補性は，一見もっともなように思われますが，その後，多くの追試がなされたにもかかわらず，これを支持する研究はわずかでした。人間の欲求は多種多様であり，どれとどれが相補関係にあるのか把握しにくいし，仮に相補関係にあったとしても，お互いが類似した行動をとっていると認知しやすいといったこともあり，相補性を検証することはかなり難しいようです。

6. 好意の返報性

私たちは，人から好意を示されるとその人に好意を抱く傾向があります。また，人に好意をもつと，その人も自分に好意をもってくれることを期待します。これを好意の返報性（reciprocity）とよんでいます。カーティスとミラー（Curtis & Miller, 1986）は，相手が自分に好意をもっているということを偶然知った被験者が，それ以後，その相手に好意を抱くだけでなく，顔の表情までも変化させたと報告しています。

では，なぜ，好意の返報性が生じるのでしょうか。私たちは，自分に対して好意をもち自己の存在を認めたいという自己是認欲求をもっています。そして，自分を認めるためには，他者からけなされるよりも，ほめられたり賞賛される方が望ましいといえます。このような理由から，私たちは好意的な評価を好み，好意をもってくれる人に好意を返すというわけです。

また，私たちは自分と類似した態度をもつ人に好意を抱くという点からも説明できます。他者から好意を示されるということは，その人が自分に好意的な態度をもっていることを意味します。そして，私たちも自分に対して好意的な

態度をもっていることから，両者の態度が類似していることがわかります。したがって，私たちは好意を示してくれる相手に好意を抱くというわけです。

　以上からわかるように，人から好かれるためには，自分から相手に好意を示すことが必要です。そして，相手に好意をもつためには，相手の長所に目を向けることが大切です。皆さんもまわりの人に好意を示すように努力してみてください。きっと，多くの人から好感をもたれるはずです。

第2節　親密な人間関係

【学習目標】
・好意と愛情の概念を区別し，両者を測定する尺度を理解しよう。
・スターンバーグの愛情の構成要素を学び，さまざまな愛の種類を理解しよう。
・リーの愛情の6類型を理解し，自分の愛情のタイプを知ろう。
・恋愛の成立と進展に関する理論を学ぼう。

1. 好意と愛情

　人に心ひかれたとき，私たちの心の中にはどのような感情が生起するのでしょうか。皆さんも今までに，異性に心ひかれた経験が一度や二度はあるはずです。そのときのことを思い出してみてください。一般的には，ロマンチックな恋愛感情が湧き起こっているはずですが，「友だち以上恋人未満」といった言葉で表現されるような，単なる好意的感情の場合もあるはずです。

　愛に関する実証的研究を最初に行ったルービン（Rubin, 1970）は，好意（liking）と愛情（love）を概念的に区別し，両者を測定する尺度を開発しました。そして，藤原ら（1983）は，ルービンの尺度の日本版を作成し，十分な信頼性・妥当性を得ており，その項目例が表2-4に示されています。両尺度はそれぞれ13項目から構成されており，ともに因子的には単一構造をとりますが，その項目内容から愛情尺度は，「親和・依存欲求」「援助傾向」「排他性と一体化」，好意尺度は，「好意的な評価」「尊敬と信頼」「類似性の認知」が主な構成要素として挙げられています。各項目には「全くそう思わない」から「非常にそう思う」の9段階尺度で評定し，その合計を算出することによって各尺度得点が得られます。ルービンは恋愛中のカップル158組を対象に両尺度の関連性

を調べ，女性よりも男性の方が強い相関があることを見出しました。つまり，女性の方が好意と愛情を明確に区別しているのに対し，男性は両者を混同しやすいということです。また，愛情尺度を用いて，男女とも得点の高い熱愛カップルと低いさめたカップルの会話中の見つめ合う度合いを比較した結果，愛情尺度得点の高いカップルほどより多く見つめ合うことがわかりました。

表2-4　愛情 - 好意尺度の項目例（Rubin, 1970；藤原ら, 1983）

●愛情尺度
1．××さんのためなら，ほとんど何でもしてあげるつもりだ。
2．××さんをひとり占めしたいと思う。
3．私はひとりでいると，いつも××さんに会いたいと思う。
●好意尺度
1．××さんは責任ある仕事に推薦できる人物だと思う。
2．××さんはみんなから尊敬されるような人物だと思う。
3．××さんはとても知的な人だと思う。

2. 愛情の構成要素

スターンバーグ（Sternberg, 1986）は，愛の三角形理論を提唱しており，愛情は，親密性（intimacy），情熱（passion），決定／関与（decision／commitment）の3つの要素から構成されているとしています。愛情の第1要素「親密性」は，愛情関係に温かさをもたらすもので，親密さ，いとおしさ，緊密な結びつきの感情などを表します。第2要素「情熱」は，愛情関係にロマンスや身体的魅力，性的関係などを動機づけるためのもので，主な成分は性的欲求です。第3要素「決定／関与」は，その人を愛そうとする決意と，その愛情を維持しようとする自己関与を意味します。これら3つの要素が存在するか否かで，8通りの愛を表現することができ（表2-5），それぞれの愛情の特徴を井上（1997）が簡潔にまとめています（表2-6）。ただし，スターンバーグは，愛を静的なものではなく，ダイナミックに変化する過程としてとらえており，2人の関係が進展するにつれて愛情の構成要素も変化するというわけです。例えば，関係の初期には情熱の要素が強く影響し，関係が進むにつれて親密性も深まります。そして，関係が長く続けば続くほど，その人を愛し2人の関係を維持しようとする決定／関与の影響が高まるといえます。

表 2-5　愛情の種類とその構成要素 (Sternberg, 1986)

愛情の種類	構成要素		
	親密性	情熱	決定／関与
愛なし	−	−	−
好意	＋	−	−
夢中になる愛	−	＋	−
形だけの愛	−	−	＋
ロマンチックな愛	＋	＋	−
友愛的な愛	＋	−	＋
愚かな愛	−	＋	＋
完全な愛	＋	＋	＋

表 2-6　スターンバーグの愛情の構成要素による各愛情の特徴 (井上, 1997 より抜粋・改変)

愛情の種類	特徴
愛なし	日常生活でしばしば起きる表面的な出会いや接触。
好意	情緒的な要素だけからなる。いわゆる友情であり、愛よりも身近なものといえる。
夢中になる愛	情熱だけからなる。他のことは何も目に入らない状態で、「一目惚れ」がこれに当たる。
形だけの愛	長期にわたる関係にみられ、沈滞し、熱のさめた状態で、関係だけが存在している。
ロマンチックな愛	身体的、情緒的に結びついているが、必ずしも長期間続くとは思われない。
友愛的な愛	情熱はさめているが、心理的な結びつきは強い。長く続く夫婦や、長期にわたる親友の間にみられる。
愚かな愛	心のない（他意のない）愛。心理的な結びつきがないので長続きしない。
完全な愛	愛の理想型といえる。

　ところで，「親密性」のみの場合は「好意」となりますが，好意を愛情の一部と考えているところがルービンのとらえ方と異なる点といえます。そして，「親密性」と「情熱」から「ロマンチックな愛」が生まれ，さらに，「決定／関与」が加わることによって初めて，「完全な愛」の形ができあがるわけです。現実には，このような「完全な愛」はめったにみられず，それ以外のさまざまな愛に満足したり妥協しながら，私たちはその関係を続けているように思われます。

3. 愛情の類型

　愛情というものが共通する要素によって構成され，同じような過程を経て深まるとしても，現実の愛情にはさまざまなかたちが存在します。リー（Lee,

ワークショップ 2-2

あなたの愛の類型はどのタイプ？

最も親しい異性をひとり思い浮かべ，その人に対するあなたの気持ちや行動について，「全く当てはまらない」を1点，「よく当てはまる」を5点として，1点から5点までの数値を回答欄に書き込んでください。

回答欄

- E1. 彼（彼女）と私は会うとすぐにお互いにひかれ合った。
- E2. 彼（彼女）と私はお互いに，本当に理解し合っている。
- E3. 彼（彼女）と私は，お互いに結びついていると感じる。
- E4. 彼（彼女）と私は，外見的にうまく釣り合っている。
- M1. 彼（彼女）が私以外の異性と楽しそうにしていると，気になって仕方がない。
- M2. 彼（彼女）が私を気にかけてくれないとき，私はすっかり気がめいってしまう。
- M3. 私は気がつくと，いつも彼（彼女）のことを考えている。
- M4. 彼（彼女）は私だけのものであってほしい。
- A1. 彼（彼女）が苦しむくらいなら，私自身が苦しんだ方がましだ。
- A2. 私自身の幸福よりも，彼（彼女）の幸福が優先しないと，私は幸福になれない。
- A3. 彼（彼女）の望みをかなえるためなら，私自身の望みはいつでも喜んで犠牲にできる。
- A4. 私は彼（彼女）のためなら，死ぬことさえも恐れない。
- L1. 交際相手から頼られすぎたりベタベタされるのはいやである。
- L2. 私は彼（彼女）にあれこれと干渉されるとその人と別れたくなる。
- L3. 私が必要だと感じたときだけ彼（彼女）にそばにいてほしいと思う。
- L4. 私は彼（彼女）に対してどうかかわっているかについて，少しあいまいにしておこうと気をつけている。
- S1. 私がもっとも満足している恋愛関係は，よい友情から

　　　　発展してきた。
S2. 最良の愛は，長い友情の中から育つ。
S3. 私は彼（彼女）との友情を大切にしたい。
S4. 長い友人付き合いを経て，彼（彼女）と恋人になった（なりたい）。
P1. 恋人を選ぶとき，その人は将来があるだろうかと考えてみる。
P2. 恋人を選ぶときには，その人が私の経歴にどう影響するかも考える。
P3. 恋人を選ぶとき，その人の学歴や育ち（家柄）が，私と釣り合っているかどうかを考える。
P4. 恋人を選ぶときには，その人に経済力があるかどうかを考える。

（松井ら, 1990；江利川, 1993）

1977）は，愛に関する多くの文献をもとに質問紙を作成し，これを用いた面接調査の結果から，愛情を6つの類型に分けています。そして，この中で互いに独立な3つの基本型（ルダス，ストルゲ，エロス）を第一次類型，それらを合成してつくられる3つの混合型（マニア，プラグマ，アガペ）を第二次類型とよんでおり，各類型の特徴は表2-7に示したとおりです。彼は，これらの関係を色相環にたとえ，図2-4のような環状に表現していることから，この類型論は色彩理論とよばれています。

　ヘンドリックとヘンドリック（Hendrick & Hendrick, 1986）は，リーの類型をもとに愛情の類型を測定する尺度を作成し，大学生807名を対象に調査しました。その結果，因子分析により抽出された6因子がリーの6類型に対応していることから，その妥当性を検証しています。また，松井ら（1990）は，ヘンドリックらの尺度をもとに，より日本の青年にふさわしい項目内容を吟味し，尺度化を試みています。その結果，日本においてもリーの6類型が妥当であることが確認され，この6類型の中では男女ともにマニアとストルゲの得点が高く，プラグマの得点は低いことが明らかになりました。また，性差については，男子はアガペ得点が高く，女子はルダスとプラグマの得点の高いことがわかり

ました。江利川（1993）は，松井ら（1990）の因子分析結果で純粋指標である項目や態度特性の意味内容を反映する項目を6尺度から各4項目ずつ計24項目選び，リーの理論に基づく尺度間の関連をさまざまな手法を用いて検討して

表2-7 リーの恋愛類型論における各類型の特徴 （松井, 1990）

類型	特徴
ルダス（遊びの愛）	恋愛をゲームとしてとらえ，楽しむことを大切に考える。相手に執着せず，相手との距離をとっておこうとする，複数の相手と恋愛できる。
エロス（美への愛）	恋愛を至上のものと考えており，ロマンチックな考えや行動をとる。相手の外見を重視し，強烈な一目惚れを起こす。
ストルゲ（友愛的な愛）	穏やかな，友情的な恋愛。長い時間をかけて，知らず知らずのうちに，愛が育まれる。
マニア（狂気的な愛）	独占欲が強い。嫉妬，憑執，悲哀などの激しい感情を伴う。
アガペ（愛他的な愛）	相手の利益だけを考え，相手のために自分自身を犠牲にすることも，いとわない愛。
プラグマ（実利的な愛）	恋愛を地位の上昇などの手段と考えている。相手の選択においては，社会的な地位の釣り合いなど，いろいろな基準を立てている。

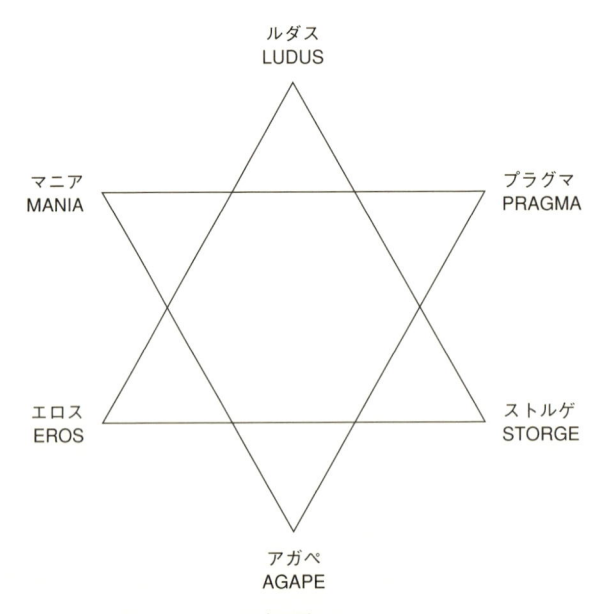

図2-4 リーの色彩理論 （Lee, 1977より作成）

います。その結果，因子分析による6因子の明瞭な単純構造，クラスター分析による6クラスター，ガットマンのSSAによる2次元空間の布置より，6尺度の妥当性を裏付ける一方で，各尺度項目の類似性が高く，エロス，マニア，アガペ3者の類似性がとくに高いことを示し，本尺度が想定する恋愛意識の構造を見直す必要性を示唆しています。

　ワークショップ2-2で取り上げたテストは，この24項目であり，愛情の類型を測定する簡易版尺度として掲載したものです。Eはエロス，Mはマニア，Aはアガペ，Lはルダス，Sはストルゲ，Pはプラグマを示しています。各4項目ずつの合計得点を算出して比較し，自分はどの愛情の類型が特徴的かを自己診断してみてください。ちなみに図2-4の対角線同士（例えばルダスとアガペ，マニアとストルゲ）の相性は欲求がぶつかり合うので悪いのだそうです。例えば恋愛至上主義のエロスの人は，恋愛を実利的に考えるプラグマとは合わないというように。

4．恋愛の成立と進展
(1) 恋は美しき錯覚か

　皆さんは今までに一目惚れをした経験がありますか。ある日突然，異性に心ひかれ，なぜその人を好きになってしまったのか自分でもよくわからない，といった場合があります。素敵な恋に水をさすつもりはありませんが，錯覚から生じる恋もあるようです。

　ダットンとアロン（Dutton & Aron, 1974）は，渓谷にかけられたつり橋を渡ってくる女性の同伴者がいない男性（18～35歳）を対象に，現場実験を行いました。つり橋は，幅約1.5メートル，長さ約135メートル，高さ約70メートルで，手すりも低く非常に不安定で，怖くてドキドキするような橋でした。その上で女性のインタビュアーがTAT（投影法のテストの1つである）の図版を用いた簡単な調査を行い，後日この実験についての詳しい説明をするためと称して名前と電話番号を書いたメモを渡しました。対照群として，しっかりと固定された橋においても同様の実験がなされました。その結果，つり橋の上で調査を受けた被験者の方が性的興奮度が高く電話をかけてきた人数の割合も多いことから，つり橋で会った女性により魅力を感じていたことがわかりました。

また，男性インタビュアーを用いて同様の実験を行いましたが，橋の形態による差はみられませんでした。したがって，不安定なつり橋を渡ることにより生理的に覚醒した被験者は，そのドキドキした原因がインタビュアーの女性によるものであると誤解して彼女に心ひかれ，もう一度コンタクトをとろうとした結果だと考えられます。原因を誤って帰属することを錯誤帰属（misattribution）といいますが，恋も一種の錯覚から生まれるといえるようです。

シャクターとシンガー（Schachter & Singer, 1962）は情動二要因説を提唱し，人が喜びや恐れなどの情動を体験するためには，生理的な覚醒とその覚醒についての認知の2つの要因が必要だとしています。愛情の中でもとくに情熱的な愛は強い情動状態と結びついていることから，バーシェイドとウォルスター（Berscheid & Walster, 1974）は情動二要因説を応用し，情熱的な愛の成立メカニズムとして錯誤帰属説を提唱しました。それは，私たちが生理的に覚醒した状態にあり，その状態を恋愛感情によるものと原因帰属するための十分な状況的手掛かりが存在すれば，情熱的な愛が経験されるというものです。実際は他の原因によって生理的に覚醒していても，その原因が非常にあいまいなもので，むしろ目の前の異性の魅力に帰属させやすい状況にあれば，情熱的な愛が経験されるわけです。素敵な異性を見つけたら，いっしょにテニスをするとか，遊園地へ行ってジェットコースターに乗るなどして，ドキドキする体験をしてみてはいかがでしょうか。もしかすると愛のキューピットが微笑み，相手から惚れられるかもしれません。一度皆さんも試してみてください。

(2) SVR理論

一目惚れのような情熱的な愛は別として，一般的に恋愛関係も他の対人関係と同様に出会いから徐々に進展し親密な関係へと発展していくと考えられます。このような親密化の過程に関する理論はいくつか提唱されていますが，ここでは，マースタイン（Murstein, 1987）のSVR理論を紹介することにします。

彼は，結婚相手を選択する場面で2人の関係が進展する過程をS（stimulus：刺激），V（value：価値），R（role：役割）の3段階に分け，各要因がこの順に重要になると考えています（図2-5）。出会いの段階では，刺激，つまり外見が

重要な要因であり，容貌や容姿，服装，表情，しぐさなどが決め手になります。そして，付き合いが進展するにつれ，価値観の類似や共有といったことが重要になり，興味・関心が一致したり，考え方や態度が類似していたり，人生観が共有できるということが決め手になるわけです。たまに，交際途中で「性格が合わないから別れた」というケースを耳にしますが，実際は価値観や態度の不一致であることが多いようです。さらに，付き合いが深まると，役割が重要な要因になり，これはお互いが相手の期待に応える役割行動をとれるかどうかということを意味します。第1節の対人魅力の規定因で学んだ要因を思い出してください。SVR理論のS（刺激）は外見的魅力と，V（価値）は態度の類似性と，R（役割）は欲求の相補性と対応していることがわかります。

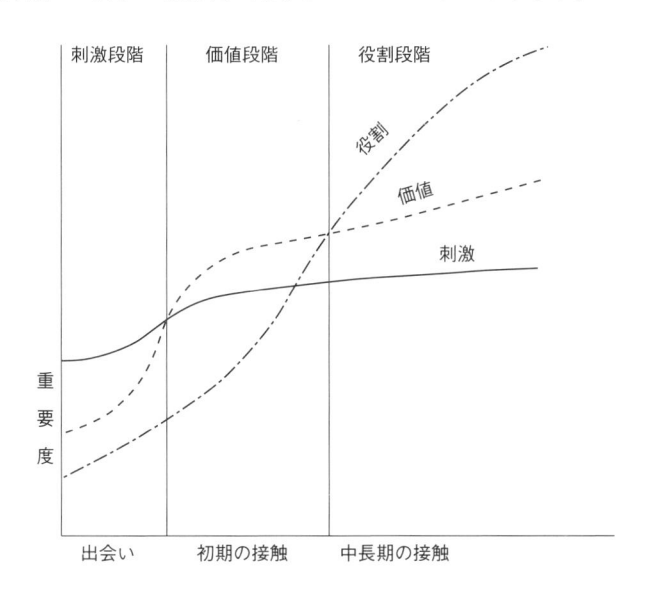

図 2-5　SVR理論による交際段階（Murstein, 1987）

第3節　友情と孤独

【学習目標】
・青年にとって友人はどのような存在かを，友人関係の機能から学ぼう。
・自己開示からみた友人関係の発達的変化を考察しよう。
・友人選択の理由の発達的変化について，対人魅力の規定因から考察しよう。
・孤独感の2つのとらえ方を理解し，友人関係における孤独感を測定しよう。
・青年期における孤独感の構造の発達的変化を考察しよう。
・この章で学んだことから，好かれる人の特徴を整理しよう。

1. 青年にとって友人はどのような存在か

　まず，青年とはどのような人たちなのでしょうか。心理学では，中学生から20代前半の頃までの時期を青年期とよんでおり，その発達段階にある人たちのことを意味します。青年期に入ると，それまで持続してきた両親との依存関係から徐々に離脱し，多様な仲間との人間関係を構築しつつ，自主・独立の道に向けて歩み始めます。とりわけ，特定の親友との間に形成される親密な友情は，青年期の発達に重要な役割を果たします。松井（1990）は，青年にとって友人がどのような影響を及ぼすかを心理学的に分析した研究をまとめ，友人関係の機能を次の3つに整理しています。第1の機能は，安定化の機能で，悩みを打ち明けたり自我を支えてもらい精神的安定をもたらす機能です。第2の機能は，社会的スキルの学習機能で，親や教師とは異なる対等な関係にある友人との付き合い方，相互作用の技術を学習する機能です。第3の機能は，モデル機能で，友人を見習い自分もそうありたいと思う手本にする機能であり，これによって友人から未知の生き方や考え方を取り入れ，自分の価値観や人生観をひろげ，新しい世界を創造することができます。このようにして，親密な友情は互いに相手を，また自分を成長させることにつながるのです。

2. 自己開示からみた友人関係の発達的変化

　広沢（1990）は，中学生，高校生，大学生を対象に，困った場面における自己開示について調査しています。自己開示（self-disclosure）とは，他者に自

分のことをありのまま打ち明けることですが，図2-6は，家庭生活，学校生活，友人関係など8領域における対象別開示量を，学校段階別に表したものです。その結果，中学男女，高校男子の場合は，もっとも親しい同性の友人＞母＞父＞もっとも親しい異性の友人，高校・大学女子の場合は，もっとも親しい同性の友人＞母＞もっとも親しい異性の友人＞父，大学男子の場合は，もっとも親しい同性の友人＞もっとも親しい異性の友人＞母＞父の順となっており，もっとも親しい同性の友人に打ち明ける量は，すべての学校段階において男女ともに高いことが示されています。また，もっとも親しい同性の友人・母・父への開示量は，中学から高校にかけてかなり増加するものの大学ではあまり変化がないのに対し，もっとも親しい異性の友人への開示量は中学から高校，高校から大学へと一様に増加する傾向がみられます。このような結果から，青年期における準拠人や準拠集団（自分の態度や行動の判断の基準となる心理的に結びつきの強い人や集団）が，児童期までの両親から同性の友人や仲間集団，さらに異性の友人へと移行していくことがわかります。そして，友人関係は，のちの異性関係のあり方に大きな影響を及ぼしていると考えられ，異性との親密な関係を構築するための基盤づくりになっているようです。また，広沢（1990）は孤独感についても調査しており，友人，とくに同性の友人に対する開示量が孤独感と負の相関関係にあることを示しています。つまり，友人に対する自己

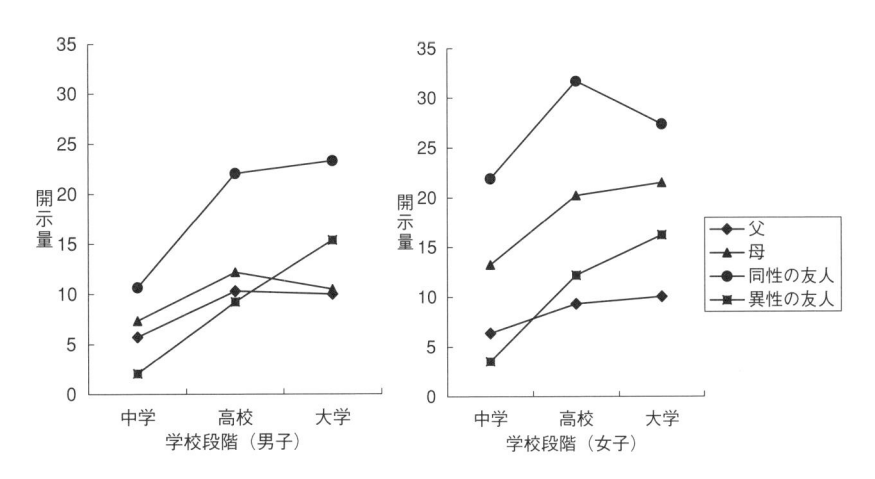

図2-6　対象別開示量の男女別，学校段階別推移（広沢, 1990）

開示が高いほど孤独感が低いということです。

3. 友人選択について

では，私たちは今までに，さまざまな友人をどのような理由で選択してきたのでしょうか。ここでは，第1節で学んだ対人魅力の規定因をもとに，友人選択の理由について発達的に考えてみましょう。まず，年少児の友人関係では，友人を選択する際に近接性や単純接触の効果といった環境的要因が中心になると考えられます。また，外見的魅力も無視できない要因といえるでしょう。ところが，年長になるにつれて，これらの要因よりも，お互いの態度（類似性）や欲求（相補性）が重要視されます。そして，相互に相手に対する好意を表明し（好意の返報性），相互選択的な関係にあることが確認される必要がでてきます。これらのことから，友人関係のはじまりにおいては，偶然的要因によって友人が選択されているのに対し，青年期への発達過程の中で，次第に主体的選択が重視されていくと思われます。

4. 友人関係と孤独感

青年心理学の創始者の1人であるシュプランガー（Spranger, 1924）は，「青年ほど深い孤独のうちに，ふれあいと理解を渇望している人間はいない」と述べ，孤独感が青年期特有の感情で，友人関係と表裏一体の関係にあることを示しています。孤独とは，ひとりである状態をさし，孤独を経験することによって生起する感情が孤独感です。ただし，同じように孤独を経験したとしても，孤独に対する耐性（ひとりでいられる能力）の違いから，孤独感の感じ方も異なってきます。孤独に強い人と弱い人がいるということです（広沢, 2002）。

ところで，孤独感のとらえ方は大きく2つに分けることができます。第1は，孤独感の否定的な側面に焦点を当てたもので，「孤独感は社会的関係の不足（願望レベルと達成レベルの認知的ずれ）から生じる主観的な経験で，不快で苦悩を与えるものである（Peplau & Perlman, 1982）」という考え方です。第2は，孤独感の肯定的な側面に焦点を当てたもので，「孤独感は個人を成長させ，創造性を伸ばすものである（Moustakas, 1961）」という考え方です。

孤独感に関する実証的研究が進展するきっかけになったのは，孤独感尺度の

ワークショップ 2-3

あなたの友人関係における孤独感は？

あなたの現在の友人関係を思い浮かべてください。各項目はそれぞれどの程度当てはまりますか。「当てはまらない」を1点，「当てはまる」を4点として，1点から4点までの数値を回答欄に書き込んでください。

回答欄

1a. 私のまわりにはあまり多くの友だちがいない。
2a. 私には気ごころの知れた友だちがいる。
3b. 自分から友だちを作ったり好かれようと努力しても思うようにはうまくいかない。
4b. 私は友だちとより親密になれるように努力している。
5c. 同じ目標に向かっていっしょに努力できる友だちがほとんどいない。
6c. 私には困ったときに助け合える友だちがあまりいない。
7d. 友だちは私のしていることに興味や関心を示してくれる。
8d. 私の友情は結局はうわべだけのものにすぎない。
9e. 私には心を開いて話せる友だちがあまりいない。
10e. 私の考えや気持ちを理解してくれる友だちは，ほとんどいない。

(広沢, 1986)

開発です。その代表が，ラッセルら（Russell *et al*., 1980）が開発した改訂版UCLA孤独感尺度であり，その邦訳版が工藤・西川（1983）によって作成され，十分な信頼性・妥当性が報告されています。一方，シュミットとサーマット（Schmidt & Sermat, 1983）は，孤独感は多次元的な現象であるととらえ，Differential Loneliness Scale（DLS）を開発しました。DLSの概念モデルは，4×5の2つの直交する次元，すなわち，関係性の次元（i 家族関係，ii 友人関係，iii 恋愛関係，iv より大きな集団あるいはコミュニティとの関係）と相互作用性の次元（a.関係の存在と欠如，b.特定の関係についての接近と回避，c.協力，d.評価，e.特定の関係に含まれるコミュニケーション）から構成され

ています。この概念モデルに基づき，広沢・田中（1984）は，異なった関係における孤独感尺度を構成し，さらに，広沢（1986）はその修正版を作成し，関係性に対応する4因子構造をもつ，十分に信頼性・妥当性のある尺度を構成しています。この尺度の特徴は，孤独を感じるかどうかの代わりに，さまざまな特定の関係における満足や不満の程度をたずねようとしているところです。

　皆さんがワークショップ2-3で回答した友人関係における孤独感は，このDLSの友人関係に関する10項目です。項目番号のうしろのアルファベットは，相互作用性の次元のアルファベットに対応しています。回答が終われば，項目番号2，4，7は，反転項目ですので，まず，5からあなたの得点を引いてください。それから，その合計と残りの項目の合計を足して，友人関係における孤独感得点を算出してください。皆さんの得点結果はいかがでしたか。表2-8は，友人関係における孤独感得点を学校段階別（中学・高校・大学），男女別に示したものですので，参考にしてください。このようなアメリカを中心とした一連の研究は，孤独感を否定的なものとしてとらえたものです。

表2-8　友人関係における孤独感得点の男女別，学校段階別平均値，および標準偏差 (広沢, 1990)

学校段階	男子		女子	
	平均値	標準偏差	平均値	標準偏差
中　学	18.92	5.43	18.25	5.52
高　校	20.03	5.47	16.96	5.14
大　学	18.90	4.94	19.03	5.21

　一方，落合（1989）は，孤独感の規定因を分類した上で，青年期の規定因として重要な「人と理解・共感できると考えているかどうか」と「個別性（人とは代わることができない）に気づいているかどうか」の2要因を組み合わせて，孤独感を4つの類型（A〜D型）に分けています（図2-7）。各類型の特徴は表2-9のようにまとめられますが，B型とD型，A型とC型は対称的な位置にあり，ほとんど共通するところがありません。そして，孤独感の類型判別尺度を作成し，青年期の孤独感の構造を明らかにしています。その結果，孤独感の類型は，思春期にはA型がもっとも多いものの，青年期後期に向け，B型からC型を経て，D型へ移行していくことが見出されています。このD型は，個別

性に気づいていながら、人と理解・共感しようとしている人で、能動的な人間関係をもっています。そして、このような人が感じる孤独感は、「明るく充実した孤独感」であるとしています。ここでは、人間理解の仕方から孤独感の類型化を試み、そのタイプが人間観の成長に伴って変化することを示しています。つまり、孤独感を味わうことこそが、人間的成長につながるということです。

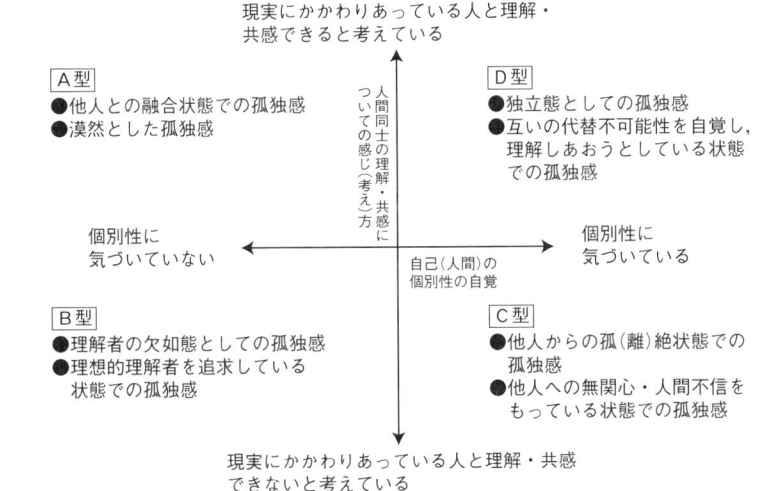

```
                    現実にかかわりあっている人と理解・
                    共感できると考えている
                              ↑
    ┌A型─────────┐   │人  ┌D型─────────────┐
    ●他人との融合状態での孤独感  │間同 ●独立態としての孤独感
    ●漠然とした孤独感       │士の ●互いの代替不可能性を自覚し、
                        │理解  理解しあおうとしている状態
                        │・共  での孤独感
                        │感に
     個別性に            │つい        個別性に
     気づいていない ←─────┼ての────────→ 気づいている
                        │感じ
                        │（考
                        │え）
                        │方   自己（人間）の
                             個別性の自覚
    ┌B型─────────┐        ┌C型─────────────┐
    ●理解者の欠如態としての孤独感    ●他人からの孤（離）絶状態での
    ●理想的理解者を追求している      孤独感
      状態での孤独感            ●他人への無関心・人間不信を
                              もっている状態での孤独感
                              ↓
                    現実にかかわりあっている人と理解・共感
                    できないと考えている
```

図2-7　孤独感の規定因構造と4つの類型の特徴（落合, 1989）

表2-9　孤独感の各類型の特徴（落合, 1989より作成）

A型	人とワイワイやっていて、人と融合しているような状態で感じる孤独感で、漠然とした、何となく淋しいという孤独感を感じるときとか、あるいは自分が物理的にひとりでいるときに感じる孤独感などである。
B型	「自分がひとりだと感じる」のは、自分と心が通じあわない、自分のことをわかってもらえない、人のことがわからないといったときで、理解者がいない状態での孤独感である。このタイプの人は常に理想的な理解者を求めている。
C型	他人から孤絶した状態で、表面的にはうまく付き合っているように見せながら、自分の心は絶対に開かない、あまり深く付き合わないというような今の青年によく見られる状態で、人間不信と深くかかわっている。
D型	個別性に気づいていながら、かつ、現実にかかわりあっている人と理解・共感しようとしている状態で感じられる孤独感で、お互いに頼りない存在だからかかわりあい、支えあえるのだと考えている。

コラム 2-3

人間関係の悩みにどう対処すればよいか——
カウンセラーの立場から

　もし先に取り上げたような孤独感にとらわれてしまったとしたら，私たちはどうやってそれから逃れればよいのでしょうか？
　諸井（1989）は大学1・2年生を対象に孤独感と，孤独感を感じたときにどのような行動をとるかという対処方略との関連について調査しています。その結果，友達のところに行って自分の内面を打ち明けるといった友人と積極的に関係をもとうとする対処が，孤独感を下げ，孤独感が慢性化するのを防ぐ上で有効であるのに対し，ひとりで落ち込む，物思いにふける，泣くといった消極的に孤独感を受け入れようとするような対処は有効ではなく，逆に孤独感を長引かせることにつながることを明らかにしています。孤独感のみではなく，ストレス事態における対処などにおいても問題中心的対処が，対処として効果的なものであることが多くの研究の結果においてほぼ共通して認められています。
　おそらく，これらの研究結果は，受身的に状況に甘んじるのではなく，自己の主体性を取り戻し積極的に問題に取り組んでいくことが，苦しい状況の打開につながりやすいということを示すものと考えられます。実際，カウンセリングというものを観察していても，勇気をもって自分の苦しさを表現してみることの有効性は明らかです。カウンセリングでは，なかなか表現しにくい自分自身の一面について語ることの影響と，それに加えてカウンセラーに心理的に支えられることが大きな要因と思われますが，クライエントは自然に積極的・主体的に行動することが増えてきて，1つ1つ困難な事態を自分の力で乗り越えていくように変化していきます。
　ただし，いったん，強い孤独感に陥ってしまうと，わかっていてもなかなか積極的に人との関係をもつことが難しくなるため，問題はそう簡単ではありません。しかし，じっと耐えることがよい結果につながらないことも明らかです。また，そうした状態に人が陥っているときは，現実以上に悲観的になっていることが多いので，「身を捨ててこそ，浮かぶ瀬もあり」で思い切って積極的に行動に出てみると意外にうまく進んでいくことも多いのではないでしょうか。友人や家族，もしそうした人が近くにいなかったら学生相談室のカウンセラーという相手でもいいと思います。「こんなことぐらい」と考えずに，あるいは人にどう見られるかといった自分の体面はちょっと横に置いて，思い切って誰かに連絡をとるようにしてみてください。ちょっと自分の悩みや不安を人に話すだけでも，思った以上に自分の気持ちが軽くなっていることに気づくかもしれません。

5. 好かれる人とは

　それでは，どうすれば友人ができるのでしょうか。やはり，まわりから好かれる人でないとなかなか難しいように思われます。そこで，これまで学んだことをもとにしながら，好かれる人の特徴についてまとめてみましょう。

(1) 第一印象が重要

　身体的魅力のような外見的要因は，出会った初期の頃に好意度に大きく影響します。このことから，まず，第一印象が重要であるといえます。服装や化粧の仕方などを工夫して自分なりの魅力を引き出し，相手に清潔感を与え，好感につなげることが大切です。

(2) 明るい印象を与える人

　魅力ある人柄についてたずねると，多くの人が「明るい人」と答えますが，正確には「明るい印象を与える人」です。このような印象は，自然な微笑みやいきいきした目などによる明るい表情，そして，ハリのある声，いきいきした話し方，きびきびした動作などから生じる健康感によって形成されます。

(3) 相手に対して好意を示せる人

　好意の返報性からは，相手に対して好意を示せる人が導き出されます。人から好かれるためには，まわりから好かれるのを待っているのではなく，自分から積極的に働きかけ，相手に好意を示すことが重要なのです。そして，そのためには，相手の長所に目を向ける姿勢が大切です。

(4) 思いやりのある人

　対人関係の中で，常に相手の立場に立って考えたり行動できる人は，他者から好かれるはずです。こういう人は，共感性や感受性が豊かで，一般に思いやりや愛他心のある人ということができます。

　さらに，聞き上手・話し上手といったコミュニケーション能力も大切だと思われますが，この点については，のちに詳しく学ぶことにしましょう（第3章参照）。

〈要　約〉

　まず対人魅力の規定因として，「近接性」「単純接触の効果」「身体的魅力」「類

似性」「相補性」「好意の返報性」という6つの要因を学習しました。人に心ひかれたとき，それが好意なのか愛情なのかということを区別することができます。また，スターンバーグは愛情の構成要素として，「親密性」「情熱」「決定／関与」の3つをあげています。愛情にもさまざまなかたちがあり，リーはそれを「ルダス」「エロス」「ストルゲ」「マニア」「アガペ」「プラグマ」という6類型に分けています。一種の錯覚から生まれる一目惚れのような情熱的な恋もありますが，一般的に恋愛関係も出会いから徐々に親密な関係へと発展すると考えられます。その過程に関してマースタインのSVR理論を紹介しました。

　青年期の発達において親密な友情は重要な役割を果たし，準拠人（集団）も友人へと移行していきます。年少時には偶然的要因が中心だった友人選択は，青年期への発達過程のなかで次第に主体的なものになっていきます。また友人関係は孤独感と密接な関係があります。

〈キーワード〉

　対人魅力，近接性，単純接触の効果，身体的魅力　，Ａ－Ｂ－Ｘモデル　，一致的妥当化，相補性，好意の返報性，好意，愛情，愛の三角形理論，愛情の類型，錯誤帰属，情動二要因説，SVR理論，友人関係の機能，自己開示，孤独感

　　──〈知識チェック〉──
　　次の内容が正しければ○，間違っていれば×を解答欄に書きなさい。
　　1．性格の似た人に好意を抱く傾向がある。　　　　　　　　　　（　）
　　2．人を愛すれば必ずその人も自分を愛してくれる。　　　　　　（　）
　　3．好意と愛情を概念的に区別し，それらを測定する尺度を構成したのは，ルービンである。　　　　　　　　　　　　　　　　　　（　）
　　4．スターンバーグは愛情の構成要素として，刺激，価値，役割の3つを挙げており，この組合せにより8通りの愛を表現することができる。（　）
　　5．友人選択の理由は，年齢発達に伴い，偶然的な選択から主体的選択へ移行する。　　　　　　　　　　　　　　　　　　　　　　（　）

〈レポート・討論課題〉

　①対人魅力の規定因に「好意の返報性」「単純接触の効果」があるが，現実はどうでしょうか。あなたの経験とてらし合わせて考えてください。

〈ブックガイド〉

大坊郁夫　1997　魅力の心理学　ポーラ文化研究所

大坊郁夫・奥田秀宇(編)　1996　親密な対人関係の科学―対人行動学研究シリーズ3―　誠信書房

奥田秀宇　1997　人をひきつける心―対人魅力の社会心理学―　サイエンス社

落合良行　1999　孤独な心―淋しい孤独感から明るい孤独感へ―　サイエンス社

ペプロー, L.A.・パールマン, D.(編)　加藤義明(監訳)　1988　孤独感の心理学　誠信書房

松井　豊　1993　恋ごころの科学　サイエンス社

【引用文献】

Byrne, D., & Nelson, D.　1965　Attraction as a linear function of proportion of positive reinforcements. *Journal of Personality and Social Psychology*, **1**, 659-663.

Berscheid, E., & Walster, E.　1974　A little bit about love. In T.L.Huston(Ed.), *Foundations of interpersonal attraction*. Academic Press. 355-381.

Curtis, R.C., & Miller, K.　1986　Believing another likes or dislikes you: Behavior making the beliefs come true. *Journal of Personality and Social Psychology*, **51**, 284-290.

Dutton,D.G., & Aron,A.P.　1974　Some evidence for heightened sexual attraction under conditions of high anxiety. *Journal of Personality and Social Psychology*, **30**, 510-517.

江利川　滋　1993　Leeの理論に基づく恋愛意識尺度の検討　日本社会心理学会第34回大会発表論文集, 354-357.

Festinger, L., Schachter, S., & Back, K.　1950　*Social pressures in informal groups : A study of human factors in housing*. Harper & Row.

藤原武弘・黒川正流・秋月左都士　1983　日本版Love-Liking尺度の検討　広島大学総合科学部紀要Ⅲ　情報行動研究, **7**, 39-46.

Hendrick, S. S., & Hendrick, C.　1986　A theory and method of love. *Journal of Personality and Social Psychology*, **50**, 392-402.

広沢俊宗・田中國夫　1984　異なった関係における孤独感尺度の構成　関西学院大学社会学部紀要, **49**, 179-188.

広沢俊宗　1986　孤独の原因, 感情反応, および対処行動に関する研究(Ⅱ)　関西学院大学社会学部紀要, **53**, 127-136.

広沢俊宗　1990　青年期における対人コミュニケーション(Ⅰ)―自己開示, 孤独感, および両者の関係に関する発達的研究―　関西学院大学社会学部紀要, **61**, 149-160.

広沢俊宗　2002　孤独の感情, 対処行動に及ぼす孤独感, およびAlonenessへの耐性の影響　関西国際大学研究紀要, **3**, 81-96.

Hoover, J.　1966　*Crime in the United States, uniform crime reports*. United States Department of Justice, August, Washington, D.C. (蜂屋良彦訳　1978　対人的魅力の心理学　誠信書房)

井上　徹　1997　対人魅力：相互作用の心情的基盤　藤原武弘（編）　社会心理学―現代心理学シリーズ9―　培風館　53-71.
工藤　力・西川正之　1983　孤独感に関する研究（Ⅰ）―孤独感尺度の信頼性・妥当性の検討―　実験社会心理学研究, **22**, 99-108.
Lee, J. A.　1977　A typology of styles of loving. *Personality and Social Psychology Bulletin*, **3**, 173-182.
松井　豊　1990　友人関係の機能　斎藤耕二・菊池章夫（編著）　社会化の心理学ハンドブック　川島書店　283-296.
松井　豊・木賊知美・立澤晴美・大久保宏美・大前晴美・米田佳美　1990　青年の恋愛に関する測定尺度の構成　東京都立立川短期大学紀要, **23**, 13-23.
諸井克英　1989　大学生における孤独感と対処方略　実験社会心理学研究, **29**, 141-151.
Moustakas, C.E.　1961　*Loneliness*. New York: Prentice-Hall.
Newcomb, T.M.　1961　*The acquaintance process*. Holt Reinehart & Winston.
Murstein, B.I.　1987　A clarification and extension for the SVR theory of dyadic pairing. *Journal of Marriage and the Family*, **49**, 929-933.
落合良行　1989　青年期における孤独感の構造　風間書房
落合良行　1999　孤独な心―淋しい孤独感から明るい孤独感へ―　サイエンス社
Peplau, L.A., & Perlman, D.　1982　Perspectives on loneliness. In L.A. Peplau, & D. Perlman(Eds.), *Loneliness: A sourcebook of current theory, research, and therapy*. John Wiley & Sons. 1-18.
Rubin, Z.　1970　Measurement of romantic love. *Journal of Personality and Social Psychology*, **16**, 265-273.
Russell, D., Peplau, L.A., & Cutrona, C.E.　1980　The revised UCLA loneliness scale: Concurrent and discriminant validity evidence. *Journal of Personality and Social Psychology*, **39**, 472-480.
Schachter, S., & Singer, J.　1962　Cognitive, social, and physiological determinants of the emotional state. *Psychological Review*, **69**, 379-399.
Schmidt, N., & Sermat, V.　1983　Measuring loneliness in different relationships. *Journal of Personality and Social Psychology*, **44**, 1038-1047.
Sigall, H., & Ostrove, N.　1975　Beautiful but dangerous: Effects of offender attractiveness and nature of the crime on juridic judgement. *Journal of Personality and Social Psychology*, **31**, 410-414.
Sternberg, R.J.　1986　A triangular theory of love. *Psychological Review*, **93**, 119-135.
Spranger, E.　1924　*Psychologie des Jugendalters*. Leibzig: Quelle & Meyer.（原田　茂訳　1974　青年の心理　協同出版）
Walster, E., Aronson, E., Abrahams, D., & Rottnan, L.　1966　Importance of physical attractiveness in dating behavior. *Journal of Personality and Psychology*, **4**, 508-516.
Winch, R.F.　1958　*Mate selection: A study of complementary needs*. Harper & Row.
Zajonc, R.B.　1968　Attitudinal effects of mere exposure. *Journal of Personality and Social Psychology, Monograph Supplement*, **9**(2), Part2, 1-27.

3 対人コミュニケーションを円滑にする心理学をしよう

　「人の間」と書いて，人間（にんげん）とは，よくいったもので，人が生きていくということは，他者とかかわり合って生きていくということです。
　私たちは，日々，他者とのかかわり合いをもち，お互いに影響し合いながら社会生活を営んでいます。そのような人間関係は，コミュニケーションを介して営まれます。この章では，人と人との間で交わされる対人コミュニケーションについての理解を深め，よりよい人間関係を築き上げるための手掛かりを探り，対人コミュニケーションを円滑にする心理学をしましょう。

第1節　対人コミュニケーション

【学習目標】
・対人コミュニケーションには，どのようなものが含まれているかを理解しよう。
・対人コミュニケーション過程は，どのような基本的要素から成り立っているかを理解しよう。
・文化による，コミュニケーション・スタイルの違いを知ろう。

ワークショップ3-1

「コミュニケーション」という言葉から連想されるものは？
　コミュニケーションという言葉を聞いて連想する言葉は，どのようなものでしょうか？

1. 対人コミュニケーションとは

　まず，コミュニケーション（communication）という言葉を聞いて連想する言葉は，どのようなものでしょうか。多くの人が「会話」を思い起こすように，2人以上の人間が言葉を使って意思の疎通を行うものと一般には考えられています。コミュニケーション（communication）を英和辞典で調べてみると，「伝達通信，文通，連絡，交通」などの訳語が並べられています。心理学では，自己の意思・知識・意見・態度など，意味のあるメッセージを伝え合うことを，対人コミュニケーション（interpersonal communication）といいます（古城，1999）。対人コミュニケーションは，図3-1に示すように，音声的なものと非音声的なものに分類され，音声的なものは，言語的と近言語的（パラ言語的）コミュニケーションに分けられます。非言語的コミュニケーションは，非音声的コミュニケーションの各々（3〜9まで）と，近言語的なコミュニケーションを含んでいます。非音声的なものは，非言語的コミュニケーションであり，身体動作，身体特徴，接触行動，プロクセミックス，人工物の使用，物理的環

対人コミュニケーション
- 音声的
  - 1. 言語的（発言の内容・意味）コミュニケーション ――― 言語的コミュニケーション
  - 2. 近言語的（パラ言語的）コミュニケーション
    （発言の形式的属性）
    - 音響的・音声的属性
      （声の質，笑い声や泣き声，ため息やあくびや息の音，咳やいびきの音など）
    - 発言の時系列的パターン
      （発言と沈黙の生起）
- 非音声的
  - 3. 身体動作
    （視線，身振り，姿勢，表情）
  - 4. 身体特徴
    （体格や体型，全体的な魅力，体臭や口臭，身長，体重，頭髪，皮膚の色など）
  - 5. 接触行動
    （なでる，打つ，出会いや別れのあいさつ「握手やキス」，抱く，手を引くなど）
  - 6. プロクセミックス（近接学）
    （空間行動，対人距離，座席のとり方，縄張りなど）
  - 7. 人工物の使用
    （衣服，化粧，アクセサリー，眼鏡，香水，かつら，道路標識など）
  - 8. 物理的環境
    （家具，照明，温度，におい，色など）
  - 9. 時間
    （時間感覚と意識，時間の使い方など）

→ 非言語的コミュニケーション

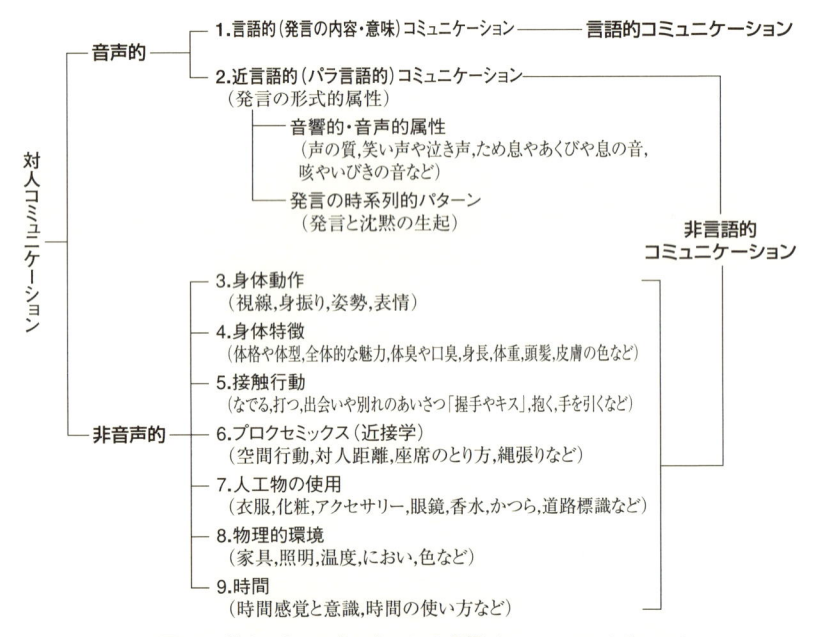

図3-1　対人コミュニケーションの分類（Knapp, 1972；大坊, 1994）

境，時間があります。非言語的コミュニケーションは対人コミュニケーションにおける重要な情報をもたらすものです。その非言語的コミュニケーションについては，第2節で詳述します。

2. 対人コミュニケーション過程の基本的構成要素

対人コミュニケーションの基本要素は，「①だれが，②何を，③どのような経路で，④だれに伝え，⑤その効果がどうであったか」というもので，これら

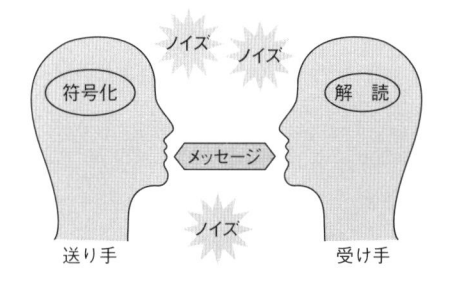

図3-2 対人コミュニケーション・プロセス・モデル

は，図3-2に示されているように，次のようによばれます。

①送り手：受け手に向けてメッセージを発信する人です。送り手は，まず，受け手に伝えようとする内容を言葉，身振り，表情などの記号（sign：意味を表すもの）に置き換え（符号化：encoding）ます。

②メッセージ（message）：送り手によって，符号化された符号の集合体（例：言葉や身振りなど）がメッセージです。

③チャネル：メッセージの伝達手段です。感覚器官をチャネルと考えると，視覚，聴覚，触覚，嗅覚，味覚の5チャネルあり，通常2つ以上のチャネルが同時に使用されています。

④受け手：送り手によって作り出されたメッセージを受け取る人であり，送り手の伝えようとする内容を符号から読み取り（符号解読：decoding）ます。

⑤効果：コミュニケーションは，常に何らかの効果を生じさせます。対人コミュニケーションの効果は，観察可能な場合（例：個人Aの説得によって個人Bが意見を変える）もあれば，観察不可能な場合（例：個人Aの説得によって

個人Bが意見を変えなかったものの，その問題に関して考えるようになる）もあります。

これらの5つの基本要素のうち1つでも欠けると，対人コミュニケーションは成立しません。

また，コミュニケーションを妨害するノイズがあります。ノイズはあらゆるコミュニケーション・システム内に侵入し，メッセージの発信（符号化），送信（運送），受信（符号解読）などのどの段階でも作用します。ノイズの完全な排除は不可能ですが，言語の正確な使用，非言語的メッセージの送信あるいは受信のスキルの獲得，リスニングのスキルやフィードバックの改善をはかることによって，ノイズの減少，あるいは，ノイズの影響を減少させることは可能です。

さらに，対人コミュニケーションは，常にコンテキスト（context：文脈，状況，場面）の中で生じます。コンテキストの顕在性（強さ）はさまざまで，あいまいで無視されるような場合もあれば，コミュニケーションを左右したりするほどの明瞭な場合もあります。例えば，葬儀における話し方とパーティにおける話し方が異なるのは，コンテキストの影響です。

3. コミュニケーション・スタイルと文化

コミュニケーションのとり方は，文化によって異なります。何をどのくらい言葉で言うか，それとも態度で示すかというコミュニケーション・スタイルの違いをみていきましょう。

ホール（Hall, 1976）は，コミュニケーション・スタイルには，高コンテキスト・スタイルと低コンテキスト・スタイルがあるといっています。

高コンテキスト・スタイルは，コミュニケーションの当事者が交わすメッセージよりも，コンテキストに依存する度合いが高いというコミュニケーション・スタイルをいいます。反対に，低コンテキスト・スタイルは，「どのように，どのような状況で言ったかよりも，何を言ったか」が重視されます。また，「だいたい」とか「適当に」ではなく，数字や日時などきっちりと，こと細かに説明することが要求されます。日本を含めてアジアなどは高コンテキスト文化，北米，ドイツなどは低コンテキスト文化です。高コンテキスト・スタイル

コラム 3-1

アメリカに留学しているある日本人学生の話

　日本人留学生の恵子さんは，アメリカ人のルームメートであるジェーンと一緒にアパートに住んでいます。試験の前，恵子さんは勉強したいのに集中できなくて困っています。というのも，ジェーンがいつもリビングで大きな音で音楽を聴いているからです。明日大事な試験があるという日，恵子さんは学校から帰ってくると，今日もジェーンが音楽を聴いています。

　恵子「ハーイ，ジェーン」
　ジェーン「ハーイ，恵子」
　恵子「(肩を落としてため息をつきながら) 明日，社会学のテストがあってもう大変なの」
　ジェーン「それはかわいそうに。でも，恵子はいつも勉強しているから大丈夫なんじゃない？」
　恵子「実は前のテストで悲惨な結果だったのよ。だから今回こそはがんばらないと！」
　ジェーン「それは大変だ」
　恵子「だから，今日は集中して勉強しなくっちゃ！」
　ジェーン「じゃあ，がんばってね」

　この後リビングから聞こえてくる音楽はいつもと同じボリュームでした。恵子はジェーンがなぜ恵子の気持ちを分かってくれないのか，イライラしてしまいました。

　なぜ，このような行き違いが起きてしまったのでしょうか。
　恵子は，「音楽を消してほしい」ということを直接言葉にせずに，「明日テストがある」など，状況を使って伝えようとしています。つまり，恵子は，状況を説明することで，相手に理解してもらうことを期待しています。しかし，ジェーンは，恵子の言った状況よりも内容に注目しています。「明日テストがあって大変だ」ということを言っていることには気がついていません。もし音楽がうるさいのであれば，言葉で「音楽を消してほしい」と相手が言ってくれることを期待しているのです。このように，2人のコミュニケーション・スタイルの違いが，行き違いの原因となってしまっているのです。

(八代, 2001)

を使用する文化では，仲間内で共有される情報が多いため，1つ1つ言葉に出して説明しなくても理解し合うことができるという前提にたっています。日本は，アメリカなどの文化と比較すれば，同質性がはるかに高い文化ですから，高コンテキスト・スタイルのコミュニケーションによる意思の疎通が可能になるのです。低コンテキスト・スタイルを使用する文化では，仲間内に共有される情報が少ないため，言葉を尽くして説明することが必要とされているのです。このような低コンテキスト・スタイルの文化では自分の言いたいことを察してもらうとか，相手の言いたいことを察するといった行為は，コミュニケーション能力に欠ける人間として非難を受けることになります。

第2節　非言語的コミュニケーションとは何か

【学習目標】
・非言語的コミュニケーションとは何か，また，その機能について学ぼう。
・非言語的コミュニケーションには，どのようなものがあるか，また，文化による違いについて学ぼう。

> **ワークショップ3-2**
> 言葉を交わさなくても，コミュニケーションは成り立つ？
> 　同じクラスのAさんとBさんが二度と顔も見たくないと思うほどの大喧嘩をしました。翌日学校内で顔を合わせた2人は，お互いを無視して何も言葉を交わさずに通りすぎました。さて，この2人の間にコミュニケーションはあったのでしょうか？
> 　　　　　①あった　　　　②なかった
> 　　　　　　　　　　　　　　　　　　　　（荒木, 2001）

1. 非言語的コミュニケーションとは

　ワークショップ3-2の答えは，①のあったです。言葉を交わしていないので，言語によるコミュニケーションはなかったのですが，お互いを避けたときの顔の表情や態度から，例えば，「まだ，怒っているのか。会わなければよかった

……」などと心の中で意味づけ（解釈）した瞬間に，すでにコミュニケーションは成立しています。このように，人は言語的コミュニケーションだけでなく，図3-1に示したような，相手の視線や，身振り，対人距離，衣服などの非言語的な手段での，非言語的コミュニケーション（non-verbal communication）を行っています。日常のコミュニケーションでは，非言語の割合が大きく，65〜70％にも及ぶといわれています。

また，マレービアン（Mehrabian, 1981）は，非言語は相手に感情や態度を伝えるときに言語より密接な関係をもっているとし，

$$感情の統計 = 言葉 7\% + 声 38\% + 顔 55\%$$

という近似値を用いた等式を示しています。

2. 非言語的コミュニケーションの機能

非言語的コミュニケーションの機能について，アーガイル（Argyle, 1979）は，5つの機能を示しています。

①対人態度の伝達：好き－嫌いという対人態度は，表情，声の調子，視線などで伝達されます。

②感情の表出：喜怒哀楽などの感情状態が表出されます。

③会話の統制：うなずき，姿勢などで，相手の会話を続けさせたり，拒否したりする会話の流れを統制します。

④儀式：冠婚葬祭などにみられるように，個人が，その儀式でどのような服装や行動様式をとるかで，その人格，地位などが象徴的に示されます。

⑤自己呈示：職業，人格などの自己に関する情報は，直接に言語では表されません。話し方や身のこなしなどがその情報を伝えます。

3. 非言語的コミュニケーションの要素

> **ワークショップ3-3**
>
> **パーソナル・スペースを測ってみよう。**
>
> 　私たちは，相手との親密さで距離のとり方が異なります。以下に示すような相手との適切な距離は，どれくらいでしょうか？　自分の手や腕を使って，だいたいの距離を測ってみましょう。
>
> 　まず，あなたは，定位置に立ち，相手（(1)〜(6)）に，遠くから（300cm くらいの距離から）徐々に，あなたに近づいてもらいます。そして，あなたが，これ以上近づいてほしくないと感じた時点で，「STOP」をかけ，相手にそこで，止まってもらいます。その場所までの距離を自分の手や腕を使って，だいたいの距離を測ります。
>
> 　(1) 恋人　(2) 親子　(3) 親友　(4) 夫婦　(5) 友人
> 　(6) 仕事上の関係者

(1) 対人距離

　ホール（Hall, 1966）は，対面した2者間の物理的距離を心理的距離と結びつけ，対人距離（interpersonal distance）を大きく4つに分類しています。

　1．親密距離（intimate distance）45cm 以内：相手の匂いや体温が感じられる距離，親子，恋人，夫婦がこの距離にいることが許されます。

　2．個体距離（personal distance）45〜120cm：手を伸ばせば触れることができる距離，親しい友人同士の会話でとられる距離です。

　3．社会的距離（social distance）120〜360cm：フォーマルな会談や社交の集まりの距離。

　4．公衆距離（public distance）360cm 以上：講演会などでの講師と聴衆の距離です。

　このように，人には適切と感じられる距離があり，この距離が侵害されると不快感を感じます。例えば，アメリカ人とアラブ人が会話をするときには，そ

れぞれが適当な距離を求めて，アメリカ人は相手から離れようと後ろにさがり，アラブ人は相手との距離をつめようとして前に進むため，アメリカ人が壁に張り付いている光景が見られるのは，個体距離が，ラテン系やアラブ系の文化では，北米よりも小さいためであるとホールは述べています。

ワークショップ3-4

相手との向き合い方で，どのように相手の視線を感じるでしょう？

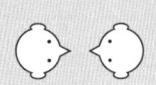

(a) 対面（互いに向き合う）　　(b) 直角（斜め横に向き合う）

(c) 平行（肩を並べて座る）　　(d) 背面（背中合わせに座る）

　できるだけ，日頃あまり話をしたことのない人と，2人1組になって，あいさつを交わし，季節の話題などを話し合ってみて，(a)～(d)のように，相手との向き合い方で，相手の視線の感じ方の違いや，視線を交わさないで話をするとどのような感じがするかを話し合いましょう。
　その際に，(a)～(d)のそれぞれの場合について，以下の項目に，適当なところに○印をつけて，各々の回答の結果を比較し，相手との向き合い方による，感じ方の違いをより明確にとらえることを試みましょう。

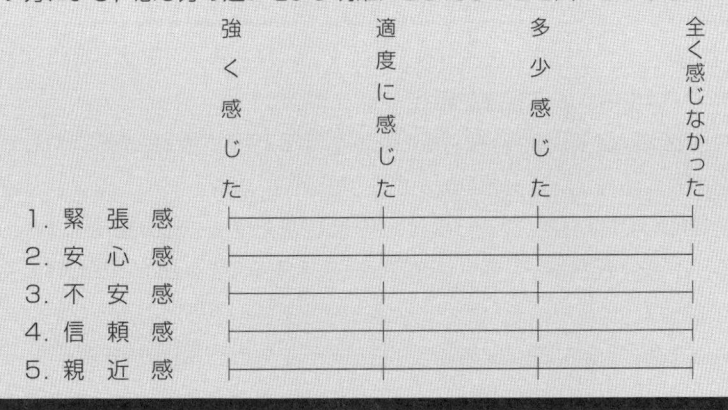

	強く感じた	適度に感じた	多少感じた	全く感じなかった
1. 緊張感	├	─┼	─┼	─┤
2. 安心感	├	─┼	─┼	─┤
3. 不安感	├	─┼	─┼	─┤
4. 信頼感	├	─┼	─┼	─┤
5. 親近感	├	─┼	─┼	─┤

コラム 3-2

山アラシのジレンマ

　精神医学や臨床心理学で使われる用語に，「山アラシのジレンマ」(porcupine dilemma) というものがあります。これは，ベラック (Bellak, 1970) が「ある冬の日，寒さにこごえた山アラシのカップルがお互いに暖め合っていた。ところが彼らは，自分たちの棘でお互いを刺してしまうことに気がついた。そこで彼らは，離れてみたが，今度は寒くなってしまった。何度もこんな試みを繰り返した後に，ようやく山アラシたちは，お互いにそれほど傷つけ合わないですみ，しかもある程度暖め合えるような距離を見つけ出した」という哲学者ショウペンハウエルの作になる寓話を例に引いて，人と人との心理的距離のもち方の難しさを喩えた言葉です。

　ひとりでいることに何の不自由さも不快な感じも感じない人もいるでしょうが，ミュージシャンがジャム・セッションを楽しむように，一般に人には「親和欲求」とよばれる他者と近づき，協力し，愛情の交換を喜び合おうとする欲求があります。しかし，その一方で，自分のもつ親和欲求を満たしてくれるような人を見つけるまでには，嫌な人とも接しなければならないでしょうし，うまく気の合う人と仲良くなれたとしても，あまり近づきすぎると窮屈さを感じたり，その人の嫌な面とも付き合わなければならなくなったりします。たとえ親しい人との間であっても，山アラシがうまくできたように適度な心理的距離をもつことはなかなか難しいことだと考えられます。

　ベラックは，「山アラシ・ジレンマはますますその強度を強めている。なぜならば，お互いに影響しあう人々の数もその頻度も刻々と増大しているからである」と指摘していますが，その後 30 年以上を経過し 21 世紀を迎えても，ベラックの指摘は決して弱まる方向に変化しているとはいえないでしょう。

(2) アイ・コンタクト（視線交錯）

　ワークショップ3-4の (a) は相手の視線を真正面から受けるので，かなり緊張をしいられます。(b) は日常会話でよく見られ，リラックスした会話ができます。(c) はお互いの視線が合わないので楽に話を続けられ，お互いに同じ視点でものを見ているので，同じ発想を共有しやすいでしょう。(d) は顔も合わせませんから，電話で話をしているときと同様に，相手の声の調子などから察することになり，本音が語られやすいこともあるでしょう。アーガイル (Argyle, 1965) らが，知らない同士が会話をするときのアイ・コンタクトの頻

度を調べた結果，知らない同士だと男女ともに，異性間ではアイ・コンタクトが回避され，親しさが増すとアイ・コンタクトが増えます。また，井上（1982）は，日本は「視線を避ける文化」なのに対して，アラブ系やラテン系は「視線を合わせる文化」であり，中間がアメリカの文化であるといいます。

(3) ボディランゲージ

　身振りや手振りといった身体動作が，一種の言語の役割を果たし，会話の流れを調整する上で大切な意味をもちます。大きな文化差のあるチャネルの1つですから，異文化の中では，正しい意味の理解と使い方が望まれます。例えば，親指と人差し指で円形をつくる動作は，日本では「お金」を意味しますが，アメリカでは「OK！」，フランスでは「無意味」，ベルギー・スペインでは「0（ゼロ）」という意味に受け取られます。また，日本人が「おいで，おいで」と手を振れば，アメリカ人には「あっちへ行け」ということになってしまいます。アメリカ人を呼び寄せようとすれば，手のひらを上にして，振らなければならないのです。

(4) タッチング（身体接触）

　バーンランド（Barnlund, 1975）は，図3-3のように，身体接触の行われる部位は，手・肩・額・頭・首の後・前腕などであり，日本人の学生の2倍以上の身体接触量をアメリカ人の学生は示し，タッチングする部位もひろいといいます。また，日本人は，同性の友人と異性の友人では身体接触量に大きな差はありませんが，アメリカ人では，異性の友人との間に最大の接触が生じているのが特徴です。「日本では，乳幼児期は，添い寝や一緒の入浴で，両親などの世話をする人との身体接触が頻繁ですが，児童期後半頃には，タッチングによる日常的なコミュニケーションはほとんどなくなります。一方，欧米では，挨拶の時の握手，抱擁，接吻といったタッチングを行う行為が社会的行動として日常生活の中に維持されています。また，タイでは，挨拶の合掌の指の先を触れ合わせます。中国人は，お辞儀をするより握手をして挨拶します」（八代，2001）

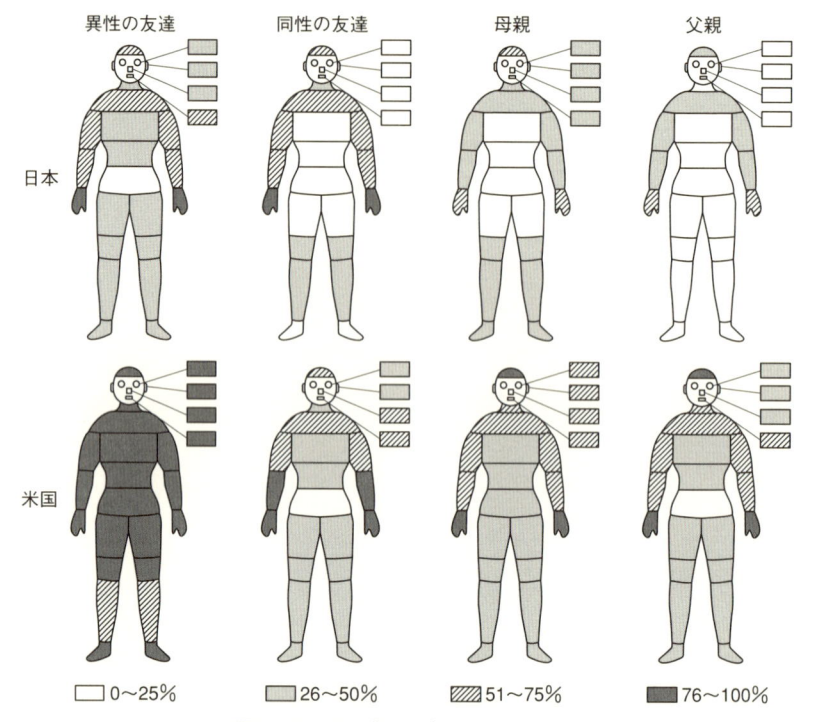

図3-3　タッチング・マップ(Barnlund, 1975)

(5) パラ言語（近言語・準言語）

ため息やあくび，うなり声など，人の話し声から言語的内容を取り去った残りの部分です。話し方の速さ，声の大きさ，高さなどが含まれ，言語的内容を補完する意味をもち，感情の伝達に重要な役割をもちます。声の高さは，一般に欧米人より東南アジア人の方が男女ともに高く，とくに，日本の女性の特徴として，電話に出たときとか緊張して丁寧な気持ちを伝えたいときに，一層声が高くなる傾向があります。日本ではこれは，女性らしいとか丁寧な気持ちが表れていると肯定的に解釈されますが，欧米では，音程の高い声は，子供っぽい，未熟，精神的に不安定などと否定的な印象を与えます。欧米人と話すときに，このような印象を与えたくなければ，日本人女性は，声を高くしないような注意が必要になります（山本，2001）。

第3節 効果的なコミュニケーションをめざして

【学習目標】
・自己を表現する方法として，自己呈示と自己開示について知ろう。
・適切な自己主張―アサーションについて知ろう。

> **ワークショップ 3-5**
>
> **自分をよく見せるには——面接場面での面接官は何を見ているか？**
> あなたが就職を希望する会社の面接試験を受けようとするとき，面接官に好印象を与えて，採用されるようにと，事前にいろいろ考えるでしょう。
> 面接官は，あなたのどのようなところを見て評価を下すのか，それに対して，あなたが考える自分をよく見せる具体策について，あなたの思いつくことを自由にノートに書き出してください。

1. 自己呈示と自己開示

面接では，「第一印象が大切！」とよくいわれます。そのために，求職者は服装（いわゆるリクルート・ルック）や顔の表情（笑顔），話し方（適度な声の大きさ・速さ），姿勢（だらしなくないような椅子の座り方）などに気を配ります。このような求職者の非言語的行動が印象形成と採用決定に影響を与えます。藤原（1997）によれば，マクガバン（McGovern, 1976）は，企業の人事担当者を被験者にして，実験協力者（サクラ）の演じる求職者の非言語的関与を操作した実験を行い，その結果，非言語的なレベルの関与を高める（例えば面接者の方を凝視するとか，やる気を見せるとか，このような場面で望ましいとされるパラ言語的手掛かりを，それと組み合わせて使用する）と，面接者から高い好意的な評価を引き出すのに有効でした。さらには，高い非言語的関与を示した求職者の89％が，その後の二次面接にも呼び出されたのに対して，低い関与度の求職者は，だれひとりとして二次面接には呼ばれませんでした。この他の多くの研究から，

①面接者をしっかり見つめること，

②笑顔を絶やさないこと，

③面接者の質問に頭の動きを多用し，頭でうなずくこと，

の3つが重要であることが明らかになっています。

　また，最初が肝心というのは，情報についてもいえることです。アッシュ（Asch, 1946）は，知的な―器用な―勤勉な―衝動的な―批判力のある―強情な―嫉妬深いという言葉のリストを与えられた被験者は，そのような人物に対して，全体としてよい印象を形成しますが，このリストを逆にして提示すると，全体としてよくない印象を形成することを示しています。これを初頭効果（primary effect）とよびます。このことから，「履歴書」を書く場合には，肯定的な言葉（例えば，「決断力のある」「エネルギッシュな」「機知に富む」「協調性がある」など）を並べておくとよいでしょう。履歴書に目を通したばかりの面接官があなたと会ったときには，あなたは，面接官に好印象をもたれることが期待できます（Lieberman, 2001）。

　このように，採用面接を受けるときとか，好意をもつ相手に気に入られたいときなど，しばしば私たちは，相手によい印象を与えたり，わるい印象をもたれることを避けるという意図をもって，自分自身を「演出」することがあります。このような行為を自己呈示（self-presentation）といいます。例えば，大事な仕事のある日に，「今日は，二日酔いなのでねえ」という言葉の裏には，二日酔いでなければ，もっとテキパキと仕事ができるのですよという気持ちがあるものです。そして，相手にも，二日酔いでなければ，テキパキと仕事ができる人であるはずであるという印象を与えようとしているのです。このように，自分の能力が評価されるような場面で失敗することが予想されるときに，相手に与える印象を操作する目的で，あらかじめ失敗の原因をつくっておくことを，セルフ・ハンディキャッピングといいます。このような自己呈示行動は，他にも，表3-1に示すような，さまざまな戦術・戦略がとられます。

　一方，あるがままに自分を他者に示す行為を自己開示（self-disclosure）といいます。教師が自分の失敗談や，恋愛体験を話したりすると，学生は親しみをもつようです。また，商談でプライベートなことをちょっと入れると，場がなごんで話が進んだりします。相手との和やかな関係を築くために，相手に話しても自分の心が傷つかない程度の失敗談（例えば，学校に遅刻して，そっと

表3-1　自己呈示行動の分類 (Tedeschi & Norman, 1985；岡, 1996)

	戦術的	戦略的
防衛的	弁解 正当化 セルフ・ハンディキャッピング 謝罪 社会志向的行動	アルコール依存 薬物乱用 恐怖症 心気症 精神病 学習性無力感
主張的	取り入り 威嚇 自己宣伝 示範 哀願 称賛付与 価値高揚	魅力 尊敬 威信 地位 信憑性 信頼性

先生にわからないように教室に入ったつもりが，しっかり見咎められて，みんなから笑われて恥ずかしかったというような，だれもが経験していそうな話）をすることによって，相手が自分も同じような経験があると自己開示してくれれば，相手との関係が深まります。このようにこちらが自己開示を行えば，相手も自己開示を行うことを自己開示の返報性（reciprocity）といいます。そして，親しい関係になるほど，自己開示は多くなります。反対に，こちらが自己開示しても，相手がしないと，人間関係はすれ違ってしまいます。

2. アサーション―適切な自己表現法

　アサーション（assertion）とは，自分も相手も大切にしようとする自己表現で，自分の考え，気持ちを正直に，率直に，その場にふさわしい方法で言ってみようとすることです。同時に相手が同じように表現することを待つ態度を伴うものです。非主張的・不十分な自己表現（引っ込み思案の自己表現）と，攻撃的・過剰な自己表現（利己的な自己表現）との中間の表現です。つまり，「自分の気持ちや考えを素直に，率直に相手に伝えてみる」と同時に，「相手の言い分を聴こう」とする態度を伴った関わりですから，自他尊重の自己表現であり，さわやかな関係をつくる鍵になります。アサーションを実践するためには，言うことだけでなく，言い方にも気をつけていくことが大切です。会話を

はずませるヒントは，質問に答えるだけでなく，それに関連したことや，自分の関心をつけ加えて，相手と共有できる範囲をひろげようとする（「おまけ」の情報を提供する）ことです。また，答えについては大部分を相手に任せている，「はい」とか「いいえ」で答えられないような「開かれた質問」をして，「聴き上手」になることです（平木，2000）。

コラム 3-3

問題解決のためのアサーション

議論や問題解決の場においては，「DESC 法」によるアサーションの表現法を心がけるとよいでしょう。

まず，自分が対応しようとする状況や問題，あるいは相手の言動などについて，焦点を絞ります。それがきまったら，次のステップを使って，言いたいことを整理します。

(1) 描写する（D：describe）
自分が対応しようとする状況や相手の行動を客観的，具体的に描写する。
例えば，長電話を切りたい時に，「12 時を過ぎた」とか「1 時間話した」という表現。「もう 12 時を過ぎた」とか「1 時間も話している」というような，自分の気持ちや見方が含まれた表現は避ける。

(2) 表現する・説明する・共感する（E：express, explain, empathize）
状況や相手の行動に対する自分の主観的気持ちを表現したり，説明したり，相手の気持ちに共感する。
例えば，電話を切りたいと思った時，「満足した」「楽しかった」「もっと話したいが……」とか「あなたも疲れたのではないか」など。これは，自分の主観的な感じですから，「私は……」と私を主語としたせりふとしてつくることが大切。これを「私メッセージ」とよぶこともある。

(3) 提案する（S：specify）
相手に提案したい言動，相手に望む動きを明確にして言語化する。提案は，具体的で，現実的で，相手が可能な言動であることが重要。提案をする時は，1 つだけでなく，2，3 の案があることが助けになる。
例えば，電話を切りたい時には，「この続きは明日にして，今日は切ろう」とか「詳しくは手紙で書く」など，相手とその場にあった提案を考えることが大切。

(4) 選択肢を考える（C：choose）
自分の言ったことに相手から「イエス」（肯定的結果）「ノー」（否定的結果）のいずれかの返事が返ってくることを考えたり，想像し，それに対してどういう行動をするか，自分の選択肢を用意する。その選択肢は，具体的，実行可能なもので，相手を脅かすものではないように注意する。
例えば，電話を切りたくて，「そろそろ終わりにしよう」という提案をしたと

き，相手から「そうだね」とイエスの返事が返ってきたら，「楽しかったよ。これでゆっくり眠れる。電話ありがとう」と言う。逆に「まだ話したい」とノーの返事が返ってきたら，「あと十分でいいか」とか「明日でもいいか」などと相手の反応に対する自分の次の対応を準備する。

(平木, 2000)

＊　＊　＊

では，会議の席で，煙草を吸っている人が何人かいて，煙草を吸わない自分が方策を出そうとしている場合では，次のようになります。

「会議が始まって1時間たったので，この部屋が煙草の煙でいっぱいですね（D）。私は煙草を吸わないので，喉が痛くて，頭もボーッとしてきました（E）。煙草を吸わないと集中しにくい人もいると思いますが（E），しばらく休んで空気を入れ替えませんか（S）。そうすれば，皆が気持ちよく，会議を続けられると思います（肯定的結果に対するC）。もし休憩を取るのが無理ならば，窓を開けて，しばらく煙草を止めていただけますか（提案を受け入れられなかった場合のC）」

(平木, 1993)

コラム 3-4

よい聴き手になるには──積極的傾聴法のポイント

Ⅰ．基本的心構え
1. 相手の立場に立ち，相手の枠組みに沿ってありのままに聴く。
2. 相手の話や気持ち，考えをそのまま受け入れる。批判したり，自分の意見は一切言わず，虚心担懐に聴く。
3. 話の内容や言葉だけでなく，相手の言おうとする意図や，気持ち，感情などを全体として聴く。
4. 自分自身の気持ちや心の動きをよく把握する。自分の内心に相手への不安や敵意や疑問などがあるとすれば，それにきちんと気づいている必要がある。

Ⅱ．具体的な行動
1. 身体や態度
   ①視線→穏やかなまなざしで相手の身体全体を包む。眼はできるだけ相手と合わす。ただし見つめ過ぎない。
   ②表情→固からず，柔らかからず。できるだけ肯定的な感情表現を豊かにする。
   ③手・腕・脚→自然に膝の上か，机の上。腕組みや脚組みは避ける。
   ④身体→ふんぞり返らず，やや前かがみ。

> ⑤位置→真正面に対するのではなく，やや斜め。
> 2．うなずきとあいづち
> 　①うなずきは会話の潤滑油
> 　②あいづちは会話の促進剤
> 　　・了解のあいづち　・促進のあいづち　・支持のあいづち
> 3．確かめと明確化
> 　　相手の話が一段落したところで，こちらの理解が正しいかどうかを確かめるという気持ちで，
> 　①繰り返し→相手の話の大事な部分や感情を表現した言葉を繰り返す。
> 　②要約→自分なりに理解した事柄や感じを自分なりの言葉で伝える。
>
> （鈴木, 1998）

〈要約〉

　対人コミュニケーションは，音声的なものと非音声的なものに分類されます。対人コミュニケーションには5つの基本要素があります。コミュニケーション・スタイルは文化によって違います。非言語的コミュニケーションの5つの機能を示し，その要素である対人距離，アイ・コンタクトについて，パーソナル・スペースを測り，視線の感じ方を確かめました。相手によい印象を与える，わるい印象をもたれることを避けるという意図をもって，自分自身を演出することを自己呈示といいます。一方，あるがままに自分を他者に示す行為を自己開示といいます。アサーションは，自他尊重の自己表現であり，さわやかな関係をつくる鍵になります。

〈キーワード〉

　言語的コミュニケーション，非言語的コミュニケーション，送り手－受け手，符号化－符号解読，メッセージ，チャネル，ノイズ，フィードバック，コンテキスト，高コンテキスト・スタイル，低コンテキスト・スタイル，パーソナル・スペース（対人距離），アイ・コンタクト，ボディランゲージ，タッチング，パラ言語，アサーション，自己呈示，初頭効果，自己開示，自己開示の返報性，積極的傾聴

―――〈知識チェック〉―――
Ⅰ 以下の文章について文意が通じるように（　　　）内を埋めなさい。
1. 対人コミュニケーションは，（　　　）と（　　　）に分類される。
2. 対人コミュニケーション過程には，5つの基本的構成要素がある。それらはどのようなものか，書きだしなさい。
（　　　）（　　　）（　　　）（　　　）（　　　）
3. 相手によい印象を与えたり，わるい印象をもたれることを避けるという意図をもって，自分自身を「演出」することを（　　　）という。一方，あるがままに自分を他者に示す行為を（　　　）という。
Ⅱ コミュニケーション・スタイルは，文化によってどのような違いがあるかまとめなさい。
Ⅲ 非言語的コミュニケーションの機能には，どのようなものがあるか5つの機能についてまとめなさい。
Ⅳ 非言語的コミュニケーションの種類を書きだしなさい。

〈レポート・討論課題〉

①よい人間関係をつくっていくためには，どのようなコミュニケーション・スキルトレーニングが必要かを考え，話し合ってみましょう。

〈ブック・ガイド〉

ダーレガ, V.J.・メッツ, S.・ペトロニオ, S.・マーグリス, S.T.　齊藤　勇（監訳）　1999　人が心を開くとき・閉ざすとき―自己開示の心理学　金子書房

ゴードン, T.　近藤千恵（訳）　2002　ゴードン博士の人間関係をよくする本―自分を活かす 相手を活かす　大和書房

工藤　力　1999　しぐさと表情の心理分析　福村出版

諸井克英・中村雅彦・和田　実　1999　親しさが伝わるコミュニケーション 出会い・深まり・別れ　金子書房

諏訪茂樹　2001　対人援助とコミュニケーション―主体的に学び，感性を磨く　中央法規出版

辻太一朗　2002　面接官の本音2004　日経BP社

【引用文献】

荒木晶子　2001　異文化コミュニケーションとは　八代京子・荒木晶子・樋口容視子・山本志都・コミサロフ喜美　異文化コミュニケーション・ワークブック　三修社　28-30.

Argyle, M., & Dean, J.　1965　Eye contact: Distance and affiliation. *Sociometry*, **28**, 289-304.（齊藤勇編　1987　対人社会心理学重要研究集 3　対人コミュニケーションの心理　誠信書房　146-149. に引用）

Argyle, M.　1967　*The psychology of interpersonal behaviour*. Penguin Books.（辻　正三・中村陽吉訳　対人行動の心理　誠信書房）

Argyle, M.　1979　New developments in the analysis of social skills. In A. Wolfgany (Ed.), *Nonverbal behavior*. New York: Academic Press. 139-158.（徳島辰夫訳　1998　仕事と人間関係　ブレーン出版　80.）

Asch, S.E.　1946　Forming impressions of personality. *Journal of Abnormal and Social Psychology*, **41**, 258-290.

Barnlund, D.　1975　*Public and private self in Japan and the United States*. Tokyo: Simul Press.（八代京子・荒木晶子・樋口容視子・山本志都・コミサロフ喜美　2001　異文化コミュニケーション・ワークブック　三修社　91-93.に引用）

Bellak, L.　1970　*The porcupine dilemma : reflections on the human condhition*. Citadel Press.（小此木啓吾訳　1974　山アラシのジレンマ：人間の過疎をどう生きるか　ダイヤモンド社）

大坊郁夫　1994　対人行動Ⅲ―対人コミュニケーション―　放送大学教材（改訂版）社会心理学　山口　勧　放送大学教育振興会　92.

DeVito, J.A.　1986　*The interpersonal communication book*(4th ed.) New York: Harper & Row.（深田博己　1998　インターパーソナル・コミュニケーション―対人コミュニケーションの心理学―　北大路書房　17-26. に引用）

Hall, E.T.　1966　*The hidden dimension*. Doubleday.（日高敏隆・佐藤信行訳　1970　かくれた次元　みすず書房）

Hall, E.T.　1976　*Beyond culture*. New York: Doubleday. 85-103.（コミサロフ喜美　2001　コミュニケーション・スタイル　八代京子・荒木晶子・樋口容視子・山本志都・コミサロフ喜美　異文化コミュニケーション・ワークブック　三修社　38-42. に引用）

東山安子　1997　非言語メッセージ　石井　敏・久米昭元・遠山　淳・平井一弘・御堂岡　潔（編）　異文化コミュニケーション・ハンドブック　有斐閣　58-63.

平木典子　1993　アサーション・トレーニング―さわやかな自己表現のために―　金子書房　120-122.

平木典子　2000　自己カウンセリングとアサーションのすすめ　金子書房

深田博己　1998　インターパーソナル・コミュニケーション―対人コミュニケーションの心理学―　北大路書房

井上忠司　1982　まなざしの人間関係―視線の作法―　講談社

岩淵千明・田中國夫・中里浩明　1982　セルフ・モニタリング尺度に関する研究　心理学研究, **53**, 54-57.

Jourard S.M.　1971　*Self-disclosure: An experimental analysis of the transparent self*. New York; Wiley-Interscience.（榎本博明　1997　自己開示の心理学的研究　北大路書房　に引用）

Knapp, M.L.　1972　*Nonverbal communication*. Holt, Rinehart & Winston.（牧野成一・牧野泰子訳　1979　人間関係における非言語情報伝達　東海大学出版会）

古城和子(編)　1999　生活に生かす心理学　ナカニシヤ出版

Lieberman, D.J.　2000　*Get anyone to do anything: And never feel powerless again*. Simon & Schuster.

（齋藤　勇訳　2001　相手を思いのままに「心理操作」できる　三笠書房）

McGovern, T.V.　1976　The making of job interviewee: The effect of nonverbal behavior on an interviewer's evaluations during a selection interview. *Doctoral dissertation*. Southern Illinois University.（藤原武弘編　1997　現代心理学シリーズ 9　社会心理学　培風館　49-50. に引用）

Mehrabian, A.　1981　*Silent message : Implicit communication of emotions and attitudes*. Wadsworth.（西田　司・津田幸男・岡村輝人・山口常夫訳　1986　非言語的コミュニケーション　聖文社）

中村雅彦　1994　自己と社会　岩田　紀（編）　人間の社会行動―社会心理学へのいざない　ナカニシヤ出版　29-36.

西川一廉・小牧一裕　2002　コミュニケーションプロセス　二瓶社

岡　隆　1996　社会的行動（社会心理学）　金城辰夫（編）　図説 現代心理学入門（改訂版）　培風館　66-67.

奥田秀宇　1994　コミュニケーション　明田芳久・岡本浩一・奥田秀宇・外山みどり・山口　勧　ベーシック現代心理学 7　社会心理学　有斐閣　182-186.

白井利明　2003　デフレ時代を乗り切る―希望の心理学　親しい関係を確認するプライベートな話　産経新聞連載　2003.6.27記事

鈴木淳子　2002　調査的面接の技法　ナカニシヤ出版

鈴木武治　1998　なぞ解き社会心理学　北樹出版

田中宏二　1988　しぐさの社会心理学　北大路書房

Tedeschi, J.T., & Norman, N.　1985　Social power, self-presentation, and the self. In B.R. Schlenker (Ed.), *The self and social life*. McGraw-Hill.

山本志都　2001　パラ言語　八代京子・荒木晶子・樋口容視子・山本志都・コミサロフ喜美　異文化コミュニケーション・ワークブック　三修社　51-57.

八代京子　2001　コンテキスト　八代京子・荒木晶子・樋口容視子・山本志郎・コミサロフ喜美　異文化コミュニケーション・ワークブック　三修社　39-41

八代京子　2001　タッチング　八代京子・荒木晶子・樋口容視子・山本志都・コミサロフ喜美　異文化コミュニケーション・ワークブック　三修社　91-93.

4

われわれは他者からどのように影響を受けるかを心理学しよう

　私たちは，自分の意思で判断し，行動を決定しているつもりです。しかし，実は無意識のうちに他者からの影響を受けていて，他者の思いどおりに動かされていることがあります。気がつけば，相手の思うつぼにはまっていたことはありませんか？　その一方で，他者に何かを頼みたいとき，頼み方を間違えると相手の態度はかたくなになって大失敗することもあります。では，どうすれば，相手は快く応じてくれるのでしょうか？

　また，私たちが情報収集の手段だと思っているマス・メディアに，私たち自身が影響を受け，「自分ひとりぐらい」と思っていた行動が全体として大きな社会現象を生むことがあります。コンピュータ・メディアの発達により，コミュニケーションそのものも変容しつつあります。この章では，個人的なレベルと社会的なレベルの両面から私たちが他者からどのように影響を受けているのかを心理学しましょう。

第1節　説得的コミュニケーション

【学習目標】
・社会心理学における「態度」の概念を理解しよう。
・効果的な説得の要因を理解しよう。

1. 態度とは

　ここで述べる「態度（attitude）」は，日常的な意味での態度（「あなたの態度はわるい」「その態度はなんだ……」など）とは異なります。

　社会心理学で扱われる「態度」とは，特定の対象に対して，好意的・非好意的の感情で表現される心理的傾向性と定義されます（Eagly & Chaiken, 1993）。例えば，政治に対する態度，宗教に対する態度，外国人に対する態度，というように表現することができます。態度は，ある程度一貫して固定的なものですが，特定の対象に対して形成されること，また後天的に形成されることから，先天的な気質やパーソナリティとは区別されています。また，特定の対象のない漠然とした気分や，一時的な情動とも異なります（榊, 2002）。

　態度は，「認知成分」「感情成分」「行動成分」の3側面から構成されています。「認知成分」とは，特定の対象や状況に対してどのような知識をもち，理解しているかを示します。認知の仕方によって行動も変わります。「感情成分」とは「好き－嫌い」「好ましい－好ましくない」といった情緒的な側面です。「行動成分」とは，その対象や状況に対してとる行動のことです。肯定的な態度をもっていれば支援したり，接近したりという行動が表れますが，否定的な態度をもっていれば攻撃したり，回避したりする行動が表れます。態度は直接目で観察することはできませんが，態度に付随する感情や，態度の結果として表れる行動から推測することができます。態度は，アンケート・質問紙等の尺度で測ることができます。

2. 態度の形成

　態度は先天的に備わっているものではなく，出生後，後天的に形成されるものです。では，どのような要因が影響しているのでしょうか。

　クレッチ，クラッチフィールド，バラキ（Krech, Crutchfield, & Ballachey, 1962）は，態度の形成に影響を与える要因として①個人の欲求充足の過程，②情報への接触，③集団からの影響，④個人のパーソナリティの4つをあげています。①個人の欲求充足の過程は，人が何かを求めているとき，それを充足してくれるような対象には好意的態度を，阻害するような対象には否定的態度をもつことです。例えば，キャリアウーマンをめざしている女性にとって，高学

歴や社会進出をサポートしてくれる人に対しては好意をもち，ポジティブな態度が形成されますが，逆に「女性は家庭に入るべき」という伝統的性役割を説いて反対する人に対してはネガティブな態度が形成されて，なるべくかかわりを避けようとするでしょう。②情報への接触は，特定の対象に関する情報によって，あらたに態度が形成されたり，すでに形成した態度を修正したりすることです。若者のマナーのわるさを見聞きすれば，若者に対してネガティブな態

ワークショップ 4-1

喫煙に対する態度を測定してみよう。

あなたは，喫煙についてどのような印象をもっていますか。次の項目について，あなたの考え方にどの程度当てはまるかをお答えください。各項目について，1つだけ当てはまると思う番号に○をつけてください。

	とてもよく当てはまる	やや当てはまる	あまり当てはまらない	全く当てはまらない
(1) 喫煙は気分を落ち着かせたり，気分転換に役立つ	1	2	3	4
(2) 喫煙は肥満防止になる	1	2	3	4
(3) 喫煙は健康や見た目に悪い	4	3	2	1
(4) 喫煙は流行遅れである	4	3	2	1
(5) 喫煙していることを人に知られると出世の妨げになる	4	3	2	1
(6) 禁煙できない人は意志が弱いと思う	4	3	2	1

計算方法：

(1)〜(3)の数字を合計する。合計得点が7.5点より低ければ喫煙の「身体的側面」に対して肯定的，7.5点より高ければ否定的な態度をもっているといえる。同様に(4)〜(6)の合計得点が7.5点より低ければ喫煙の「社会的側面」に対して肯定的，7.5点より高ければ否定的な態度をもっているといえる。

(松井, 1994a を一部改変)

度が形成されますが，ボランティア活動にいそしんでいる若者の話を聞けば，ポジティブな態度が形成されるでしょう。③集団からの影響は，家族，友人，学校や職場，地域社会といった個人が所属している集団から，集団と同じ態度をもつように影響を受けることです。これらの3つの要因が同じであっても，④個人のパーソナリティによって，異なる態度が形成されるのが通常です。パーソナリティによって情報の解釈も異なり，集団からの影響の受けやすさも異なりますから，形成される態度も人それぞれということになります。

3. 態度変容

　態度はおおよそ一貫したものですが，気質やパーソナリティほど固定的なものではなく，状況に応じて，また説得を受けて変容します。フェスティンガー (Festinger, 1957) による認知的不協和理論は，人々が矛盾する事態に不快を感じ，矛盾を解消するように状況や自分の態度を変えることを説明しています。状況を変えられない場合，態度を変えざるを得ません（コラム 4-1）。

　イソップの寓話「酸っぱいブドウ」では，高いところに実っているブドウをとることができなかったキツネが「あのブドウは酸っぱい」と負け惜しみを言いますが，キツネにとって「ブドウがほしい」ことと，「ブドウをとれない」ことは強い矛盾を起こしています。「ブドウをとれない」という状況は変えられないので，「ブドウがほしい」という自分の態度を「酸っぱいから本当はほしくない」と変えることで，矛盾を解消しているわけです。

　このように，私たちはさまざまな矛盾を解消するように態度を変え，状況に適応しています。一方，意図的に相手の態度を変えようとすることを説得といいます。仕事の交渉，選挙活動，恋愛など，相手（1人または集団）の態度や行動を変えようとする場面は数多くあります。

コラム 4-1

認知的不協和の理論

　人は自分自身の内部に矛盾がないようにと努力しますし，人の意見や態度は内部的に矛盾のない集合をなして存在する傾向があります。ところが日常しばしば，自分の意見や態度と矛盾する意見や態度に接することがあります。そのような状

態を不協和（dissonance）とよびますが，不協和は人に不安や緊張を与えます。
　フェスティンガー（Festinger, 1957）の認知的不協和理論（cognitive dissonance theory）の基本仮説は
　①不協和の存在は，心理学的に不快であるから，この不協和を低減し協和（consonance）を獲得することを試みるように，人を動機づけるであろう，
　②不協和が存在しているときには，それを低減しようと試みるだけでなく，さらに人は，不協和を増大させると思われる状況や情報を，すすんで回避しようとする，
としています。そして，不協和は，
　①行動に関する認知要素を変える，
　②環境に関する認知要素を変える，
　③新しい認知要素を付加する，
という方法で低減されるとしています。
　例えば，ある喫煙者が，「喫煙が健康にわるい，肺ガンの大きな原因だ」との情報に接したとします。その情報は「喫煙している」という行動と不協和です。その人は，禁煙する，喫煙量を減らす，そんなにヘビースモーカーでないと考える，喫煙と肺ガンの関係はまだデータ数が少なく明確ではないと考える，喫煙者でも健康な人がたくさんいると考える，食後の喫煙は何物にもかえられないと考えるなどして，不協和を低減するでしょうし，喫煙が健康にわるいというニュースや記事を見聞きしないように避けるであろうと考えられます。

(1) 効果的な説得者

　説得の上手な人とは，どんな人なのでしょうか。

　説得効果を高める説得者の要因は，「専門性」と「信頼性」です（Hovland & Weiss, 1951； Cialdini, 1988）。

　ある分野で専門家と認められる人の発言は，専門的知識に裏づけされたものとして説得力があります。例えば，歯磨きの広告に歯医者が登場して商品の宣伝をするのは，専門家が推薦していることになり，商品の特長を効果的にアピールできるわけです。ただし，専門家として認知されなければ意味がありませんから，専門知識を提示したり，資格や肩書きで「権威」を示す必要があります（後述）。

　また，説得者が信頼できる人物であることも重要です。説得者が自分の利益だけを考えていることが見え透いていたり，日頃からウソをよくつくような人であれば，説得効果はありません（今井, 1996）。

(2) メッセージの提示の仕方

　メッセージの提示の仕方にも説得効果を高める工夫があります。例えばメリットだけを強調するのは「一面提示」，メリットと合わせてデメリットも伝えるのは「両面提示」といいます。相手の教育水準が低い場合や，相手が知識をあまりもち合わせていないトピックの場合，話が込み入っていない場合などは「一面提示」，その逆の場合は「両面提示」が効果的といわれています（榊，2002）。

　また，説得に応じない場合は悲惨な結果を招くという恐怖を与える「恐怖アピール」もあります（Janis & Feshback, 1953 など）。恐怖が大きいほど説得効果が高まるという研究結果と，恐怖が中程度の場合にもっとも説得効果が高く，大きすぎると逆に説得効果が弱まるとする研究結果があります。説得内容の受け入れやすさ，恐怖の深刻さなどによって左右されるようです（榊，2002）。

コラム 4-2

効果的な説得者になるには

　あなたが，選挙の立候補者，CM プランナー，セールスや商談などの場面で説得者としてメッセージの送り手になるときは次のことを心がけてみてください。
　①メッセージの送り手は，好ましい，信頼でき，信頼に値する，表情に富んだ，その道のエキスパートであればよい。また聴衆にある側面で類似点があることも重要である。元アイドルで子育て中の主婦というタレントを起用するのはその意味で有効である。
　②感情に訴えかけるメッセージも効果的。特に不安や恐怖を喚起して，反健康行動や違反行動を抑制する場合は効果的であることが実証されている。例えば，恐怖アピールによる交通違反者への講習ビデオ，真っ黒になったヘビースモーカーの肺の写真などである。
　③ある行動を採用することをすすめるには，相手にもできるという気持ちを起こさせ（自己効力感），行動をとった結果，望ましい結果につながるということ（結果予期）を理解させる。つまり行動の意思→行為→結果を得るという進行過程を，順を追って提示し明確にすべきである。
　④メッセージには明快な結論をいれること。
　⑤事実や統計などでメッセージの信憑性を高くすること。
　⑥情報をもっている聴衆の場合は，両面提示をすること。
　⑦ほとんど情報をもっていない聴衆の場合は，一面提示をすること。
　⑧説得者は聴衆がメッセージを受容したとしても何も得るものがないというふうにみせかけること。セールスの場合には，売り手側が不当に利益を得るように

思われないこと。
⑨メッセージは可能なかぎり，できるだけ繰り返すこと。

(3) 説得される心理

　私たちは自分の意思で判断・決定しているつもりですが，実は説得のテクニックに乗せられ，相手の思いどおりに操られていることがあります。セールスパーソンだけでなく，悪徳商法や破壊的カルト（表向きは合法的な宗教集団や政治集団の形式をとっているが，反社会的な活動を実践する集団）なども，説得される心理を巧みに利用しています。薬物の投与・拷問などで身体を拘束して強引に信念を変えさせる「洗脳」と異なり，心のメカニズムを利用する「マインドコントロール」は，受け手が自分の意思で選択したと思い込んでいるために，なかなか解けにくいのが特徴です（西田，1998）。

　なぜ説得されてしまうのでしょうか。チャルディーニ（Cialdini, 1988）は，説得される心理に次の6つの法則をあげています。

1．返報性：だれかから恩恵や親切を受けると，同じだけお返しをしなければならないという義務感をもちます。これを「返報性」といいます。相手に好意をもっているかどうかは関係なく，「借りは返さなければならない」という義務感に駆られて，相手からの説得を受け入れてしまうのです。逆にいえば，小さなプレゼントやサービスを提供して「貸し」を作っておけば，真の要請を受け入れてもらえる可能性が高くなるわけです。

コラム 4-3

ドアインザフェイス・テクニック

　最初に提供する「貸し」は，プレゼントやサービスでなくてもかまいません。「譲歩する」ことも返報性を引き出すことができます。これを利用したのがドアインザフェイス・テクニック（door in the face technique）です。「門前払い」という表現に由来するネーミングですが，最初に受け入れられそうもない大きな要請をして断らせてから，譲歩したように見せかけて真の要請をすると，「譲歩」に対して自分も譲歩しなければならないという返報性の心理が働いて，要請が受け入れられやすくなります。もともとの目的は，真の要請が受け入れられることですから，その前に「譲歩」を入れるだけで効果が増大するのです。

2．コミットメントと一貫性：私たちは，いつも態度や行動・言動に一貫性を保つように意識しています。やっていることや言っていることがくるくると変わる人は「いい加減な人だ」「信頼できない」などとネガティブな評価を受けますし，また，一貫した態度を保っている方がいろいろな情報に惑わされずにすみます。一度態度を決めてしまうと，後から都合のわるいことが判明しても，なかなか態度を変えられないのも，一貫性を保とうとする心理が働くためです。態度を明らかにすることをコミットメントといいます。

コラム 4-4

フットインザドア・テクニック

コミットメントと一貫性を利用したのがフットインザドア・テクニック（foot in the door technique）です。最初に小さな要請をして受け入れてもらってから，次に真の要請をすると，最初の要請をしない場合よりも応諾率が高いのです。最初の小さな要請を受け入れた時点で，その要請に肯定的な態度を表明したことになり，一貫性を保つために後の要請も受け入れざるを得なくなるからです。また，相手が態度を決めた後で，特典を除去してしまうローボール・テクニック（low ball technique）もあります。車など高価な商品のやりとりで用いられることが多いようですが，いったん購入を決めてしまったら，後から特典が得られなくなっても，なかなか購入を取りやめることができなくなります。

3．社会的証明：同じ状況にいる他者の判断や行動は，自分がどう判断し，行動すべきかを決めるときの手掛かりになります。言い換えれば，私たちは他者の行動に合わせようとする傾向があるのです。多くの人の行動に従っていれば，たいていは失敗する可能性が少ないからです。

この心理を利用すれば，多くの人に支持され，賛同されていることを示すだけで，相手は要請を受け入れやすくなります。例えば，店で買い物をするとき，「よく売れています」「当店売上ランキングNo.1」といったPOP広告を見かけたことはありませんか。あるいは，店員から「この商品は人気がありますよ」とすすめられたことはありませんか。このとき，私たちは「多くの人が買っているのなら，きっとよい商品なのだろう」「この商品を買うことが平均的な行動なのだろう」と判断し，説得を受け入れやすくなります。

> **コラム 4-5**
>
> ### 応諾技法に対して抵抗力をつけるには
>
> チャルディーニは説得される心理に「返報性」「コミットメントと一貫性」「社会的証明」「好意」「権威」「希少性」の6つの法則をあげていますが、説得に対して抵抗力をもつためには、説得される心理をよく理解し、そのトリックにはまらなければよいわけです。では、具体的にどうすればよいでしょうか。悪徳商法に引っかからないための10ヶ条を作ってみましょう。

　4．**好意**：他者に好意を抱くことを対人魅力といい、対人魅力の規定因には類似性や身体的魅力などがあります。自分と共通点のある人や、外見的に美しい人に好意を抱きやすいのです（第1章参照）。

　好意を抱いている相手からの説得には弱く、なかなか断ることができません。自分と似たような価値観や信念をもつ人からすすめられたものは、自分にとっても利益が大きいはずだと考えますし、親しい間柄であれば、説得を拒否して気まずくなることを恐れます。この心理に基づいて、友人や隣人のネットワークを利用した商法も展開されています。筆者の友人にも、淡い恋愛感情を抱いていた異性と親しくなりかけたところで急に「洗剤を買わない？」ともちかけられ途端に冷めた人がいます。

　また、「美＝善」というステレオタイプが形成されているために、身体的魅力の高い人は同時に知性や誠実性をあわせもつと認知される傾向があります。1つの特性が優れていると、他の特性も優れていると認知することをハロー効果（halo effect）といいます。外見と内面はかならずしも一致しないのですが、ハロー効果によって、身体的魅力の高い人は信頼できる人物と認知され、説得効果も高まるのです（榊, 2002）。

　5．**権威**：私たちは権威に対して弱く、権威者の発言を簡単に信用する傾向があります。権威者とは、ある特定の領域で専門的知識や技能を豊富にもっていて、その人に従うのが当然という社会的な信用を得ている人です。権威者の発言は正当で、従う方が成功する可能性が高いからですが、たとえ、発言の内容がでたらめや、倫理に反するものであった場合でも、強い権威には逆らえず

> コラム 4-6

態度と関係する諸概念

以下に，態度概念と関係し，混同しやすい概念をリストアップし，説明をくわえました。

　行動（behavior）：人の行動は目に見える事実として外部から観察可能です。態度は直接の観察はできません。行動（行動の観察，質問紙への回答という「行動」）から態度を推測することになります。心理学の研究や実務（マーケティングリサーチなど）では，過去にした行動，現在の行動，将来の行動意図を扱います。あるシャンプー（A）に対する各種の態度（デザイン，CM に起用したタレント，性能，価格，手に入れやすさ，リサイクル可能性，安全性…に対する態度）と A の一定期間の購入回数（行動）をアンケートで測定します。そして各種の態度から購入回数を予測する式をたてるといった分析を行うことがあります。態度で行動を予測する試みです。

　意図（intention）：個人が予定，計画している将来の行動（をする意図）です。「A という商品を買うつもり」という場合は意図です。その A に対する態度から意図を予測できると考えます。意図は態度よりも直接的に行動に影響すると考える場合があります。その場合は行動意図（behavioral intention）といいます。行動意図は行動の直接の予測因として使うことができます。

　意見（opinion）：意見とは態度を言語的に表明したもの，つまり言葉で表現したものです。アンケートでは，意見を並べ，各意見に対する同意や賛成の程度を答えてもらう仕組みになっています。意見項目とはいわず態度項目ということが多いです。

　信念（belief）：ある対象に対してもっている主観的または客観的な知識や認識のことです。よい－わるいの価値判断や評価に関する信念（評価的信念）は，態度とほぼ同じか，態度そのものと見なされることがあります。

　パーソナリティ特性（personality trait）：パーソナリティ特性を簡単にいうと「個人を特徴づけるところの思考，感情，行為に関する，種々の状況を越えて比較的持続的に見られるパターン，傾向性」です。特性とは，人々の行動の中に見られる規則性や一貫性の背景にあるとされる心理的傾向性を意味しています。パーソナリティ特性の代表としては，外向性－内向性，神経質傾向（情緒安定性－不安定性）などが知られています。最近では Big5 といって，神経質傾向，外向性，経験への開放性，調和性，誠実性の 5 つの性格次元でだいたい網羅できるとされています。Big5 については丹野（2003）や東（2002）を参照してください。態度はかならず対象と結びついていますので「…に対する態度」というように常に対象との関連で記述できるはずです。これに対して，パーソナリティ特性は特定の対象との関係を問題にはしません。「社交的」なパーソナリティ特性をもつ人は，だれに対して「社交的」ということはありません。ひろく他

者一般に対しても「社交的」であるということになります。パーソナリティ特性はより一般的・一貫的で，態度の方が特定的で対象によって異なるということになります。

動機（motive）：人にかぎらず動物は生理的あるいは心理的に不均衡（欠乏した）状態になると欲求（need）を生じます。欲求には生理的欲求（呼吸・渇き・空腹・睡眠・性・苦痛回避）と社会的欲求（達成・親和・依存・承認など）があります。それらの欲求を解消する方向に行動を起こそうとする内的状態を動機といいます。動機も態度とともに行動にかかわりをもっています。しかし，動機は直接に特定の行動を起こす原動力となりますが，その行動が終わると，その動機もなくなります。これに比べ，態度は動機よりももっと永続的・一般的であって特定の行動が終結しても保持されます。

価値（value）：人の行動や意思の決定，自分自身を含むあらゆる対象の善し悪しなどの判断の基準に影響する中心的な内的基準のことです。経済的豊かさに価値をおく人や，権力に価値をおく人，芸術に価値をおく人，真理の追求に価値をおく人，他者への愛に価値をおく人，宗教への信心に価値をおく人といえば，その人の内面や行動傾向をだいたい想像することができるでしょう。価値（観）を一般化された態度と見なす場合もありますが，特定の対象というよりも多くの対象をもっています。その人の人格，パーソナリティの中心に位置しており態度よりも安定していること，その人の適応や自己成長の方向性に影響を与えることから，態度と区別することがあります。

に服従してしまうことが実験によって明らかにされています（Milgram, 1963, 1974）。

　ところで，人を説得するためには本当に権威をもっている必要はありません。名刺などで肩書きを呈示したり，服装や装飾品（バッジなど）に工夫を凝らしたりして権威があるように見せかけるだけで十分なのです（今井，1996）。私たちはたんなる権威のシンボルに反応してしまいがちで，この心理を悪用した犯罪も多く発生しています。

　6．**希少性**：タイムサービスや個数限定販売につられて，衝動買いしてしまうのはなぜでしょうか。経済原則に従えば，真に上質なものは材料や生産に限界があり，また多くの人が欲しがるために手に入りにくく，逆に手に入りやすいものは大量生産の平均的な品物か，場合によっては粗悪品であるのが一般的です。入手を制限されると，条件反射でその品物は上質で価値のあるものに違いないと考えがちです。

　また，私たちは自分の意思で選択する自由を剥奪されたり，制限されたりす

ると，たいして重要ではない事柄でも，反動でその自由を取り返そうとします。これを心理的リアクタンス（psychological reactance）といいます。タイムサービスや個数限定販売は，自分の意思で好きなときに購入する自由を制限されたことになり，自由に入手できる状態なら魅力を感じなかった品物でも，急に魅力的に思えてきます。

第2節　マス・コミュニケーションの影響

【学習目標】
・マス・メディアが生むゆがみや偏りについて理解しよう。
・メディアの広告効果や暴力性・攻撃性の影響について理解しよう。
・流行や流言の仕組みについて理解しよう。

　私たちは，マス・コミュニケーションの影響を大きく受けています。同時に自分たち自身も構成要素の一部として，マス・コミュニケーションにかかわっています。一般的には，「マス・コミュニケーション」の略語である「マスコミ」が情報の送り手を意味して使われていますが，ここでは，新聞やテレビなどの情報の送り手そのものをさす場合には「マス・メディア」，私たち受け手に与える影響や，社会現象なども含めた過程を「マス・コミュニケーション」として，用語を区別することにします。

1. マス・メディアのゆがみ（バイアス）

　私たちは，世の中で起きているすべての事象に対して，ほとんどの情報をマス・メディアに依存せざるを得ません。では，マス・メディアは真実を報道しているのでしょうか。答えは正でもあり，否でもあります。「やらせ」や「虚報」「誤報」は論外としても，現実の一部を切り取って再構成している以上，マス・メディアの報道は現実の忠実な鏡映ではありません。情報は取捨選択され，編集され，さまざまなバイアスがかかっています（藤竹，1975）。

　限られた紙面や時間の中で，世界中で起きているすべてのことを報道できるわけではありませんから，ニュースバリューの高い情報から優先されることに

なります。ニュースバリューの基準は、「突出性（重要性）」「特定の人物に対する興味」「対立や論争・紛争」「異常性」「時間的近接性」「距離的近接性」などがあります（大石ら，2000）。受け手は、マス・メディア側がニュースバリューに従って選択した情報を享受するだけで、切り捨てられた情報を知ることはできません。

　また、記者や編集者など、送り手側がもつステレオタイプによっても、報道の内容はゆがんでいきます。あるステレオタイプが潜んでいると、そのステレオタイプに合致するような情報ばかりが目につき、合致しない情報は切り捨てられることになります。または、報道の際に、ステレオタイプに沿って、事実の認知をゆがめるような伝え方がなされることもあります（池田，1993）。例えば、「容疑者」を「犯人」と断定して取材・報道したために冤罪を引き起こしたり、暗黙のうちにジェンダー・ステレオタイプが潜んでいて、事件の責任を性に帰属するような報道がなされるなど、日々の報道の中でさまざまなゆがみや偏りが生じています。

2. マス・コミュニケーションの効果論

　マス・コミュニケーションが世論形成や受け手の現実認知に大きな影響を及ぼしていることが、効果論の研究の中で実証されています。効果論の研究は、主に選挙報道を題材として導き出されていますが、マス・メディアの報道が有権者の投票行動に影響を与えるという「アナウンスメント効果」が指摘されており、マス・メディアの報道のゆがみや偏りが世論に直結し、政治的・社会的に重大な事態を引き起こす可能性をもっているために、積極的に研究が行われてきたという背景があります。

（1）議題設定効果

　マックームスとショー（McCombs & Show, 1972）は、選挙報道の研究を通じて、「ある話題や争点がマス・メディアで強調されるにつれて、公衆の認知におけるそれらの話題や争点の重要度・目立ちやすさ（顕出性）も増大する」という「議題設定機能仮説」を提唱しました。ニュースには多くの争点がありますが、マス・メディアが積極的に取り上げ、強調した争点は受け手から重要な

ものと見なされ，マス・メディアでの報道量の少ない争点は相対的に重要度認知が低くなるというものです（図4-1）。

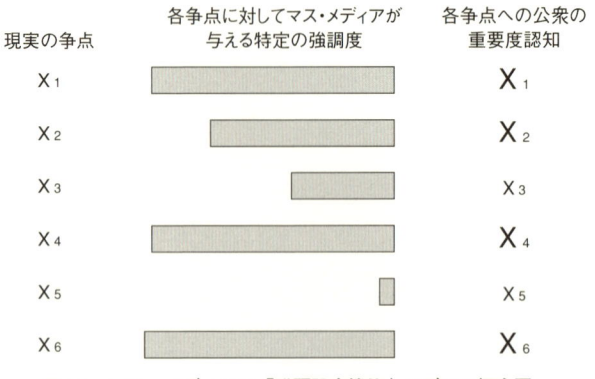

現実の争点	各争点に対してマス・メディアが与える特定の強調度	各争点への公衆の重要度認知
X_1	████████████████	X_1
X_2	████████████	X_2
X_3	████████	X_3
X_4	████████████████	X_4
X_5	██	X_5
X_6	██████████	X_6

図4-1　マス・メディアの「議題設定機能」モデルの概念図
（McQuail & Windahl, 1981年に基づく）

(2) 培養効果

テレビドラマの中では，現実の世界よりもはるかに暴力が頻繁に描かれていますが，性，年齢，学歴に関係なく，テレビ視聴時間の長い受け手の方が，現実の世界もテレビの世界と同じく，暴力にあふれていると認識しています（Gerbner & Gross, 1976）。これを培養効果といいます。

しかし，ニュースやドラマは，現実を忠実に反映しているわけではなく，さまざまなバイアスがかかっています。例えば，実際の死因のトップは疾病であるにもかかわらず，ニュースでは，殺人事件や事故が大きく報道され，あたかも私たちは常に殺人や事故の危険にさらされているような錯覚に陥ります（岡本，1992）。ドラマの中でも頻繁に殺人が起こりますし，また，登場人物の職業や年齢も偏っています（岩男，2000）。すなわち，マス・メディアの接触時間の長い受け手が，メディアの中に描かれた極端な世界をそのまま現実のものと認識するということは，きわめて偏った世論が形成される危険性をはらんでいるといえるでしょう。

(3) プライミング効果

　プライミング効果とは，もともと認知心理学の用語で，先行刺激が後続する情報処理に影響することをいいます。例えば，テレビのニュースが取り上げたエピソードが，のちに選挙の際の大統領に対する評価を左右するといった現象のことで，判断や選択をするとき，先行するニュースが判断基準のウエイト（重み）を変えてしまうことが指摘されています（Iyenger & Kinder, 1987）。

(4) フレーミング効果

　フレーミング効果とは，ニュースを伝える際の枠組み（フレーム）によって，受け手の認識を左右するというもので，「テーマ的フレーム」と「エピソード的フレーム」などがあります。例えば失業問題などのテーマについて，失業率や企業倒産件数といった統計資料などを用いた全体像として提示した「テーマ的フレーム」の場合，受け手は重大な社会問題だという認識はできますが，心理的なインパクトは弱くなります。一方，失業した特定個人をクローズアップした「エピソード的フレーム」の場合，受け手の感情移入は大きくなりますが，社会問題としての認識は低くなるという実験結果が明らかにされています（Iyenger, 1991）。

(5) 沈黙の螺旋理論

　ノエル＝ノイマン（Noelle-Neumann, 1993）は，ドイツの選挙報道の研究を通じて「沈黙の螺旋理論」を提唱しました。人々は，ある争点について自分の意見が多数派だと思えば，積極的に発言しますが，少数派だと思えば，その場で孤立することを恐れて沈黙します。この過程を繰り返すことによって，最初に多数派と見られた意見はますます勢力を拡大して圧倒的多数となっていき，少数派意見はさらに少数となって孤立していくことになります。

　このとき，マス・メディアは，何が多数派で，何が少数派かを伝える役割を担っています。選挙前になると，各メディアが支持政党の世論調査結果などを報道しますが，そこで優勢と報道された政党を支持している人は，自分の意見を積極的に発言します。逆に劣勢と報道された政党を支持している人は肩身が狭く，周囲から孤立することを恐れて沈黙してしまいます。再び，マス・メデ

ィアが世論調査を実施したときには，多数派はますます多数となり，少数派はますます少数となっている結果が報道されることになりますので，この過程を繰り返すにつれて，多数派と少数派がさらに顕著になっていくのです。

3. 広告効果

テレビ各局が視聴率争いをするのは，その番組を見てもらいたいためだけではなく，その番組に組み込まれている番組スポンサーのCMをできるだけ多くの人に見てもらいたいからです。視聴率が低いとスポンサーの広告目的は十分に達せられません。広告業界ではCMを通じて，多数の人に見てもらうだけではなく，いかに商品名を覚えてもらい，機能性をアピールし，購買に結びつけるかを重視するようになっています。消費者が広告に接触して購買に至る過程は「Attention（注意）」「Interest（興味）」「Desire（欲望）」「Memory（記憶）」「Action（行為）」で，注意し，興味をもち，欲しいと思い，記憶し，最後に購買行動を起こすという流れになっています。この過程は，頭文字をとってAIDMA（アイドマ）理論とよばれています。

広告の制作に効果が確約されたモデルはありませんが，効果を上げる工夫はいくつか見出されています。例えば，「単純接触効果（mere exposure）」を利用して，何度も繰り返し提示する方法があります。「単純接触効果」とは，特定の刺激に何度も視覚的に接触するだけで，その刺激に対する好意が増加することで（Zajonc, 1968；第2章参照），最初は何とも思わなかった広告でも，繰り返し見ていると親しみを感じるようになり，店内でその商品を見かけたときに手に取る可能性が高くなります。また，ユーモアを織り込んだ広告も印象に残りやすく，好感をもたれることが研究によって明らかになっています（李, 1996）。

ところが，「単純接触効果」は，最初の印象がネガティブな場合には接触を繰り返すほどマイナスに作用していくこともわかっています。ユーモアは広告自体に対する好感は高めますが，必ずしも購買にはつながらないことも指摘されていますし，消費者にとって重要な買い物で，十分に商品を検討したい場合には逆効果のこともあります（榊, 2002）。商品の性質や購買層をよく考えて，適切に対応した広告を提示していくことが効果的といえそうです。

4. 暴力的メディアの影響

凶悪犯罪が発生するたびに，殺人や暴力など残虐なシーンの多いメディアが人々の攻撃性を助長しているのではないかという議論が起きています。アメリカではVチップが導入されていて，家庭内で暴力番組の視聴を制限できるようになっています。

バンデューラ（Bandura, 1973）の行った実験では，暴力的なシーンを含む映像を見た子どもたちは，同じ行動をとるようになることが見出されており，学習効果による攻撃行動の増加が示されています。一方，暴力的メディアによる「カタルシス効果（浄化作用）」を支持する考え方もあります。これは，架空の世界で攻撃性を解消しているために現実の攻撃行動が抑制されているとするもので，暴力的メディアに対する全面的な規制を危惧する根拠となっています。しかし，「カタルシス効果」を実証した研究は少なく，現在の流れでは学習効果の方が優勢です。

日本のテレビ番組には，暴力的なシーンが多いといわれています（岩男, 2000）。しかし，アニメーションや時代劇などに描かれる暴力は虚構性が強く，娯楽的なものと受けとめられていて，攻撃行動には結びつきにくいことも示唆されています（湯川, 2002）。

また，自分自身がプレイヤーとして参加するテレビゲームは，一方的に視聴するだけのテレビ番組よりもはるかに影響が大きいと考えられます。テレビゲームの大半は，主人公（プレイヤー）の攻撃行動によってゲームが進むシステムになっており，テレビゲームで遊んだ直後は攻撃性が高まっていることは実証されていますが（坂元, 1999），長期にわたる影響は検証されていません。テレビゲームが子どもの遊びの上位にあがっている現状を踏まえると，テレビゲームと攻撃性との関連は，早急に解明しなければならない問題といえるでしょう。

5. メディア・リテラシー

これまでみてきたように，マス・コミュニケーションには，さまざまなゆがみや偏りがあります。私たち受け手は，自分の意思で行動しているように思っていても，無意識のうちにマス・メディアの影響を受け，特定の方向へと動か

されています。大切なのは，マス・メディアからの情報は現実のすべてを忠実に反映しているわけではなく，一部を切り取ったものに過ぎないこと，ときとして情報の取捨選択や描き方の背景には何らかの意図が働いている場合もあること，送り手も意図していない影響があることを認識することです。マス・メディアのシステムやメカニズムを知り，情報を客観的に理解し，メディアを使いこなす能力，またはその取り組みのことを「メディア・リテラシー」といいます（鈴木, 1997）。

メディア・リテラシーの重要性が認識されるにつれて，メディア・リテラシー教育も盛んになってきました。ニュース，ドラマ，アニメーション，広告，ゲームなど，マス・メディアから送られてくる情報を，暴力やジェンダーなどの視点からコードを設定し，批判的な目で分析する実践プログラムもあります（鈴木, 2000, 2003 など）。情報に潜むさまざまなステレオタイプやバイアスを自ら明らかにすることで，メディア・リテラシーの向上につながります。

6. 流行現象

人々の間で交わされるコミュニケーションが，全体として大きな社会現象を生むことがあります。その1つに流行現象があります。

(1) 流行の普及過程

ワークショップ 4-2

流　行

あなたは，ロジャーズのカテゴリのどこにあてはまるのか，考えてみましょう。ある流行（ファッション，グッズなど）を思い浮かべてください。世間でどのくらいの人がその流行を採り入れていたら，あなたも採り入れてみようと思いますか？

選択肢：①全体の2.5％　②16％　③50％　④84％
　　　　⑤それ以上

判　定：①なら「革新者」，②なら「初期採用者」，③なら「前期追随者」，
　　　　④なら「後期追随者」，⑤なら「遅滞者」です。

図4-2はロジャーズ（Rogers, 1962）による流行の普及過程モデルです。縦軸が流行を採用した人数，横軸が時間です。流行を採用する人々は，5カテゴリに分かれます。革新者（イノベーター）は，個性的でありたいという志向性が強く，新しいことにチャレンジする人々です。情報収集にも熱心で，ネットワークも広く，情報網を豊富にもっています（川上・電通メディア社会プロジェクト, 1999）。しかし，革新者は伝統的な様式から逸脱した異端児と見られることも多く，流行現象となるかどうかは初期採用者にかかっています。初期採用者が流行を採り入れた時点で流行のムーブメントが起こります。

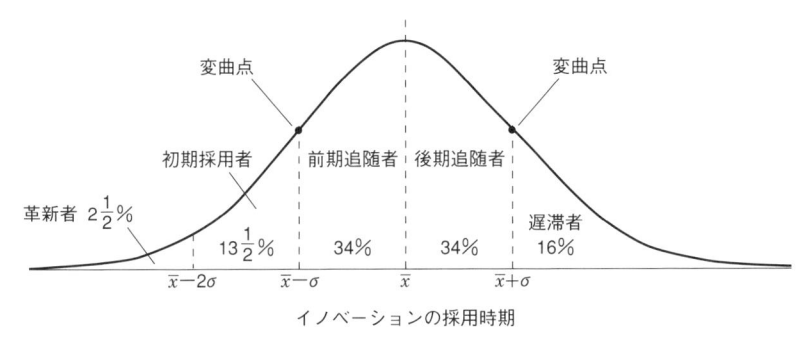

図4-2　イノベーション採用の時期に基づく採用者のカテゴリ化（Rogers, 1962）

個人が1つあるいは複数のイノベーションを採用する時期によって測った革新性の次元は，連続的である。しかしながら，この変数は採用の平均的時期からの標準偏差で区分することによって，5つの採用者カテゴリに分けることが可能である。

　続いて，流行を認知した多数の人々が追随しますが，これらの人々の流行採用は，同調行動ととらえることができます。他者に追随する同調行動の理由としては，「孤立への恐怖」と「情報の判断基準」があります。すなわち，ひとりだけ違う行動をとって集団や社会から孤立することを恐れるために他者と同じ行動をとろうとしたり，あるいは，どう行動すればよいのか，よくわからないあいまいな状況では，多数の他者の行動に従うのが無難であるために周囲に同調するわけです。流行がある程度認知されてくると，流行を採用することが一般的となり，採用しないと周囲と話が合わなくなったり，孤立したりします。また，多数の人が採用しているならば，採用しても大丈夫だという安心感もあります。すべての人々が採用した段階で，流行現象は終息します。その時点で，

先の革新者はすでに次の流行に移っています。

(2) マス・メディアの影響

　マス・メディアが流行現象に介在していることも，重要な点です。マス・メディアの情報伝播や影響は大きく，流行の発生を同時に多数の人々に知らせることができます。さらに，複数のメディアが次々に取り上げることによって流行現象は膨れ上がっていきますが，新しい情報や現象を追うのがマス・メディアの常ですから，次の別の流行を取り上げることによって，前の流行を終息させる作用ももっています（松井，1994b）。

　では，マス・メディアをうまく利用すれば，流行を計画的に作り出せるのではないでしょうか。実際，音楽業界，ファッション業界，食品業界などでは，マス・メディアとのタイアップによって，特定の流行を作り出す手法が一般的となっています（藤竹，2000；中島，1998；村山，2001など）。私たち一般大衆は，メーカー側の思うつぼにはまっているといっても過言ではありません。

　ところが，マス・メディアによって情報がもたらされるものの，その一方で，実際に個々の受け手が流行を採用するか否かには，身近にいるオピニオン・リーダーの影響も大きいといわれています（「コミュニケーションの2段階の流れ仮説」，Katz & Lazarsfeld, 1955）。オピニオン・リーダーとは，マス・メディアと受け手の中に介在して，マス・メディアの影響を受け手に伝える人々のことで，親や先生，先輩，友人，あるいは直接の知り合いではなくても尊敬する有名人や識者など，自分にとって影響力をもち，その意見を重視するような存在の人です。アイドルやスポーツの流行も，実は身近な親や友人からの影響が大きく，「友人にすすめられた」「親や恋人がファンだった」ことが直接のきっかけとなって，自分もファンになったり，流行に乗ることが多いと指摘されています（広沢，1987；松井，1994b）。

7. 流　言

　人々のくちコミュニケーションが社会現象を作り出すものに流言があります。流言とは，人々の間で自然発生して，変容を伴いながら人から人へと語り継がれていくもので，政治的・経済的な意図をもって仕掛けられる「デマ」と

は区別されます。

　流言は，人々の生活にとって重要な内容を含む「社会情報」，特定の人間関係でのみ発生し，嫉妬や悪意などが原動力となっている「ゴシップ」，'口裂け女'のように事実か否かは問題ではなく，語ること自体に楽しみがある「都市伝説」の3パターンに分類されます（川上，1997）。社会全体に伝播する力をもっているのは，「社会情報」と「都市伝説」です。

　オルポートとポストマン（Allport & Postman, 1947）によれば，流言を発生させる要因は，「重要さ」と「あいまいさ」です。人々にとって，例えば生命や財産にかかわるような重大な問題で，情報が不足していて十分に理解できない状況では，人々は事態に対処しようと，過去の経験や知識，考えられる仮説を総動員して，情報不足を埋めようとします。あいまいな状況では不安に駆られてコミュニケーションが活性化しますし（Schachter, 1959），人々の間でどこからともなく流言が発生して，次々と伝播していく過程で，通りすがりに漏れ聞いた話や，さまざまな憶測が入りこみ，人々のもつステレオタイプや偏見などによってゆがめられていくのです。

　こうして発生した流言は，たんなる「うわさ話」にとどまらず，不特定多数の群衆行動を引き起こすことがあります。関東大震災の朝鮮人虐殺（三上・大畑，1986），豊川信用金庫の取りつけ騒ぎ（伊藤ら，1974a, 1974b）など，実害を伴った事例は少なくありません。マス・メディアが介在して流言を拡大している場合もありますが，マス・メディアを介さずに人々のくちコミュニケーションだけで社会現象が巻き起こることもあります。私たち個人は自分の意思で判断・決定しているつもりでも，他者とお互いに影響し合っていて，全体で見れば大きな渦に巻き込まれ，マス・コミュニケーションの一端を担っているといえるでしょう。

第3節　コンピュータ・コミュニケーション

【学習目標】
・CMCの特徴や問題点を理解しよう。

昨今のコンピュータの発達は著しく，今や社会生活に欠かせないものとなりました。コンピュータのコミュニケーション機能で一般的なのは電子メールですが，ホームページや，電子会議室（掲示板）もあり，目的に応じて利用されています。また，携帯電話にメール機能やインターネット機能がついたことによって，携帯電話によるコミュニケーションは，携帯性の強いパソコン通信の様相を呈してきました。

　コンピュータを介したコミュニケーション（CMC = Computer-Mediated-Communication）には，直接対面しているときのコミュニケーションや，新聞やテレビなどによるマス・コミュニケーションとは異なる特徴があります（宮田, 1993；川上ら, 1993）。相互影響力が強くなったため，人間関係の親密化とともに，自殺や犯罪などの反社会的行動にも結びつきやすくなっています。

1. CMCの特徴
(1) 双方向性

　新聞やテレビといったマス・コミュニケーションでは，情報の流れは「送り手→受け手」の一方向です。受け手は興味のある情報を選択しているとはいえ，一方的に送られる情報を享受することしかできません。しかし，インターネットの中では，利用者は，一方的な情報の受け手ではなく，自分の目的に合わせて能動的・積極的に情報を「取りにいく」という特性があります。また，新聞やテレビなどの特定のメディアを介さずとも，誰もが不特定多数に対して情報発信をすることができるようになりました。個人のホームページなどがそれにあたります。

(2) 空間と時間の自由

　対面しているときは，お互いに空間と時間を共有していなければなりませんし，電話でも時間は共有しなければなりません。しかし，多忙な者同士ではなかなか都合を合わせられませんし，また相手が海外にいる場合などは時差の関係で時間を共有することも難しくなります。

　電子メールや電子会議室では，それぞれが自分の都合のよいときに，どこからでもメッセージを送ったり，読んだりすることができます。空間と時間の制

第3節　コンピュータ・コミュニケーション　89

多発するインターネット犯罪

約がなくなったことは，コミュニケーションの活性化につながっています。直接会ったり，電話で話したりする機会が少なくても，人間関係を密接に保つことができますし，対面では出会う機会のない人とも知り合うことができます。

(3) 相手の自由

コンピュータの世界では，コミュニケーションの相手を限定することも，不特定多数にすることも可能です。特定の相手だけに電子メールを送ったり，パスワードを発行するなどしてメンバーを限定して，特定の人々だけがコミュニケーションできるようにしているホームページや電子会議室もあります。一方，不特定多数にメールを送信して宣伝活動を行ったり，ホームページや電子会議室を不特定多数に開放して情報発信することもできます。

(4) 匿名性

現実の社会では，「こんなことを言ったら，人間性を疑われるのではないか」「本音を言えば今後の人間関係にひびが入るかもしれない」など，自分の立場や周囲との人間関係を考えて，本音を語らずにすませてしまうことも多々あります。内面を打ち明けることを「自己開示」といいます。

コンピュータの世界では，本名や顔を明かさず，メールアドレスやハンドルネームだけでコミュニケーションに参加することができます。いやになれば，いつでも関係を絶ち切ることができますし，自分の日常生活から切り離された場でなら，思い切った「自己開示」をしても，自分の日常生活に影響はありません。だからこそ，深刻な「自己開示」も短期間のうちに頻繁に行われやすく，人間関係が急速に親密になる傾向があります。

(5) 言語的コミュニケーション

しぐさや表情，視線，声の調子など，言語によらない情報伝達のことを非言語的コミュニケーションといいます（第3章参照）。対面しているときは，言語情報と合わせて非言語情報もやりとりされるため，お互いの真意が伝わりやすく，誤解や欺瞞が生じにくいのです。例えば，冗談で相手を攻撃するようなことを言っても，言い方や間の取り方で冗談であることが伝わりますし，ウソ

をついているときは後ろめたさから挙動不審になりがちで，ウソであることがわかってしまいます。

ところが，CMCではほぼ言語情報だけのやりとりになります。絵文字や顔文字で表情をつけたり，雰囲気を伝えたりする工夫はなされているものの，対面コミュニケーションには遠く及びません。したがって，冗談のつもりで送った言葉が相手からは冗談と受け取られずに気まずくなってしまったり，自分の本心を隠したり，身分を偽ってコミュニケーションをとることも可能になります。

2. CMCと対人関係

コンピュータの発達により，空間や時間を共有する必要がなくなり，顔を合わせていなくても濃密なコミュニケーションを保つことができるようになりました。地域や学校・職場など直接的な接点のないところにも知り合いを作ることとなり，人間関係の広域化が起こっています。対人ネットワークは，深く，広くなっているといえるでしょう。

また，顔も名前も知らない相手と，深い自己開示を繰り返して，急速に親密になる傾向も見られます。自分の真の準拠集団を得たり，結婚に至るケースもある一方で，自殺や犯罪などが促進される，ネガティブな影響も強くなっている点が危惧されています。

〈要約〉

「態度」とは好意的あるいは非好意的な感情で表現される心理的傾向を指します。態度はさまざまな要因によって後天的に形成され，状況や説得によって変化します。また，私たちに多大な影響を与えているものとして，マス・メディアの存在があります。マス・コミュニケーションにはさまざまなゆがみや偏りがあるので，マス・メディアのメカニズムを正しく理解することが重要です。また最近では，相互影響力の強いCMCが普及し，多くの問題が生じています。

〈キーワード〉

態度，認知成分，感情成分，行動成分，態度変容，認知的不協和理論，一面提

示，両面提示，恐怖アピール，返報性，一貫性，コミットメント，社会的証明，好意，権威，希少性，行動，意図，意見，信念，パーソナリティ特性，動機，価値，マス・コミュニケーション，マス・メディア，アナウンスメント効果，議題設定機能仮説，培養効果，プライミング効果，フレーミング効果，沈黙の螺旋理論，単純接触効果，AIDMA 効果，カタルシス効果，メディア・リテラシー，流行現象，流言，社会情報，ゴシップ，都市伝説，CMC，自己開示，非言語的コミュニケーション

――――〈知識チェック〉――――
・態度とは何か，どのように形成されるか，説明しよう
・チャルディーニのあげた「説得される心理」の6つの法則を説明しよう
・「認知的不協和理論」とは何か
・「議題設定機能仮説」「培養効果」「沈黙の螺旋理論」を説明しよう
・AIDMA 理論とは何か
・暴力的メディアの影響について，相反する2つの考え方を説明しよう
・ロジャーズの流行採用者カテゴリを説明しよう
・流言とデマの違いを説明しよう
・流言を発生させる2つの要因とは何か
・CMC の特徴を説明しよう

〈レポート・討論課題〉
① CMC における対人関係と通常の対人関係にはどのようなものがあるのか，またそれぞれの利点や弊害はどのようなものか，話し合ってみよう。

〈ブックガイド〉
　　竹下俊郎　1998　メディアの議題設定機能　マスコミ効果研究における理論と実証　学文社
　　西田公昭　1995　マインド・コントロールとは何か　紀伊國屋書店
　　情報教育学研究会(IFC)・情報倫理教育研究グループ(編)　2000　インターネットの光と影――被害者・加害者にならないための情報倫理入門――　北大路書房
　　上瀬由美子　2002　ステレオタイプの社会心理学――偏見の解消に向けて――

セレクション社会心理学21　サイエンス社
うわさとニュースの研究会　URL；http://homepage2.nifty.com/rumor/

【引用文献】

Allport, G.W., & Postman, L.　1947　*The psychology of rumor.* Henry Holt.（南　博訳　1952　デマの心理学　岩波書店）
Bandura, A.　1973　*Aggression: A social learning analysis.* Engelwood Cliffs, NJ: Prentice-Hall.
Cialdini, R.B.　1988　*Influence: Science and practice.* Scott, Foresman.（社会行動研究会訳　1991　影響力の武器―なぜ人は動かされるのか　誠信書房）
Eagly, A.H., & Chaiken, S.　1993　*The psychology of attitude.* Fort Worth, TX: Harcourt Brace Jovanovich.
Festinger, L.　1957　*A theory of cognitive dissonance.* Row Peterson.（末永俊郎監訳　1965　認知的不協和の理論　誠信書房）
Gerbner, G., & Gross, L.　1976　The scary world of TV's heavy viewer. *Psychology Today*, **9**(11), 41-45, 89.（一色留実訳　1980　テレビ暴力番組　高根正昭編　変動する社会と人間2―　情報社会とマス・メディア　現代のエスプリ別冊　至文堂　148-158.）
藤竹　暁　1975　事件の社会学―ニュースはつくられる　中央公論社
藤竹　暁　2000　流行…ファッション　現代のエスプリ別冊　至文堂
東　正訓　2002　パーソナリティ心理学と社会心理学における個人差変数の理論的構図（Ⅰ）―McCraeとCostaによるFive Factor Theory―　追手門学院大学人間学部紀要, **14**, 57-85.
広沢俊宗　1987　阪神フィーバー現象の分析　田中國夫（編）　ザ・心理学バザール　創元社　230-235.
Hovland, C.I., & Weiss, W.　1951　The influence of source credibility on communication effectiveness. *Public Opinion Quarterly*, **15**, 635-650.
李　津娥　1996　広告効果に及ぼす知覚されたユーモアの影響―消費者の広告評価および製品関与の影響を中心として―　社会心理学研究, **12**, 135-145.
池田謙一　1993　社会のイメージの心理学―ぼくらのリアリティはどう形成されるか　セレクション社会心理学5　サイエンス社
今井芳昭　1996　影響力を解剖する―依頼と説得の心理学　福村出版
伊藤陽一・小川浩一・榊　博文　1974a　デマの研究―愛知県豊川信用金庫"取り付け"騒ぎの現地調査　総合ジャーナリズム研究, **69**, 70-80
伊藤陽一・小川浩一・榊　博文　1974b　デマの研究―愛知県豊川信用金庫"取り付け"騒ぎの現地調査　総合ジャーナリズム研究, **70**, 100-111
岩男寿美子　2000　テレビドラマのメッセージ―社会心理学的分析　勁草書房
Iyenger, S.　1991　*Is anyone responsible?: How television frames political issues.* University of Chicago Press.
Iyenger, S., & Kinder, D.　1987　*News that matters: Television and American opinion.* Chicago: University of Chicago Press.
Janis, I. L., & Feshback, S.　1953　Effects of fear-arousing communications. *Journal of Abnormal and Social Psychology*, **48**, 78-92.
Katz, E., & Lazarsfeld, P.F.　1955　*Personal influence: The part played by people in the flow of mass communications.* Glencoe, IL. The Free Press.（竹内郁郎訳　1965　パーソナルインフルエンス　培風館）

川上和久・電通メディア社会プロジェクト　1999　情報イノベーター―共創社会のリーダーたち　講談社
川上善郎　1997　うわさが走る―情報伝播の社会心理―　セレクション社会心理学 16　サイエンス社
川上善郎・川浦康至・池田謙一・古川良治　1993　電子ネットワーキングの社会心理―コンピュータ・コミュニケーションへのパスポート　誠信書房
Krech, D., Crutchfield, R.S., & Ballachey, E.L.　1962　*Individual in society*. McGraw Hill.
松井 豊　1994a　出世の妨げ？　その1―タバコとお酒　山本真理子（編）　ソーシャルステイタスの社会心理学―日米データにみる地位イメージ　サイエンス社　179-204.
松井 豊（編）　1994b　ファンとブームの社会心理　サイエンス社
McCombs, M. E., & Shaw, D. L.　1972　The agenda setting function of mass media. *Public Opinion Quarterly*, **36**, 176-187.
McQuail, D., & Windahl, S.　1981　*Communication Models for the study of mass communications*. Longman.（山中正剛・黒田 勇　1986　コミュニケーション・モデルズ―マスコミ研究のために　松籟社）
三上俊治・大畑裕嗣　1986　関東大震災下の「朝鮮人」報道の分析　東京大学社会学研究所年報　41-70.
Milgram, S.　1974　*Obedience to authority*. NY: Harper.（岸田 秀訳　1995　服従の心理　河出書房新社）
宮田加久子　1993　電子メディア社会―新しいコミュニケーション環境の社会心理　誠信書房
村山なおこ　2001　ケーキの世界　集英社
中島純一　1998　メディアと流行の心理　金子書房
西田公昭　1998　信じるこころの科学―マインド・コントロールとビリーフ・システムの社会心理学　セレクション社会心理学 18　サイエンス社
Noell-Neumann,E.　1993　*The spiral of silence : Public opinion : Our social skin*(2nd ed.)　The University of Chicago Press.（池田謙一・安野智子訳　1997 沈黙の螺旋理論―世論形成過程の社会心理　第2版　ブレーン出版）
大石 裕・岩田 温・藤田真文　2000　現代ニュース論　有斐閣
岡本浩一　1992　リスク心理学入門―ヒューマン・エラーとリスク・イメージ　サイエンス社
Rogers, E. M.　1962　*Diffusion of innovations*. Glencoe: The Free Press.（藤竹　暁訳　1966　技術革新の普及過程　培風館　112.）
榊　博文　2002　説得と影響―交渉のための社会心理学　ブレーン出版
坂元　章　1999　テレビゲームは子どもの心にどう影響するか②―　テレビゲームは暴力性を高めるか　児童心理, **53**(2), 105-112.
Schachter, S.　1959　*The psychology of affiliation: Experimental studies of the sources of gregariousness*. Stanford University Press.
鈴木みどり（編）　1997　メディア・リテラシーを学ぶ人のために　世界思想社
鈴木みどり（編）　2000　Study Guide メディア・リテラシー【入門編】　リベルタ出版
鈴木みどり（編）　2003　Study Guide メディア・リテラシー【ジェンダー編】　リベルタ出版
丹野義彦　2003　性格の心理　サイエンス社
湯川進太郎　2002　メディアで描かれる暴力に接する　松井　豊（編）　対人心理学の視点　ブレーン出版　245-260.
Zajonc, R. B.　1968　Attitudinal effects of mere exposure. *Journal of Personality and Social Psychology*, Monogragh Supplement, 1-27.

5
集団の中でわれわれはどうふるまうのかを心理学しよう

　この章では，私たちを取り巻く人たちと，私たち自身との関係について考えてみます。私たちが日々の生活を暮らしていくとき，全くひとりで過ごしている時間はあまりありません。会社に行けば同僚や上司と，学校では同級生や先輩，後輩と，家に帰れば家族といったさまざまな人たちといっしょに過ごす時間が生活の大きな部分を占めています。これは別の見方をすれば，私たちは勤め先では会社という，家庭では家族という集団に属しているということになります。ここでは，さまざまな集団と私たちとのかかわりを，集団からの影響，集団と集団の関係などの側面から心理学しましょう。

第1節　集団の中の個人

【学習目標】
・大勢の人の中で困ったことが起きたときに，人はどう行動するのかを理解しよう。
・他者の存在が仕事の能率にどうかかわっているかを理解しよう。

　私たちが周囲の人々の影響を受けるとひとりでいるときと比べて，その行動がどのように変化していくかを考えてみます。大勢の人々の中での人助け，他者の存在と仕事の能率の2つのテーマをあげて，この問題をみてみましょう。

1. 援助行動

　私たちは何か困ったことが起きたときに，周囲のいろいろな人たちに助けられています。では，命にかかわるような緊急を要する事態が生じたとき，自分の周囲にいる人たちは本当に助けてくれるでしょうか。逆に自分の身のまわりでそういった場面に遭遇したら，私たちはどうするでしょうか。

　人を助ける行動を心理学では援助行動といいます。援助行動が心理学で研究され始める発端となったのは，1964年にニューヨーク郊外で起こった殺人事件でした。この事件の概略は当時つぎのように報道されました。

　「キティ・ジェノバーズは，深夜におよぶ勤めから明け方の3時20分頃に車で自宅のあるアパートの駐車場にもどってきた。車を降りたところで不審な男に気がついた。彼女は急ぎ足でアパートにむかおうとしたが，男に追いつかれてナイフで刺された。彼女の悲鳴を聞いて，駐車場のまわりのアパートの部屋の窓に明かりがともり，窓を開けた人もいたので犯人は逃げ去った。しかし，誰ひとり様子を見に出てきた人はいなかった。キティはよろけながらアパートの入り口に近づいた。そこへ男がもどってきて再び彼女を襲った。彼女の再度の叫び声で，多くの窓にまた灯りがついたので犯人は再度姿を消した。しかし，彼女がはうようにアパートの入り口にたどり着いたとき，犯人が3度もどってきて完全に彼女を殺害して逃走した。ここにいたってようやく警察に通報した人があり，連絡後わずか2分でパトロールカーが現場に到着した。キティが3度暴漢に襲われ，ついに殺害されるまでの間，38人もの市民がこれを目撃したり悲鳴を聞いたりしたが，誰ひとり助けに出たり警察に知らせようとはしなかった（The New York Times, May, 6, 1964；中村（1976）の訳による）。」

　この事件で問題になったのは，38人もの多くの人々が目撃していたにもかかわらず，だれひとり彼女に援助の手を差し伸べようとはしなかった点です。日本でも女子大生殺人など，これと類似の事件は起こっています。ところが一方には，自分自身の危険を顧みず，他人を助けたというニュースも数多く見出せます（コラム5-1）。こうした現実の事件を契機として，なぜ人は困っている人を，ある時には助けたりまたは助けないかについての研究が始められました。

コラム 5-1

援助行動に関する新聞記事

　下の2件の新聞記事は，いずれも援助行動にかかわるものです。1つ目はキティ事件と同じように事態に気づきながらだれも警察に届けなかったというものです。2つ目の記事は，酔って線路に転落した男性を救おうとした日本人と韓国人留学生のものです。

女子学生，殺される　マンション自室で発見　東京・世田谷区
　18日午後5時40分ごろ，東京都世田谷区赤堤0丁目，Bビル2階のマンション201号室，C大文学部1年，A子さん（19）方で，A子さんがあお向けに倒れて死んでいるのを同居している，いとこの女性（24）が見つけ，北沢署に届けた。（後略）　　　　　　　　　　（1989年9月19日　朝日新聞）
　A子さんの部屋から「助けて」「やめてー」という悲鳴が聞こえたのは，18日午前3時半すぎである。たまたま通りかかった男性5人が部屋の下まで行ったものの，悲鳴がやんだので，そのまま立ち去っていた。悲鳴を聞いた住民も少なからずいたが，110番通報した人はおらず，同居のいとこが夕方に帰宅するまで，だれも事件に気付かなかった。
　A子さんの遺体は20日，東京都内で火葬されたが，付き添っていた両親は悔やんでも悔やみ切れない様子で「なぜ110番してくれなかったのか」と，何度もつぶやいたという。「東京の未知の生活に魅力を感じて」いた女子学生の無残な死は，他人へのかかわりが希薄な都会の別な一面もあらためてのぞかせた。
（1989年9月20日　朝日新聞，下線筆者，一部改変）

駅ではねられ3人死亡　東京・JR新大久保駅で転落・救助の男性
　26日午後7時15分ごろ，東京都新宿区百人町1丁目のJR新大久保駅の山手線内回りホームで，「男性3人が電車にはねられた」と，119番通報があった。ホームから線路に落ちた1人を別の2人が助けようとして飛び降り，3人ともホームに入ってきた電車にはねられて死亡した。1987年のJR東日本の発足以来，ホームからの転落事故で複数が死亡したのは初めてという。警視庁新宿署の調べでは，3人のうち1人は，埼玉県朝霞市，左官Bさん（37）で，他の2人の身元確認を急いでいる。
　調べによると，Bさんは，同僚と2人で，ホームで酒を飲んで，酔っていたという。Bさんがふらついて線路に転落し，ホームにいた別の男性2人が，助けようとして線路に飛び降りて巻き添えになったとみられる。新宿署は，この2人とBさんは面識がなかったとみている。電車は11両編成で，3人は先頭から8両目近くで倒れていた。

（2001年11月27日　朝日新聞，下線筆者，一部改変）

2. 傍観者効果

　キティ事件は援助行動の分類では，緊急時の愛他的援助にあたります。ラタネとダーリー（Latané & Darly, 1970）は，援助事態の性質という点に着目した実験を行いました。この実験では，都会生活の諸問題に答えてもらうという目的で集められた大学生が，個室でアンケートに記入しているときに，突然通風口から煙がもくもくと部屋の中に広がってきた状況を設定しています。部屋には3人の学生がいましたが，そのうちの2人はチラッと煙を見ただけで何事もなかったように記入を続けました。実は煙を無視した2人は実験の協力者（サクラ）で，煙が出ても平然と無視するようにあらかじめ指示されていました。あなたがこのときの残りひとりの学生だったらどういう行動をとったでしょうか。実験の結果からは，被験者の約90％は何の反応も示さず責任者に報告もしませんでした。

表5-1　1人きりの条件と2人の消極的なサクラの条件での報告数　(Latané & Darly, 1970)

条件	被験者数	報告した者	報告しなかった者
1人きり	24	18	6
2人の消極的なサクラ	10	1	9

　この実験は，援助事態での状況的要因の問題を含んでいます。緊急事態ではそれが本当に緊急を要することかの判断が求められます。通風口から煙が出てきても，火事なのかそれとも，単なる機械の故障なのかは簡単に判断できません。これはあいまいな事態の判断が，援助行動を抑制していることを示しています。例えば，路上で同性同士の喧嘩を見たときよりも異性間の喧嘩の方が，止めに入ることを躊躇させる心理が働きます。

　援助の必要性が確認できる状況であっても，何もしない第三者がいると援助行動が抑制されることが多くなります。これを傍観者効果（bystander effect）とよび，援助が必要とされる事態に自分以外の他者が存在することを認知した結果，介入が抑制される現象をいいます。ラタネとダーリーの煙の実験でも，部屋の中に被験者が1人だけで置かれた条件では，75％の人が責任者へ報告しています。しかし，他の2人がサクラでなく何も知らされていない被験者の場合には，本来3人のうちのだれかが報告するので確率は上がるはずにもかか

わらず，煙を報告した人の比率は38％にとどまりました。

　こうした傍観者効果が生じる原因としては，次の説明が考えられます。身近に複数の人間が存在すると，責任が自分にあると認知されにくく，各自に責任が分散され，各自が感じる責任がひとりだけで責任を負うときよりも軽くなるからです（責任の分散；diffusion of responsibility）。また，自分ひとりだけが援助行動を起こした場合，自分だけが周囲から逸脱してしまうことに不安を感じるからです。これは評価懸念（evaluation apprehension）とよばれ，周囲の評価を気にするあまり本心とは異なる行動をしてしまうことです。出しゃばりな奴と思われないか，援助が不適切だった場合には援助した相手からも非難されないかなどの恐れが働きます。もう1つは，どう解釈していいかわからない事態に直面したとき，周囲にいる第三者の行動にその基準を求めようとします。傍観者自身が最初に過剰反応して恥ずかしい思いをするのを恐れて介入しないのですが，他の人が介入しないのは，事態が介入を必要としない事態だと解釈するわけです。これは多元的無知（pluralistic ignorance）とよばれます。

　キティ事件を傍観者効果で説明すると，アパートの自分の部屋から事件を目撃した人たちは，互いに他の目撃者の行動を知らずにいました。そこで，評価懸念や多元的無知からではなく責任の分散から援助がなされなかったと考えられます。すなわち「38人もの目撃者がいたにもかかわらず」ではなく「38人もの目撃者がいたからこそ」事件が起こったといえるのです。

3. 援助行動のプロセス

　援助行動について周囲の他者とのかかわりである状況的要因にそって整理し，行動に至るまでのプロセスをまとめてみると，図5-1のようになります。援助行動に着手するには，こうした6段階すべてに，イエスという判断を下さなければならないのです。実際にはこの段階を明確に意識して決定するとはかぎらず，ほんの短時間のうちに無意識的に判断する場合も多いのです。

　ここまで援助行動について，とくに周囲との関係における状況的な要因を取り上げてきましたが，援助行動にかかわる要因はこの他にも個人的要因が考えられます。個人的要因には，性格特性（非競争的，情緒的安定性，外向性など），共感性（同情心など），動機的側面（承認欲求，利他的欲求）が含まれます。

判断の段階

① 事態に気づくこと
　どんな事態が起こったのか？
　　↓
② 援助の必要性の認知
　本当に援助しなければならないか？
　　↓
③ 自己責任の確認
　自分が助けなければならないのか？
　　↓
④ 援助様式の決定
　助ける方法を知っているか？
　　↓
⑤ 得失の計算
　援助に伴う得失はあるか？
　　↓
⑥ 援助の実行
　実際に援助に着手するか？

図5-1　援助行動に着手するまでのプロセス

ワークショップ 5-1

あなたは援助するだろうか？

　図5-1の援助行動のプロセスを参考にして，つぎの2つの状況で援助に着手するまでの過程を順に記述してください。
① あなたは，夕方の6時過ぎに銀行のATMにお金を下ろしに行きました。そこでお年寄りが機械の前に立っているのを見つけました。
② あなたが川原を歩いていると，子どもの叫び声が川の方から聞こえてきました。

4. 社会的促進と抑制

> **ワークショップ 5-2**
>
> **だれかと作業するとどうなるか？**
> あなたが実際に仕事や勉強をするときに，そばにだれか他の人がいた方が能率は上がりますか，それとも下がるでしょうか。これまでに経験したことを思い出して，それはどんな状況で何をしていたか，能率はどうだったかを記入してください。

　私たちはいろいろな状況で他の人たちといっしょに仕事をしたり，作業をしたりする場合があります。では，同じ作業をひとりで行うときと，そばにだれかいるときと，いっしょに作業する場合とで作業の能率はどう違うのでしょうか。

　トリプレット（Triplet, 1898）は，競輪選手がひとりで走るときよりも他の選手といっしょに走るときの方が一般によい記録を出すことに注目しました。そこで釣り糸をリールに巻き取る作業を被験者に行わせたところ，やはりひとりよりも共同者がいる方が作業は早くなることを見出しました。これを社会的促進（social facilitation）といいます。ところが仕事の種類によっては，他者がいる場合の方がひとりの場合より能率が低下する現象が知られるようになってきました。これは社会的抑制（social inhibition）とよばれます。例えば，複雑な計算課題や無意味綴りの学習などの場合です。

　こうした逆の現象が生じるのは，そばに他者が存在するだけで，作業を行っている者の覚醒水準を上昇させ活動への動因を強めるからです（Zajonc, 1965）。すなわち，単純で習熟した作業では覚醒水準の上昇は，その時点での生起しやすい反応（課題の達成を導く反応）を増加させるが，複雑で慣れていない作業では誤反応を生じさせることになります。これは学習心理学で提唱された，覚醒水準が高まると具体的な行動傾向が強められるという原理を適用した考え方です。

　これに対してコットレルら（Cottrell *et al.*, 1968）は，他者がたんに存在しているだけではなく，その他者が自分の行動をどのように評価しているかとい

う不安や評価懸念が，覚醒水準を高めると考えました。バロンら（Baron et al., 1978）は，作業をしている人が他者の存在や共同作業者に気をつかい，他者に向ける注意と作業に向ける注意との間に葛藤を生じさせ，それによって覚醒水準が上がるという説を提唱しました（注意葛藤説；distraction-conflict theory）。これらの結果からすると，他者の存在は状況によっていずれかのメカニズムが強く働くと考えられます。

5. 社会的手抜き

同じ課題に集団のメンバーが協力して取り組むとき，メンバーひとり当たりの努力量が，ひとりで行うときよりも低下することがあります。リンゲルマン（Ringelmann, M.）は綱引きの実験を行い，ひとりで引いたときの力を100とすると，2人で引いたときのひとり当たりの力は93％，3人では85％，8人では約半分の49％まで低下することを示しました（Ingham et al., 1974）。またラタネら（Latané et al., 1979）は6人の集団を防音室に入れ1，2，4，6人の条件で大声を出したり拍手をしたりする実験を行い，いっしょに同じ行動をする人数が多くなるほど1人当たりの出す音量が減少することを明らかにしました。これらを社会的手抜き（social loafing）といいます。

社会的手抜きも，評価懸念から説明できます。ひとりひとりの仕事量が第三者によって評価される場合には，当然評価懸念が生じます。しかし全体の作業量だけが問題になる場合には，個人の努力量は評価されないため手抜きが生じるのです。社会的インパクト理論（social impact theory; Latané, 1981）では，ひとりの観察者が多数を観察する方が，多数者がひとりを観察するよりも，観察者の影響は分散されインパクトは弱くなることを示しています。例えば就職面接で，数人の面接者での個人面接よりひとりの面接者による集団面接の方が，気が楽になるのも同様です。

6. 没個性化

傍観者効果でもふれましたが，私たちは集団の中に埋没してしまうと，個人としての自立性を失い，社会的な規律や抑制をなくしてしまうことがあります。フェスティンガーら（Festinger et al., 1952）は，こうした状態を没個性化

(deindividuation）とよびました。

　女子大学生が4人1組で共感的反応の実験に参加しました（Zimbardo, 1970）。学生の被験者は別の学生が課題を間違えた際に，罰として電気ショックを与える役割を依頼されました。没個性化条件に割当てられた学生は大きめの実験着を着て，頭からフードをかぶり名前も呼ばれませんでした。一方確認可能条件では名札を付け自然に振る舞うよう教示されました。その結果，没個性化条件の被験者は確認可能条件の2倍近くも長く電気ショックを与えました。

　またディーナー（Diener, 1976）は，ハローウィンにお菓子をもらいに来た子どもたちを対象にした実験を行いました。そこで，子どもたちの住所や名前を聞いた場合と聞かなかった場合，子どもが集団で来た場合とひとりで来た場合とを比較しました。結果は大勢で来て匿名の条件のときに，いちばん多くのお菓子をもって帰りました。すなわち，個人が特定されない状況に置かれ，集団活動によって自己への注意が低下した状態になると，人は没個性化に陥ることになります。

第2節　集団のしくみと影響

【学習目標】
・集団の特徴や構造を調べるには，どうすればいいのかを理解しよう。
・集団規範がどのように形成されるかを理解しよう。
・多数者に従う場合と，少数者が影響をもつ場合との違いを理解しよう。

　この節では，集団とは何か，集団の特徴を調べる方法を取り上げます。そして私たちが集団から受ける影響は常に同じ方向ではないことをみていきます。

1. 集団の特徴

　集団とは何でしょうか。一般的には人間や動物の集まりや群をさすことが多いのですが，社会心理学では集団を「2人以上の人々によって形成される集合体」と定義しています。さらに，集団のメンバー間で相互作用があり，集団規範の形成がみられ，共通の目標のための協力関係が存在し，役割が分化していて，外部の集団との違いを意識し，自分の属する集団への愛着が存在する，と

いった特徴を備えています。会社，学校，クラブなどは，こうした特徴を一部分でももっていることから集団といえます。それに対してバス停でバスを待っている人たち，今この時間にテレビの同じ番組を見ている人たちは，2人以上の集合体であっても集団とは見なされないことになります。

ワークショップ 5-3

あなたの所属している集団は？

あなたの属している集団をいくつでもあげてください。その集団はつぎの特徴の中のいくつを満たしているか考えて，○（当てはまる）か×（当てはまらない）で記入してみてください。

	所属している集団	例：テニス同好会			
集団の特徴	メンバー間に相互作用がある	○			
	集団に決まったルールがある	×			
	協力関係がある	○			
	役割が分かれている	×			
	他集団との違いを意識する	○			
	自分の集団に愛着がある	○			

---

2. 集団の構造

私たちが属する集団には大きく分けて3つの場合があります。その1つは特定の人が，何らかの目標を達成するために集められた集団で，計画的形成による集団といいます。新しい工場をつくるために集められた集団や，学校の同じクラスなどです。この集団はフォーマル・グループ（公式集団）ともよばれ，基本的には役割や規則などが定まっている場合が多いです。2つめは外部的規定による集団で，他の人たちから見て共通の特徴をもった人々の集まりをさします。同じ居住区や宗教をもつ人同士の間に付き合いが生まれ，その結果まとまりができてきた集団です。3つめは自発的形成による集団です。趣味の同じ人たちがいっしょになることで，何らかの満足を得ようと期待して自分から集まった集団です。これはフォーマル・グループに対してインフォーマル・グル

ープ（非公式集団）とよばれます。

　インフォーマル・グループでも規模が大きくなってくると相互作用が進み，各メンバーの能力や特性に応じてさまざまな人間関係が生じ，地位や役割の分かれてくる構造化が起こってきます。一般に集団内の対人関係を調べるものにソシオメトリック・テスト（Moreno, 1953）があります。表5-2は「あなたの友だちを2人あげなさい」という質問で実施した，ソシオメトリック・テストの仮想の結果です。これを図示したものをソシオグラム（図5-2）といい，矢印が向いているほうが友人として選択されたことを示しています。図5-2では

表5-2　ソシオメトリック・テストの例

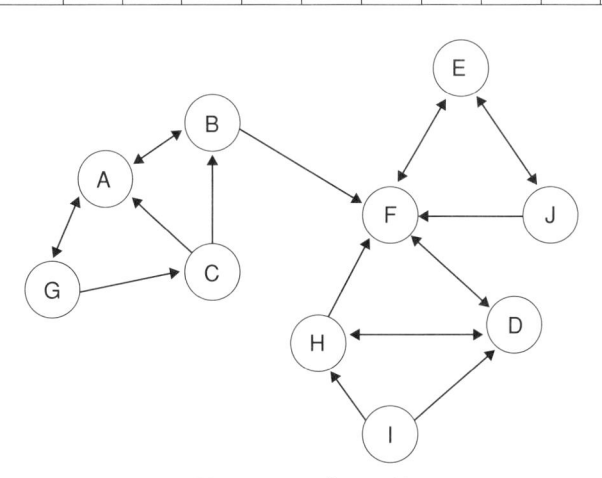

		選択数									
		A	B	C	D	E	F	G	H	I	J	計
被選択数	A	―	1	1				1				3
	B	1	―	1								2
	C			―				1				1
	D				―		1		1	1		3
	E					―	1				1	2
	F		1		1	1	―		1		1	5
	G	1						―				1
	H				1				―	1		2
	I									―		0
	J				1						―	1

図5-2　ソシオグラムの例

この集団は大きく3つの下位集団に分かれ，F君がこの集団の中心的位置にいることがわかります。この他にも，集団内でのメンバー間のコミュニケーションのパターンや地位，役割といった集団構造を把握するための方法としては，SYMLOG（Bales & Cohen, 1979；奥田・伊藤, 1991）などが開発されています。

　メンバーを自発的に集団にとどまらせる力の総体のことを集団凝集性（group cohesiveness）とよびます。凝集性が高い集団は，メンバーのまとまりがよく，集団の目標が明確で，メンバーの考え方が類似し，協同的雰囲気があり，メンバーが少数であるなどの特徴をもっています。

> **ワークショップ5-4**
>
> **ソシオグラムを作ってみよう。**
>   表5-1と図5-2を参考にして，あなたの所属しているゼミやクラブのメンバーを対象にして，ソシオメトリック・テストを実施し，ソシオグラムを作成してください。

3. 集団規範

> **ワークショップ5-5**
>
> **あなたの集団の決まり事は？**
>   あなたが属している集団に，ルールとしては決まっていないが，メンバーが守っている約束事や暗黙の決まり事がありますか。いくつでも書き出してください。

　集団内には，それぞれのメンバーに共通して期待される標準的な考え方や共通の行動様式が形成されることがあります。これを集団規範（social norm）とよび，メンバーが集団の中でとるべき望ましい行動に関する基本的枠組みを提供しています。集団規範には規則として明文化されたものもありますが，一般的にはメンバー相互の暗黙のルールとして承認されているものが少なくありません。例えば，ある体育会系のクラブでは後輩は先輩にかならず従うとか，

家族はかならずそろって食事をするとかなども集団規範といえます。

集団規範の形成について，シェリフ（Sherif, 1935）は暗闇の中で光点を見つめているとそれが動いて見えるという自動運動現象を使った実験で説明しています。この実験では，個人ごとに光点の移動距離を報告させた場合より，3人1組で移動距離を判断させた方が，回を重ねるに従って被験者間のバラツキが小さくなってくることが示されました（図5-3）。これは自分の判断に自信をもてないとき，周囲の人の判断をよりどころとするために，次第に同じような移動距離であるとする判断の準拠枠が形成されるからです。シェリフはこれが集団規範の発生の原型であるとしました。

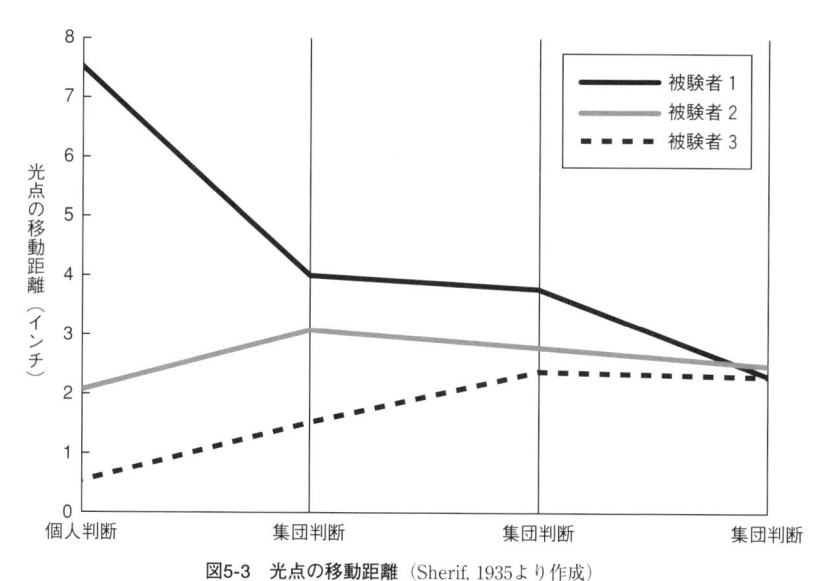

図5-3　光点の移動距離（Sherif, 1935より作成）

集団内の規範を定量的に測定する方法としては，ジャクソン（Jackson, 1960）のリターン・ポテンシャル・モデルがあります。例えば，有給休暇の取得日数など行動次元を横軸に，「肯定−否定」の評価の次元を縦軸にとり，そこに行動次元の各点に対するメンバーの是非の程度をプロットしていくとこの曲線が得られます（図5-4）。ここでは最大リターン点が6日のところにあり，集団における規範にそった行動型と見なせるわけです。

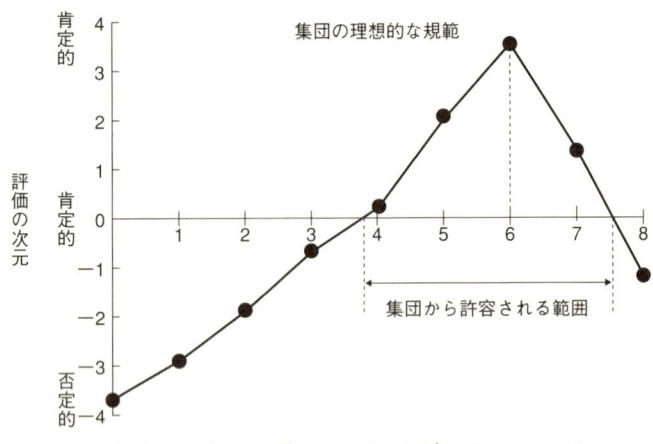

図5-4 リターン・ポテンシャル・モデル (Jackson, 1960)

4. 同調と逸脱

シェリフの実験では確信のもてない判断を集団のメンバーが行う状況でしたが，個人が自己の判断に確信をもっているときでも，他の多数のメンバーの判断に影響を受け自分の意見とは異なった行動をしてしまうことがあります。集団の中の多数派（majority）は少数派（minority）の意見や行動を，規範にそった方向に向かわせようとする影響力を行使することがあります。これを斉一性の圧力（集団圧力）とよび，メンバーの意見や態度がこの方向に変容することを一般に同調（conformity）といい，そのような影響力のもとでの行動を同調行動といいます。

アッシュ（Asch, 1955）は，線分の長さを比較するという単純な判断課題において，誤りが明確であっても周りの大多数の人が，自分と異なった判断を示すと，それに引きずられて同調してしまうことを実証しました。なぜこのような同調が生じるかについて，フェスティンガー（Festinger, 1950）は社会的現実と物理的現実を区別して考えました。例えば，ある事件の犯人像がもっともらしくマスコミなどで流されたとき，真の犯人であるか否かにかかわりなく特定の人物があたかも容疑者であるかのように人々に認知されれば，これは社会的現実として機能します。一方重さの判断のような物理的現実に関しても，500gと1000gを弁別することは容易ですが，500gと510gを判断する場合には，

天秤がなければ他者の判断すなわち社会的現実に頼らなければならなくなります。

また，ドイチュとジェラルド（Deutsch & Gerard, 1955）は，情報的影響と規範的影響の2つをあげています。情報的影響とは，メンバーにとって有用で客観的に正しいと思われる情報を，受け入れることで生じる影響です。規範的影響とは，集団規範から逸脱することで，他のメンバーから拒否されたくないという気持ちから生じる影響といえます。同調行動はこれらの影響が同時に働くことによって起きると説明できます。

集団は一般的に多数派の意見に支配されることが多いのですが，ときには少数者が全体に重要な影響を与えることもあります。これを少数者の影響（minority influence）といいます。モスコヴィッチら（Moscovici et al., 1969）は，青みがかったスライドの色を集団で判断させる実験を行い，その中の一部の被験者（サクラ）は常に緑と答えるような状況を設定しました。その結果，他のメンバーの32％が1回は緑と反応しました。これは一貫して同じ判断を行う少数者の存在が，集団全体に影響力を及ぼし物理的現実を社会的現実に変化させたことを示しています。こうした現象は非日常的な知覚判断に限定されるものではありません。映画「12人の怒れる男」では，他の陪審員が有罪を主張する中で，ただひとりそれに反対する男が全員の意見を覆すというシーンが描かれています。

一般的に少数者が影響力をもつためには，その意見を確信に満ちた態度で一貫して主張することが重要です。そして，たんなる「変わり者」と見られないための一貫性と柔軟性をもつ交渉スタイルをもつ必要があります。またクラブの部長や会社の上司などの影響力のある人が少数意見をもった場合には，その人がメンバーから信任されているほどその意見は受け入れられやすくなります（Hollander & Julian, 1970）。

ワークショップ 5-6

自分の意見を押し通せるか？

10人のクラブで夏の合宿に行くことになりました。あなたは山に行きたいと思っていますが，他のメンバーは海に行くことを主張しています。このときあなたの意見を通すにはどうすればよいでしょうか。また，あなたがこの部員から選ばれた部長だった場合にはどうすればいいでしょうか。

110　5　集団の中でわれわれはどうふるまうのかを心理学しよう

〈要約〉
　傍観者効果は多元的無知，責任の分散，評価懸念によって生じます。また，かたわらに他者が存在することの効果は，仕事の能率を上昇させる場合と下降させる場合に分かれます。
　集団規範には自然発生的に生まれるものもあります。
　集団内では多数者の意見に従いやすいが，一貫した態度を示すことで全体の意見を変えることも可能になります。

〈キーワード〉
　傍観者効果，責任の分散，評価懸念，多元的無知，集団凝集性，社会的促進，社会的抑制，注意葛藤説，社会的手抜き，没個性化，集団規範，フォーマル・グループ，インフォーマル・グループ，同調，少数者の影響

〈知識チェック〉
次の内容が正しければ○，間違っていれば×を解答欄に書きなさい。
1. 傍観者効果は多元的無知等によって生じる。　　　　　　　　（　）
2. 援助行動に着手するまでのプロセスにはおおむね6つの段階がある。（　）
3. かたわらに他人がいると常に作業の効率が上がる。　　　　　（　）
4. 匿名性が高いところでは人は没個性化に陥る。　　　　　　　（　）
5. 集団はフォーマル・グループとインフォーマル・グループに分けることができる。　　　　　　　　　　　　　　　　　　　　　　　　（　）
6. 同調行動には情報的影響と規範的影響がかかわっている。　　（　）
7. 多数者の意見が常に集団全体の意見になる。　　　　　　　　（　）

〈レポート・討論課題〉
　①人助けをしなければならない状況を想像してください。あなたが援助をしなかったとすればその理由は何ですか。また他の人が援助しなかったのを見たときに，その人が助けなかった理由は何であると考えますか。両方の理由を比較してください。

②日常生活の中で，多数意見に従ってしまった場合を思い出してください。そのとき集団のメンバーに対してどのような感情をもったか，また自分の主張を通すためにどんな方法をとればよかったかを検討してください。

〈ブックガイド〉

　ラタネ, B.・ダーリー, J.M.　竹村研一・杉崎和子（訳）　1997　冷淡な傍観者—思いやりの社会心理学—　ブレーン出版

　ブラウン, R.　黒川正流・橋口捷久・坂田桐子（訳）　1993　グループ・プロセス—集団内行動と集団間行動—　北大路書房

　ホッグ, M.A.・アブラムス, D.　吉森　護・野村泰代（訳）　1995　社会的アイデンティティ理論—新しい社会心理学体系化のための一般理論—　北大路書房

【引用文献】

朝日新聞　1989　女子学生，殺される　マンション自室で発見　東京・世田谷区　9月19日付および9月20日付朝刊

朝日新聞　2001　駅ではねられ3人死亡　東京・JR新大久保駅で転落・救助の男性　11月27日付朝刊

Asch, S.E.　1955　Opinions and social pressure. *Scientific American*, **195**, 31-35.

Bales, R.F., & Cohen, S.P.　1979　*SYMLOG: A system for the multiple level observation of groups*. New York : Free Press.

Baron, R.S., Moor, D., & Sanders, G.S.　1978　Distraction as a source of drive insocial facilitation research. *Journal of Personality and Social Psychology*, **36**, 816-824.

Cottrell, N.B., Wack, D.L., Sekerak, G.J., & Rittle, R.M.　1968　Social facilitation of dominant responses by the presence of an audience and the mere presence of others. *Journal of Personality and Social Psychology*, **9**, 245-250.

Deutsch, M., & Gerard, H.B.　1955　A study of normative informational social influences upon individual judgment. *Journal of Abnormal and Social Psychology*, **51**, 629-636.

Diener, E.　1976　Effect of prior destructive behavior, anonymity, and group presence on deindividuation and aggression. *Journal of Personality and Social Psychology*, **33**, 497-507.

Festinger, L.　1950　Informal social communication. *Psychological Review*, **7**, 271-282.

Festinger, L., Pepitone, A., & Newcomb, T.　1952　Some consequences of deindividuation in a group. *Journal of Abnormal and Social Psychology*, **47**, 382-389.

Hollander, E.P., & Julian, J.W.　1970　Studies in leader legitimacy, influence and innovation. In L. Berkowitz(Ed.), *Advances in experimental social psychology*, **5**. Academic Press. 36-99.

Ingham, A. G., Levinger, G., Graves, J., & Packham, V.　1974　The Ringelman effect: Study of group size and group performance. *Journal of Experimental Social Psychology*, **10**, 371-384.

Jackson, J. M.　1960　Structural characteristics of norm. In G.E. Jensen(Ed.), *Dynamics of instructional groups*. Chicago University Press.（末吉悌次・片岡徳雄・森しげる訳　1967　学習集団の力学　黎明書房）

Latané,B., & Darly,J.M.　1970　*The unresponsive bystander: Why doesn't he help?* New York: Appeleton-Century-Corofts.（竹村研一・杉崎和子訳　1977　冷淡な傍観者―思いやりの社会心理学　ブレーン出版）

Latané, B., Williams, K., & Harkins, S.　1979　Many hands make light the work: The causes and consequences of social loafing. *Journal of Personality and Social Psychology*, **37**, 822-832.

Latané, B.　1981　The psychology of social impact. *American Psychologist*, **36**, 343-356.

Moreno, J.L.　1953　*Who shall survive? : A new approach to the problem of human interrelations*. Beacon House.

Moscovici, S., Lage, E., & Naffrechoux, M.　1969　Influence of a consistent minority on the responses of a majority in a color perception task. *Sociometry*, **32**, 365-380.

中村陽吉　1976　対人関係の心理―援助か攻撃か―　大日本図書

奥田達也・伊藤哲司　1991　SYMLOGの日本語改良版―小集団構造把握のための簡便な評定項目の作成―　実験社会心理学研究，**31**, 167-174.

Sherif, M.　1935　A study of some social factors in perception. *Archives of Psychology*, **187**.

Triplet, N.　1898　The dynamogenic factors in pacemaking and completion. *American Journal of Psychology*, **9**, 507-533.

Zajonc, R.B.　1965　Social facilitation. *Science*, **149**, 269-274.

Zimbardo, P.G.　1970　The human choice : Individuation, reason, and order versus deindividuation, impuls, and chaos. In W.J. Arnold, & D. Levine (Eds.), *Nebraska symposium on motivation*, 1969. University of Nebraska Press.

6
集団間の利害の対立を心理学しよう

　「3人寄れば文殊の知恵」といわれるように，ふつうはみんなで物事を決めていく方がうまくいくとされています。しかし本当にそうなのでしょうか。自分の所属している集団や文化は居心地がよく，他の集団のメンバーは奇妙に見えることがないでしょうか。また，会社という集団の利益のために一生懸命に働くことが，本当に自分の利益になるのでしょうか。この章では，こうした問題をとおして自分の集団と他集団との違い，集団と個人の利害の対立について心理学しましょう。

第1節　集団間の利害の対立

【学習目標】
・集団で考えることのメリットとデメリットを理解しよう。
・集団の形成と集団間関係を理解しよう。

　集団とはそこに所属するメンバーたちの協力の上に成り立っています。とくに日本の社会では「和をもって尊しとなす」といわれるように，メンバー間の協力と調和が必要であることが強調されてきました。しかし，この原則はすべての場合に当てはまるわけではありません。また自分の属している集団と他の集団とが対立した場合の，集団間の協力や調和についてはあまり語られてきませんでした。ここでは，集団による問題解決と集団間対立とを取り上げます。

1. 集団による問題解決

私たちは毎日さまざまな問題について，いろいろな決定をしなければなりません。朝食にパンを食べるのかご飯を食べるのか，今日の心理学の授業に出るのか出ないのか，といった問題はひとりで決められる問題です。一方で次の練習試合にはどの大学を選ぶのか，ゼミで飲み会をするのかしないのか，という問題はその決定が集団全体にかかわることから，集団による問題解決が必要となってきます。

オズボーン（Osborn, 1957）は，創造的問題解決課題において，集団は個人では出ないような独創的アイデアを生み出すと考え，ブレインストーミング（brain-storming）という手法を開発しました（コラム6-1）。

ブレインストーミングを行う際には，以下の原則に則って行うことが重要となります。

① メンバーから出された意見の良し悪しを批判しない。
② アイデアの質にはこだわらない。
③ できるかぎり多くのアイデアを出すように努める。
④ 他のメンバーのアイデアを利用してもっとよいアイデアを出すように努める。

コラム 6-1

ブレインストーミングの例

町内会の集まりで「今年の夏祭への取り組みはどうするか？」というテーマが取り上げられました。この問題についてブレインストーミングを用いて考えていくと次のようになります。

① アイデアを出し合い，カードに記録していく

- 仮装行列
- 出店を出してみる
- リサイクル・ショップ
- 女性問題についての講演会を企画する
- たこ焼き屋
- ギャル御輿
- Disco Party
- 花火大会をやろう
- お祭りのための寄付集めをする
- 障害者施設を訪問する

② 出されたアイデアを分類する

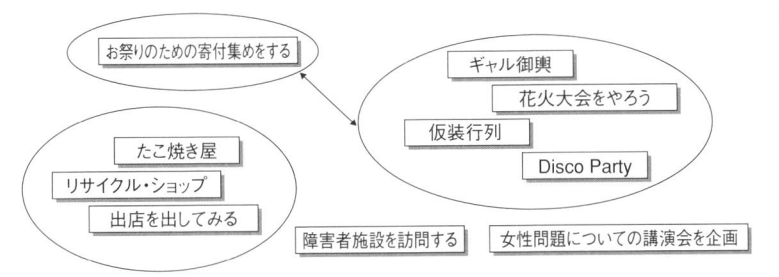

```
 ( お祭りのための寄付集めをする )         ( ギャル御輿
                                         花火大会をやろう
                                         仮装行列
      ( たこ焼き屋                          Disco Party )
        リサイクル・ショップ
        出店を出してみる )
                          障害者施設を訪問する   女性問題についての講演会を企画
```

③ アイデアの文章化

　　今年の夏祭りについて，町内会としてどう取り組めばよいのかについて話し合われました。これについてさまざまな意見やアイデアが出されましたが，これらは大きく「企画型」と「参加型」の2つのものに集約されました。
　　「企画型」の意見は，花火大会やディスコ・パーティーなどのイベントを主催して，多くの人にお祭りに参加してもらうことをめざしています。
　　「参加型」のアイデアは，たこ焼き屋やリサイクル・ショップを出店して，婦人会の会員自身が祭りに積極的に参加しようというものです。
　　また，祭りに寄付することで，祭りの活性化をはかろうという意見も出ました。これについては，「出店で得た売上金を寄付してはどうか」，「今年の祭りの売り上げを来年の祭りの費用に寄付しては」との示唆もありました。
　　その他の意見としては，施設の訪問や講演会の開催などが出されましたが，夏祭りとの関連が薄いことから今回は見送られ，別の機会に譲ることになりました。

ワークショップ 6-1

ブレインストーミングでアイデアを出そう。
　5〜10人でグループを組んでください。ブレインストーミングの手法を使って，次の大学祭の企画を考えてください。

2. 集団極性化

　しかし反対に集団で問題解決をはかったことによって，大惨事を招いてしまうこともあります。ジャニス（Janis, 1972）は1961年のアメリカのキューバ侵攻作戦を検証し，ケネディ政権のスタッフが劣悪な計画を策定していった過程を集団浅慮（groupthink）と名づけました。この原因として，凝集性の高い集団では集団内の意見の一致を重視するため，とりうる可能性のある行動を客観的に評価しようとしなくなることをあげています（Janis, 1982）。1986年のスペースシャトル，チャレンジャーの爆発事故の背景にも，同様に集団浅慮が原因であると指摘されています（Moorhead *et al.*, 1991）。

　こうした研究は問題を解決する際の質的な面に着目したものですが，あらかじめ選択肢が決まっている場合にも，集団意思決定のデメリットが存在します。ワラックら（Wallach *et al.*, 1962）は「重い心臓病にかかっている人がいる。手術を受けて成功すれば完治するかもしれないが，失敗すると命を落とすことになる」などの仮想状況をいくつか設定し，個人での決定と集団での決定を比較しました。その結果，集団で決定した場合には12試行中10回はリスクの高

ワークショップ 6-2

みんなで考えるとどうなるか？

　6人でグループを組んでください。まず下にある状況設定を読んで，各々どうすればいいかをひとりで判断して決めてください。次にグループ全体で話し合って全員一致の結論を出してください。最後にもう一度ひとりでどうすればよいかを判断し記入してみてください。

　①そこそこの給料をもらっている会社員がいる。彼は現在の職にとどまった方がよいか，それとも長期的には安定していないが給料の高い新しい仕事に変わった方がよいか悩んでいる。

　②ある学生が狭くて古いが家賃の安いアパートに住んでいる。学生はもう少し広いアパートに引っ越したいのだがそこは家賃がかなり高く，どうしようか決めかねている。

　③ある男が競馬で10万円を儲けた。しかし彼が必要としている金額にまだ不足している。つぎのレースにも賭けることに決めたが，確率が低いが配当金の高い馬券と，本命で確実な低配当の馬券のどちらを買おうか迷っている。

い方を選択しました。これを危険な方向への変化（risky shift）といいます。その後の研究ではかならずしも危険な方向にだけ動くわけではなく，より消極的な方向に変化（cautious shift）する場合も見出されてきました。すなわち集団決定を行うときには個人で決定するよりも，最初に優勢であった傾向がより極端な方向に強調されることになります。そこで両者をまとめて集団極性化（group polarization）とよびます。

　集団極性化が生じる原因としては，他のメンバーの意見と比較することで「他の人の方がもっとリスキー（または消極的）だ」と確認でき，他者よりもいっそう極端な主張をすることで自己のアピールをはかるからだと考えられます。

3. 集団間対立

　ここでは集団間の関係について検討してみます。集団間関係の研究の代表的なものにシェリフら（Sherif et al., 1961）の泥棒洞窟実験（サマーキャンプ実験）があります（コラム6-2）。

コラム 6-2

シェリフの泥棒洞窟実験

　シェリフらの実験は，夏に初対面の11〜12歳の少年を集めて行われる野外キャンプで実施された。ただし，このキャンプを管理する大人たちは，いずれも社会心理学者だった。キャンプの計画は，集団形成，集団間対立，対立の解消の3段階に分けられ，各段階はそれぞれ1週間であった。

　第1段階で少年たちはランダムに2つの集団に分けられ，少し離れた場所で別々にキャンプを始め，水泳，キャンプファイアー，ハイキング，カヌー漕ぎといったレクリエーションをみんなで行った。この段階ではまだ他の集団の存在は知らされていない。少年たちは自分たちの集団にシンボルを決め名前をつけ，ルールと役割が定まり徐々に一つの集団としてまとまってきた。1週間目の終わりごろには，両集団は互いに他集団がいることに気づき始め，少年の一部は相手の集団に対して対抗試合をしたいと責任者に申し込んだ。この段階ではその提案は拒否されたが，実際に相手集団に接触していないにもかかわらず，相手集団を罵るような言動がみられた。

　第2段階では，野球や宝探しなどの一連の集団対抗試合が導入された。勝った方の集団には賞品が与えられた。競争が始まると，集団間の対立は試合以外の

> 場面でもみられるようになった。一方の集団は相手の旗を引きずり降ろしたり，他集団のキャンプを襲い中を引っかきまわしたりなど対立はエスカレートしていった。
> 　第3段階では，対立を解消するような上位目標が導入された。これは両集団が協力して行動しなければ解決できない，水道施設の修理，映画を借り出すための資金集め，故障したトラックをロープで引っ張るなどの課題である。その結果，両集団のメンバーは少しずつ打ち解けはじめ，キャンプ終了ごろにはいっしょのバスで帰ることを提案し，お互いの住所を交換するようになった。
>
> 　　　　　　　　　　　　　　　　　　　　(Sherif et al.,1961 より作成)

　この実験では，少年たちは自分が所属している集団（内集団）に対しては，自己と集団とを同一視し，愛着や忠誠心が高まり，逆に相手の集団（外集団）に対しては偏見，差別的行動などが多くみられるようになってきています。また，集団間に競争的な課題がもちこまれたとき，少年たちは他集団に対して敵対的行動をとるようになりました。共通の目標が導入されてからは，集団間の対立や葛藤は減少していきました。

　このことからシェリフらは，集団間で利害が対立すると競争や敵対が助長され，利害が一致すると協力行動が促進されるという考え方を提唱しました。しかし対抗試合が導入される以前で利害が対立していなくても，少年たちは外集団の存在に気がついた時点で相手集団への偏見や対抗心が生じています。すなわち他集団の存在自体が集団間競争を引き起こす原因となっています。

4. 内集団びいき

　タジフェルら（Tajifel et al., 1971）は，最小集団状況（minimum group situation）を用いた実験を行いました。被験者は2種類の抽象画を見せられ，どちらが好きかによって2つの集団に分けられました。その上で，被験者には報酬分配マトリックスが渡され，内集団と外集団のメンバーのペアに得点を配分するように求められました。その結果は，外集団よりも内集団に多くの得点を分配し，内集団のメンバーが受け取る得点が少なくなっても両者の得点差が大きくなるように分配することが明らかになりました。このように最小集団状況では，現実の社会における対立や所属の違いとまったく無関係な集団であったにもかかわらず，外集団よりも内集団のメンバーに対してより好意を示し，

優遇する傾向が生じています。これを内集団びいき（in-group favoritism）といいます。内集団びいきが異文化に対して機能すると，自分の所属集団の文化を判断基準にして他の集団を判断したり，自分の文化を優れたものとし他の文化をより劣ったものと無条件に判断したりする，自文化中心主義（ethnocentrism）が生じることがあります。すなわち，利害対立は集団間葛藤の十分条件であっても必要条件ではないことをこの実験は示唆しています。

内集団びいきが起こるための必要条件である，たんに人々を別々の集団に分けるということを，社会的カテゴリ化（social categorization）とよびます。社会的カテゴリ化は私たちが社会を一定の枠組み（カテゴリ）を通して知覚していることを示しています。例えば，病院で白衣を着ている人を見ると患者とは思わず，大学でネクタイを絞めている人を見れば教員かもしれないと判断するわけです。後者の場合は正確には教員と事務職員と外来者の区別はつかないわけですが，学生ではないというカテゴリで一括してしまいます。そのためネクタイをした人が研究室から物を持ち出しているのを見かけたとしても，教員が何かの理由でそうしているのだと解釈してしまいます。

カテゴリ化の考え方は，異なるカテゴリである集団の認知に偏りが生じることは説明できますが，なぜ外集団に対してネガティブに，内集団にポジティブになるのかは説明できません。人は一般に明確な自己同一性（アイデンティティ）を確立し，他者との比較を通して望ましい自己評価を行うよう動機づけられていると考えられます。この自己同一性には，「私はやさしい」とか「私は太っている」といった個人的アイデンティティと，つぎの社会的アイデンティティとの2つの要素があります。私たちは初対面の人と出会ったとき，「私は○×大学の学生です」とか「野球部に所属しています」というように自己紹介することがあります。これは自分が所属している集団を示すこと，すなわち社会的アイデンティティで自己を定義しているといえます。ところが内集団における自己の所属性が強く意識される場合には，内集団と外集団間の境界を明確にし，前者を高く評価することによって自己の存在感を満たそうとします。これが内集団びいきの原因であると考えるのが，社会的アイデンティティ理論（theory of social identity）です。

5. 集団間対立の解消

　集団間の対立を解消するには，接触頻度の増大と共通目標の設定という2つの方法が考えられます。オルポート（Allport, 1954）は，集団のメンバーの相互接触の機会を増大することが，集団間対立の解消に有効であるとしています。この考えに基づき1960年代のアメリカで，白人と黒人との混成学校をつくろうという運動が行われました。両人種の居住地域の半数の子どもを相手地区の学校にバス通学させ，これによって人種間の融和をはかろうとしたものでした。しかし，この試みはあまり成果をあげませんでした。それは，外集団のメンバーに数多く接することによって，かえって自集団との差異が明確になり，もともとの非好意的態度が強化されたからです。さらに，一部の外集団のメンバーに好意をもっても，その人は黒人（白人）にしてはいい奴であると認知され，外集団全体への好意的態度にひろがっていかなかったことが原因でした。

　一方の共通目標の設定は効果的である場合があります。シェリフらの泥棒洞窟実験でも，第3段階で両集団が協力しなければ解決できない上位目標を設定することで，関係が改善されていきました。現実の社会でも，国内問題で対立があっても，外敵に対しては一致団結して対処することがあります。しかし国と国のような永続的に続く集団間では，共通の目標が解決されてしまえば，再びもとの対立関係が生じてくる問題があります。

第2節　集団の利益と個人の利益

【学習目標】
・社会的ジレンマとは何かを理解しよう。
・ジレンマの解消の方法を理解しよう。

　ここでは，個人と集団とのかかわりの中で両者の利害が背反する事態を取り上げます。集団に所属しているにもかかわらず，そのメンバーが身勝手な行動をとったとき，その影響はメンバー全員に及ぶことを例にみていきます。

1. 社会的ジレンマ

　近年では，夏場の電力不足のように個人が快適さを追求した結果，社会全体

の利便性が失われる事態が現れています。その集団の利益と個人の利益の対立をハーディン（Hardin, 1968）は，共有地の悲劇（the tragedy of the commons）としてモデル化しました。中世ヨーロッパの村には共同の牧草地があり，だれでも自由に自分の家畜を飼うことができました。そこでだれもが自分の利益を求めて，自分の家畜の数を増やし続けると，やがて村全体の家畜の食べる牧草の総量が自然の補給する牧草の量を超えていきます。その結果，だれもが自分の家畜を失うという悲劇的結末を迎えることになってしまいます。すなわち個人の利己的な利益追求が社会的コストを発生させ，社会全体を悲劇的状況に陥れるという事態を社会的ジレンマ（social dilemma）とよびます。例えば，自家用車を使って通勤する快適性は，事故の多発や環境汚染を引き起こすことになります。個人が自分の都合で大量に水を使うことで，水不足が深刻化し住民全体が給水制限などの不利益を受けてしまいます（広瀬, 1995）。環境問題の多くはこれにあたります。

　社会的ジレンマの構造を検討すると次の3点が指摘できます（Dawes, 1975）。第1に，個人の自由な意思で「協力」か「非協力」かの選択可能な状況が必要とされます。私が通勤に車を使う（非協力）か，公共交通機関を利用する（協力）かについては何の規制も設けられておらず自由に決定できるということです。第2にこうした状況のもとで，「非協力」を選択した方が「協力」を選択するよりも常に個人にとって有利な結果が得られることです。これは自動車通勤することの快適さを意味します。第3に，全員が「非協力」を選択した場合には，全員が「協力」を選択した場合よりも悪い事態になってしまうということです。全員が車を使ったために交通渋滞が起こり，結果として会社に遅刻してしまうようなことです。

　全員という言葉を使いましたが，全員が4人か5人から成る集団ならば，これを解決することはそれほど難しくありません。最初に指摘した個人の自由意思を制限する，すなわち全員で話し合って車使用を制限し監視すればいいのです。しかし，現実にはこの集団は一地域全体であったり国全体であったりするわけで，全員の合意を取り付けることは難しいことが多いのです。また仮に合意がはかられたとしても，私ひとりぐらい従わなくても全体に与える影響は少ないだろう，自分だけは快適な生活をおくりたいと思って，この合意から逸脱

する者が現れる可能性があります。これをただ乗り問題（free rider problem）といい，公共利益を享受しながらも，そのための個人的なコストから免れたいという利己的な行動をさします。

2. 囚人のジレンマ・ゲーム

ジレンマ問題はゲーム理論からも考察され，代表的なものに囚人のジレンマ・ゲームがあります。コラム6-3の「囚人のジレンマ・ゲーム」には，両方の容疑者のとりうる行動選択肢とその結果が示されています。これを利得行列（pay-off matrix）といい，この場合黙秘するのは相手に対する協力行動であり，自白するのは非協力（競争）行動を示しています。アクセルロッド（Axelrod, 1984）は，このゲームを多数回繰り返す状況を設定し，コンピュータシミュレーションを用いて検討しました。その結果，相手が非協力行動をとれば次の回には非協力で反応し，相手が協力行動をとれば次の回にも協力を選択するという「しっぺ返し戦略」が，相手から協力的選択を引き出すのに有効であることが明らかになりました。しかし，囚人のジレンマは2者間のジレンマ事態を取り扱ったもので，現実で生じるジレンマのような多人数の集団では，「しっぺ返し戦略」の有効性は検証されていません。

ワークショップ6-3

囚人のジレンマ・ゲームをやってみよう。

隣どうしに座っている人でペアを組んでください。コラムの囚人のジレンマ・ゲームをやってみましょう。協力行動はパーを，非協力行動はグーを2人が同時に出します。これを10回繰り返したときの各自の行動選択を記録します。最後に得点を計算してみてください。ただし，利得行列は以下のものを用います。

利得行列		プレーヤーA			
		協力（パー）		非協力（グー）	
プレーヤーB	協力（パー）	A 8	B 8	A 12	B 0
	非協力（グー）	A 0	B 12	A 4	B 4

集計表		1回目	2回目	3回目	4回目	5回目	6回目	7回目	8回目	9回目	10回目	合計
プレーヤーA	選択											
	得点											
プレーヤーB	選択											
	得点											

協力行動(パー)は○で,非協力行動(グー)は×で選択欄に記入する

コラム 6-3

囚人のジレンマ・ゲーム

　ある事件の容疑者として2人の男が逮捕された。警察はこの2人の共同犯行であると確信しているが,物的証拠はなく容疑者の自白だけが立証の決め手である。2人が黙秘を続ければ別件だけのごく軽い刑ですむが,自白すれば長く服役しなければならない。

　取調べにあたって,刑事は2人を引き離し,別々に尋問を開始した。尋問の途中それぞれの容疑者に個別に,「もし自白すれば本人は無罪とし,相手だけを懲役50年にする」という取引を申し出た。さて,この申し出に対して2人の容疑者はどう対処するだろうか。2人が協力して黙秘を続けることが2人にとって最良の結果を生む。しかし,自分だけ得をしたいと思ったり,相手が裏切るかもしれないという猜疑心から,警察の取引に応じて自白するかもしれない。こうして自分にとってもっとも合理的な選択をした結果,両方とも自白するという最悪の結果が生まれることがある。これが囚人のジレンマ状況である。

利得行列		容疑者A	
		黙秘	自白
容疑者B	黙秘	(A懲役1年,B懲役1年)	(A無罪,B懲役50年)
	自白	(A懲役50年,B無罪)	(A懲役30年,B懲役30年)

3. 社会的ジレンマの解消

　それでは,現実の社会的ジレンマを解決するにはどうすればいいのでしょうか。いくつもの研究が行われていますが,そのひとつは,協力行動をとる人には報酬を,非協力行動をとる人には罰則を与えるような利得行列を作成することです(Yamagishi, 1988)。これは構造変革的アプローチといいますが,賞や

罰がなくなってしまうと再び非協力的行動が増加するという問題があります。さらに，ただ乗りする者を監視し，罰金などの制裁をくわえ行動を制限しようとすると，今度は監視にかかるコストを全体で負担することになり，ますます全体の利益が損なわれるという新たなジレンマが発生する結果となります。

ワークショップ 6-4

廃棄物ゲームをやってみよう。

　このゲームはティアガラジャン（Thiagarajan, 1991）が考案したGARBAGE というゲームを大沼（1997）が改変したものです。下にルールを説明してあるので，実際にゲームを行ってみてください。

ゲームのルール

① トランプを使うゲームです。5～8人くらいのグループになってください。ジョーカーを除く52枚をよく切って，4枚ずつ配ります。

② ひとりひとりが工場の社長だと思ってください。ダイアを有害ゴミ，他のハート・スペード・クラブは普通ゴミと仮定します。有害ゴミはそのまま廃棄すると環境問題を引き起こすので，処理をした上で捨てる必要があります。

③ ゴミの捨て方は，カードを表向けに出すか，裏向けに出すかによって，次の2つのパターンがあります。

　☆表向けに出す場合

　　普通ゴミ ──→ 負担金なし

　　有害ゴミ ──→ 1つにつき80万円払って処理する（適正処理）

　☆裏向けに出す場合

　　普通ゴミ ──→ 負担金なし

　　有害ゴミ ──→ 不法投棄：監視されなければ（見つからなければ）

　　　　　　　　　　負担金なし

④ 誰でも不法投棄を監視することができます。監視費用は監視した人が1回につき20万円を負担します。監視によって不法投棄が発見されれば，不法投棄した人は100万円の罰金を支払います。

⑤ 4枚ともカードを出し終わったら，裏向けのカードの中に何枚の不法投棄のカード（ダイア）があるかを数えます。ダイアの数かける40万円を全員が浄化の費用として負担します。

⑥ゴミは年間4回（春夏秋冬）捨てることができます。再び①にもどり，これを4年分繰り返します。最初の資金は1000万円とし，1年ごとに負担した費用を引いていきます。自分の資金をできるだけ減らさないようゲームを進めてください。

廃棄物ゲームの記録記入例（1年分）

	春	夏	秋	冬	負担額
普通ゴミ				／	なし
有害ゴミの適正処理		／			80万円
有害ゴミの不法投棄（○は発覚）	／		／○		100万円
監　視		／		／	40万円
不法投棄の最終負担（全員同額）	発覚しなかった有害ゴミダイアの数 (5)枚×40万円				200万円
				計	420万円

　もう1つは態度変容的アプローチで，これにはメンバー間のコミュニケーションを促進することで全体に対する信頼感や連帯感を高める方法があります。コミュニケーションの機会が増えることにより，相互協力の重要性を理解させ，その結果として協力的行動をとらせようとするものです。公共広告などにみられるように，各自がどのようなジレンマ事態に置かれているかの知識を提供するのも重要です。また山岸（1990）は，協力する人の割合が一定以上になれば協力する人がしだいに増え，逆に一定率を下回れば減少していくという限界質量の理論を提唱しています。すなわち，ある集団で実際に協力している人が50％いれば協力する意思のある人は64％おり，30％の人しか協力していない状態ではする意思のある人の比率も19％に減るということになります（図6-1）。このことから，実際に協力してくれる人の割合が高いことを知ってもらい，協力しても大丈夫であるという安心感を与えることが重要になります。現実の社会的ジレンマを考える上では，こうした方法の長所をうまく組み合わせていくことが必要です。

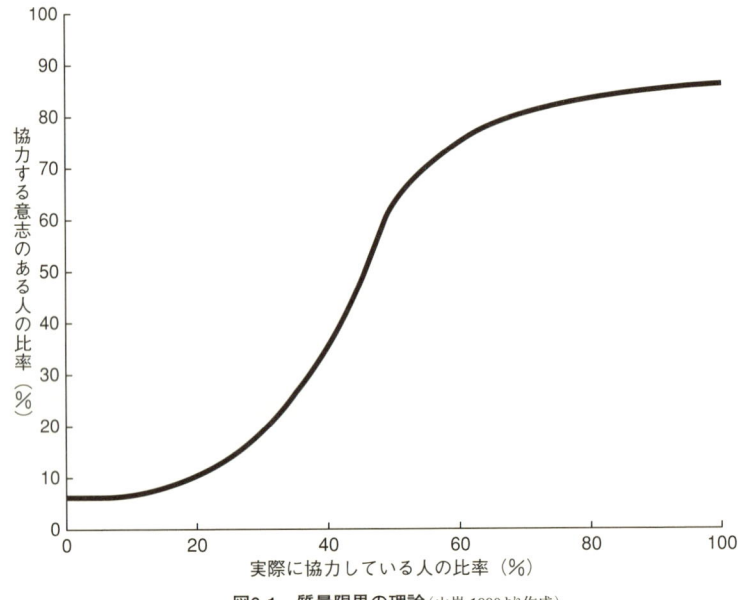

図6-1 質量限界の理論(山岸,1990より作成)

〈要約〉

　集団で問題を解決しようとすると極端な意見になる場合があります。

　単純に分けられただけの集団でも，内集団びいきが生じます。

　個人の利益を追求することで集団全体の利益を損ない，それによって個人も不利益を受ける事態をジレンマ事態といいます。社会的ジレンマを解消するには，ジレンマの構造を変えるかメンバーの態度を変えることが必要となってきます。

〈キーワード〉

　ブレインストーミング，集団浅慮，集団極性化，集団間対立，最小集団状況，内集団びいき，社会的カテゴリー化，社会的アイデンティティ理論，共有地の悲劇，囚人のジレンマ，社会的ジレンマ

―――〈知識チェック〉―――
1. 集団極性化の原因は
2. 内集団びいきが生じる条件とは
3. 集団間の利害対立を解消するには
4. 社会的ジレンマとは
5. ただ乗り問題とは
6. しっぺ返し戦略とは

〈レポート・討論課題〉

①日常生活の中で，内集団びいきであると考えられる点をあげ，それがどんな集団に対して生じているか，それを解決するにはどうすればよいかを検討してください。

②日常生活の中で，社会的ジレンマだと考えられる問題を取り上げ，どこにジレンマが発生しているのか，それを解決するにはどうすればよいかを検討してください。

③囚人のジレンマと社会的ジレンマでは，何が違うかを検討してください。

〈ブックガイド〉

亀田達也　1997　合議の知を求めて　共立出版

山岸俊男　1990　社会的ジレンマのしくみ―「自分1人ぐらいの心理」の招くもの―　サイエンス社

広瀬幸雄（編著）　1997　シミュレーション世界の社会心理学―ゲームで解く葛藤と共存―　ナカニシヤ出版

【引用文献】

Allport, G.W.　1954　*The nature of prejudice*. Reading, MA : Addison-Wesley.
Axelrod, R.　1984　*The evolution of cooperation*. New York: Basic Books（松田裕之訳　1987　つきあい方の科学　HBJ出版局）
Dawes, R.M.　1975　Formal models of dilemmas in social decision-making. In M. Kaplan, & S. Schwartz (Eds.), *Human judgment and decision process*. New York: Academic Press. 87-107.
Hardin, G.　1968　The tragedy of commons. *Science*, **162**, 1243-1248.
Janis, I.L.　1972　Groupthink. *Psychological Today*, **5**, 43-46.
Janis, I.L.　1982　*Groupthink: Psychological studies of policy decisions and fiascoe*s (2nd ed.)

Houghton Mifflin.
広瀬幸雄　1995　環境と消費の社会心理学：共益と私益のジレンマ　名古屋大学出版会
Moorhead, G., Ference, R., & Neck, C.P.　1991　Group decision fiascoes continue: space shuttle Challenger and a revised groupthink framework. *Human Relations*, **44**, 539-550.
Osborn, A. F.　1957　*Applied imagination*. Scribners.
大沼　進　1997　廃棄物処理ゲームと二次的ジレンマ　広瀬幸雄（編著）　シミュレーション世界の社会心理学　ナカニシヤ出版　149-150.
Sherif, M., Harvey, O.J., White, B.J., Hood, W.R., & Sherif, C.W.　1961　*Intergroup conflict and cooperation: Robbers cave experiment*. Wesleyan.
Tajifel, H., Flament, C., Billing, M.F., & Bundy, R.P.　1971　Social categorization and intergroup behavior. *European Journal of Social Psychology*, **1**, 149-178.
Thiagarajan, S.　1991　Garbage : A card game that simulates the trade off between competition and concern. *Simulation & Games*, **22**, 112-115.
Wallach, M.A., Kogan, N., & Bem, D.J.　1962　Group influence on individual risk taking. *Journal of Abnormal and Social Psychology*, **65**, 75-86.
Yamagishi, T.　1988　Seriousness of social dilemmas and the provision of sanctioning system. *Social Psychology Quarterly*, **51**, 32-42.
山岸俊男　1990　社会的ジレンマのしくみ―自分1人ぐらいの心理が招くもの　サイエンス社

7
対人関係の諸問題を心理学しよう

　対人関係は，さまざまな個性をもった他者とのかかわりあいであるので，まったく問題もなく順調に進展すること自体不思議といえるかもしれません。はた目には良好な関係にみえても，互いに心の中ではコンフリクト（葛藤）やフラストレーション（欲求不満）やコンプレックスなどを抱いているに違いありません。ただ相手との関係を良好に保つために，それらを表には出さずに我慢し，譲歩しているのが現実の姿でしょう。しかしひとたび良好な関係が損なわれると，我慢や譲歩の心が弱まり，ストレートな感情が相手に向けられることになります。その典型が攻撃行動でしょう。この章では，攻撃やいじめ，家庭における暴力や虐待などの対人関係の問題の諸側面を心理学しましょう。

第1節　攻撃行動

【学習目標】
・攻撃度を測定する方法を理解しよう。
・攻撃行動を説明する主要理論を理解しよう。

1. あなたの攻撃度は？

　まずワークショップ7-1で，あなたの攻撃性の度合いを調べてみましょう。バスとペリー（Buss & Perry, 1992）は，因子分析法を用いて，攻撃を身体的攻撃（physical aggression），言語的攻撃（verbal aggression），いかり（anger），敵意（hostility）の4つに分類しています。ここでは身体的攻撃と言語的攻撃

ワークショップ 7-1

あなたの攻撃性の度合いを測ってみよう。

次の項目について，あなたに当てはまる数字を○で囲んで答えてください。

	当てはまらない		どちらでもない		当てはまる
1. ときどき人をなぐりたくなる衝動をおさえられない。	1	2	3	4	5
2. 挑発されたら，たぶん人をなぐるだろう。	1	2	3	4	5
3. なぐられたら，なぐりかえす。	1	2	3	4	5
4. 普通の人よりはけんかをよくする。	1	2	3	4	5
5. 権利を守るためにやむを得ないときは，暴力も辞さない。	1	2	3	4	5
6. しつこくする人がいて，なぐりあいのけんかになったことがある。	1	2	3	4	5
7. どんな場合でも人をなぐることに正当な理由はない。	5	4	3	2	1
8. 知っている人をおどしたことがある。	1	2	3	4	5
9. カッとして物をこわしたことがある。	1	2	3	4	5
10. 友だちと意見があわないときは，はっきりいう。	1	2	3	4	5
11. 他の人と意見があわないことがよくある。	1	2	3	4	5
12. 不愉快な思いをさせられた人には，その人への思いをはっきりいう。	1	2	3	4	5
13. 意見が対立すると，とことん議論しないと気がすまない。	1	2	3	4	5
14. 友だちは私のことを議論好きだという。	1	2	3	4	5

(Buss & Perry, 1992)

をそれぞれとらえる質問項目をワークショップに示しました。項目1から項目9までが身体的攻撃項目で，項目10から項目14までが言語的攻撃項目です。○のついた数字をそれぞれ合計してください。それらの得点があなたの身体的攻撃の度合いと言語的攻撃の度合いです。表7-1はバスらが調査をした1,253名の18歳～20歳のアメリカの大学生の結果です。あなたの得点と比較してみてください。またいろいろなグループで調査をし，グループ間の比較を行ってみてください。

表 7-1　攻撃性得点 （Buss & Perry, 1992）

尺度	男性 (n=612) 平均	標準偏差	女性 (n=641) 平均	標準偏差
身体的攻撃	24.3	7.7	17.9	6.6
言語的攻撃	15.2	3.9	13.5	3.9

注：身体的攻撃と言語的攻撃の間には 0.45 の相関がみられる

コラム 7-1

攻撃行動の社会的背景

　近年の攻撃による残虐な殺傷事件の増加やそれらの事件の低年齢化の原因は昭和 30 年代後半からの日本社会の経済的社会的変遷と密に関係している考えられます。
　戦後の国民の生活は大変厳しいものであり，日々の生活の糧を手に入れることにきゅうきゅうとしていました。国民の多くは貧しく，子どもたちも欲しい物も手に入れることができず，我慢，辛抱の毎日でした。遊具もほとんどが手作りでした。昭和 30 年代後半からは，池田勇人内閣総理大臣の所得倍増政策による産業経済のめざましい発展は，国民所得を 2 倍，3 倍へと増加させ，国民はしだいに経済的に豊かになっていきました。しかしその反面多くのものを犠牲にしたり，失っていきました。仕事中心の猛烈型企業戦士を生み出したり，金がこの世で一番大切，金のためなら何をしてもよい，他者のことなどかまっておれないなどの風潮が強くなったのもこの時期です。経済的豊かさは，子どもへの関心を高めました。生活の糧を得るのに必死であった親，とくに母親のゆとりが子どもへのかかわりを高め，昭和 40 年代のはじめには，教育ママごんが誕生することとなります。勉強，勉強で子どものお尻をたたき，成績が上がれば子どもの欲しい物は何でも買い与え，子どもは物質的に豊かになるとともに，物欲が強くなり，家庭の経済的ゆとりからも我慢，辛抱がなくなりました。加えて戦後我慢，辛抱の時代を過ごさざるを得なかった親たちは，せめてわが子には苦労をさせまい，楽をさせてやりたいとの過保護な思いがこれらに拍車をかけることになりました。
　我慢，辛抱の必要がなくなったために，フラストレーション耐性が形成されないままに育つこととなり，身体は大人だが心の未成熟な子どもは，ちょっとしたフラストレーション事態にも耐えられず，自らの力で克服もできずに打ち負かされてしまったり，親の期待の重圧に押し潰されて，心を病む人が増加することとなりました。またこのような中で育った子どもたちは大人性が未熟なまま父（母）親となり，同じような子どもたちを生み育てているのです。筆者は，これらのことが社会全体に攻撃性を高める背景となっていると考えられてなりません。

2. なぜ人は攻撃的になるのか

攻撃とは，他者に対して不当に身体的ないし精神的ダメージを与えたり，与えようとし企てられた行動（CRM Books, 1974）ですが，なぜ人は攻撃的になるのでしょうか。殺人とか，傷害とか，毎日の新聞報道には攻撃による事件の報道が後を絶ちません。

(1) 主要な攻撃理論

フラストレーションが攻撃の動因を高めるとするフラストレーション攻撃説（Dollard *et al.*, 1939），攻撃には攻撃のレディネス（readiness：準備状態）である怒りと攻撃の手段となるナイフやピストルなどの攻撃の手掛かりが必要とする攻撃手掛かり説（Berkowitz, 1965），他者の攻撃行動を見ることにより攻撃行動を学習していく観察学習やモデリング（modeling）を重視する攻撃の社会的学習理論（Bandura *et al.*, 1961），人は生得的に攻撃本能をもつとする攻撃の本能説（Freud, 1933）などが攻撃行動を説明する有力な理論です。また近年攻撃行動の遺伝子レベルでの研究も進められています（二木, 2002）。

(2) 攻撃の二過程モデル

フラストレーション攻撃説，攻撃手掛かり説，攻撃の社会的学習理論を統合した大渕（1993）の攻撃の二過程モデル（図7-1）を紹介しよう。

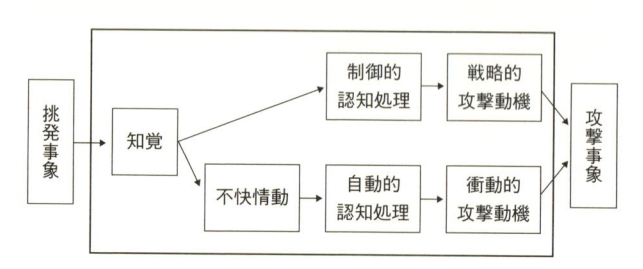

図7-1 攻撃の二過程モデル（大渕, 1993）

葛藤の認知が生む不快感情の強弱によって反応経路が異なります。衝動的攻撃動機は強い不快感情から無条件的に生じます。攻撃感情を表現することが目

標のため，この動機によって起こる攻撃反応は一般に情動性が強く，まただれかれとなく当たり散らすとか，物にやつあたりをするとかしばしば不合理と見えることがあります。

戦略的攻撃動機は衝動的攻撃動機とは異なり，ある状況認知から自動的には喚起されません。帰属，判断，予測などを含む高次の認知処理が行われ，攻撃は多様な手段的行動の中から，その時々の目標達成（回避，強制，制裁，報復，印象操作，自己表現など）に有効と見なされた場合に選択されます。したがって葛藤状況の認知によっては攻撃以外の反応が動機づけられることがあります。これら2つの反応過程の相互作用の中で攻撃反応が喚起され，実行されるのです。

第2節　運転における攻撃性

【学習目標】
・ハンドルを握るとドライバーはなぜ攻撃的になるのかを理解しよう。
・攻撃行動のコントロール法を理解しよう。

「K大学生，殴られ重傷。ゴルフクラブで。割り込み車の男，因縁」（毎日新聞，1991）「追い越し合戦。口論から刺す。東京・車の男性死亡」（毎日新聞，1993）「中年男性殺される－堺の府道」（毎日新聞，1994）「前走車のブレーキに立腹－運転の男性刺す」（読売新聞，1998）などの新聞報道にみられるように，交通場面でのドライバーの攻撃行動も後を絶ちません。本節では，あなたの運転場面の攻撃度を調べてみたり，ハンドルを握ると人はなぜ攻撃的になるのか，さらにそれらの攻撃行動をコントロールするにはどうすればよいのかについて考えてみましょう。

1. あなたの運転場面の攻撃度は？

ワークショップ7-2で，あなたの運転場面での攻撃度を調べてみましょう。
○のついた数字を合計してください。合計得点があなたの運転場面での攻撃度です。図7-2の年齢別結果と比較したり，クラスの他の人たちの得点をもと

にワークショップ7-1の日常場面での攻撃得点との相関係数を求めたりして，比較してみてください。

ワークショップ7-2

あなたの運転場面の攻撃度を測ってみよう。

次の項目について，あなたに当てはまる数字を○で囲んで答えてください。

	全くそのとおり		どちらともいえない		決してそんなことはない
1. カッとして他の車を攻撃することがある。	5	4	3	2	1
2. 他のドライバーとけんかすることがある。	5	4	3	2	1
3. カッとさせたドライバーを追いかけることがある。	5	4	3	2	1
4. カッとして他の車にライトをチカチカ点滅させることがある。	5	4	3	2	1
5. クラクションをよく鳴らす。	5	4	3	2	1
6. 自分は攻撃的なドライバーである。	5	4	3	2	1
7. 追い越されると追い越しかえす。	5	4	3	2	1
8. 無茶な割り込みには時どき妨害する。	5	4	3	2	1
9. 他の車に幅寄せをすることが時どきある。	5	4	3	2	1
10. 割り込まれないように車間距離をつめて走る。	5	4	3	2	1

(藤本・東, 1997)

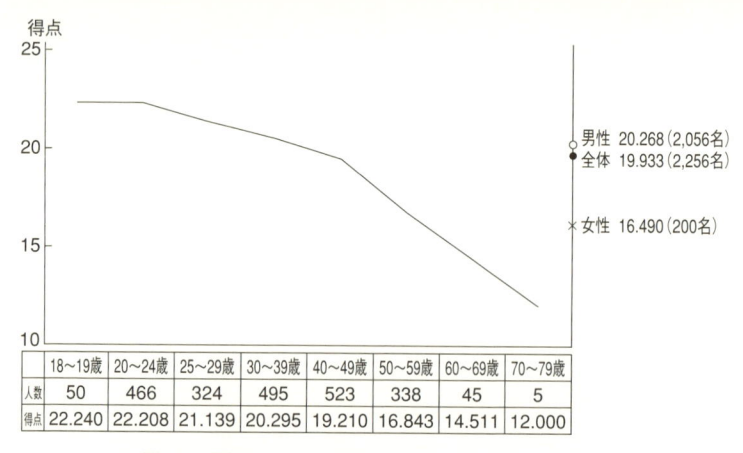

男性 20.268 (2,056名)
全体 19.933 (2,256名)
女性 16.490 (200名)

	18～19歳	20～24歳	25～29歳	30～39歳	40～49歳	50～59歳	60～69歳	70～79歳
人数	50	466	324	495	523	338	45	5
得点	22.240	22.208	21.139	20.295	19.210	16.843	14.511	12.000

図7-2 運転における攻撃性の性別・年齢別得点 (藤本・東, 1997)

2. ハンドルを握るとドライバーはなぜ攻撃的になるのか？
(1) フラストレーション

運転場面の攻撃性についても，フラストレーションが攻撃の有力な源泉と考えることができます。目的地に早く着きたい，今の速度を維持したい，止まりたくないというドライバーの欲求が，直接的には他車や他者によって阻止されるためであり，間接的には家庭や職場や社会が原因の慢性的欲求不満の状態が攻撃へのテンションを高めており，交通場面でのちょっとしたフラストレーションがきわめて激しい攻撃的行動を誘発することになるのでしょう。とくにバブル経済がはじけ，デフレで，かつてない高失業率の今日，経済面でのフラストレーションがその場その場の欲求の短絡的な充足を求めさせ，交通場面での他者への攻撃性へとつながっているいるように考えられます。

(2) モデリング

少しモタモタしていて，後続車にクラクションを鳴らされたり，後続車にヘッドライトでパッシングさせられた経験のもち主は少なくないでしょう。そのような経験を重ねていると，後続車の立場に置かれたとき，つい同じような行動をとってしまうことがあります。多かれ少なかれ「他のドライバーもやっているではないか」の気持ちが，攻撃的な運転を助長することになります。

(3) 匿名性

交通場面の匿名性の高さも攻撃行動を誘発する原因です。周囲のドライバーや歩行者と面識もなく，互いにだれであるかわからない状況では，他者に迷惑をかけようが，攻撃的に振る舞おうが，だれはけしからんと名指しで非難されることがないので，つい自分の欲求を押し通そうとするのです。ジンバルドー (Zimbardo, 1970) は匿名性による攻撃行動を没個人化（deindividuation）理論によって説明しています。

3. 攻撃行動のコントロール

どのようにすれば，攻撃行動をコントロールすることができるのでしょうか。これまでに指摘されてきたコントロール法を，運転場面で考えてみましょう。

(1) カタルシス (catharsis)

実際に攻撃行動をとらなくとも，頭の中で空想するだけで攻撃の気持ちを静めることができることをいいます（Feshbach, 1955）。無理な追い越しや割り込みをするドライバーに，追い越し返したり割り込み返したりするのではなく，「無茶な運転をして，そのうち事故を起こすぞ，バカだなあ……」「何をしているんだ，下手くそ……」など言語的攻撃に置き換えて，ひとりごとを言うだけで，カッとした攻撃的感情をコントロールすることができます。

(2) モデリング

モデリングは攻撃行動を促進することもあれば，逆に抑制する働きもあります。カッとさせるような状況でも攻撃的に振る舞わないモデルに接することで，攻撃行動を抑制することができます（Milgram, 1965）。ドライバーの中には，無理な追い越しや割り込みをされても，感情が影響されることなく，「割り込みたい人はどうぞどうぞ，追い越したい人はどうぞどうぞ」なのか，おだやかに平然と運転する人がいます。身近にそのような運転をするドライバーがいれば，攻撃的な運転を抑制するよいモデルとなります。またそのようなドライバーが称賛・評価されると，「賞」としての働きをもち，そのような行動が一層定着します（Brown & Elliot, 1965）。

(3) 共感性の醸成

攻撃によって受ける相手の苦痛を，その人の身になって感じとることのできる共感性豊かな人は攻撃行動を抑制することができます（Feshbach & Feshbach, 1969）。道路をともに利用している人々も，自分と同じように家族があり，友人があり，幸せな生活を送ろうとしていることに少しでも思いやることができれば，その人々に対して攻撃的な運転をすることはできません。人としての基本である共感性の醸成が重要です。

(4) 反攻撃的価値の内面化

いかなる理由があっても，他者への攻撃的な行動は許されないこと，ましてや強大なエネルギーをもつ車を利用しての攻撃的な運転は絶対に許されないこ

とを，教育によってドライバーに内面化させることも大切です。

(5) 感情の客観視

少なくとも，今「カッとなっている」「イライラしている」「怒っている」とそのときの自分の心を第三者的にながめ，「そんなことが何になる」と自分に言い聞かせてみることです。それだけでもかなり攻撃行動をコントロールすることができます。

コラム 7-2

破れ窓理論

1994年1月に就任したジュリアーニ・ニューヨーク市長（2002年1月退任）が破れ窓理論（broken windows theory）に基づく警察活動を打ち出しました。窓が割れたまま放置されていると，建物全体が荒廃します。だから初期段階の軽微な違法行為を徹底して取り締まれば，凶悪犯罪を防ぐことができるとする理論です。市長は3万人だった警察官を6千人増員し，麻薬密売に限らず，無賃乗車や置き引き，落書きなどの取り締まりを徹底しました。市警がこれらの犯罪で逮捕した者は前年の32％増の17万人でしたが，殺人は19％，強盗は15％減少しました。また，2002年度のニューヨークで発生した暴力犯罪（殺人，強盗，傷害，婦女暴行）は5万400件でしたが，1994年と比べて，8万6千件も減少しています。特に市の中心部・マンハッタン島は，1970年代に年間600件を超えていた殺人が82件と大きく減少しました。

(読売新聞, 2003年2月22日朝刊より)

〈要約〉（第1・2節）

なぜ人はカッとなって他者を攻撃するのでしょうか。この章の前半ではあなたの攻撃度を調べてみたり，攻撃行動を説明する主要理論，特に攻撃の二過程モデルを紹介しました。また，運転場面の攻撃性が社会問題化しているので，ハンドルを握るとドライバーはなぜ攻撃的になるのか，その原因と攻撃行動のコントロール法を示しました。

〈キーワード〉

攻撃，身体的攻撃尺度，言語的攻撃尺度，フラストレーション攻撃説，攻撃手

掛かり説，攻撃のレディネス，攻撃の社会的学習理論，攻撃の本能論，攻撃の二過程モデル，衝動的攻撃動機，戦略的攻撃動機，運転における攻撃性尺度，フラストレーション，モデリング，匿名性，没個人化理論，カタルシス，共感性，破れ窓理論

〈知識チェック〉

1. バスとペリーの攻撃の4分類をあげなさい。
2. 以下の事項と人名を線で結びなさい。
   - ・フラストレーション攻撃説   ・大渕憲一
   - ・攻撃の社会的学習理論   ・フロイト
   - ・攻撃手掛かり説   ・ダラード
   - ・攻撃の本能説   ・バンデューラ
   - ・攻撃の二過程モデル   ・バーコヴィッツ
3. ハンドルを握るとドライバーが攻撃的になる理由を述べなさい。
4. 攻撃行動のコントロール法を述べなさい。

〈レポート・討論課題〉

①あなたがカッとしてとった攻撃行動を振り返り，どんな状況で，どんな理由であったか考えてください。

②あなたはカッとしたときにどのようにして怒りをコントロールしていますか。

〈ブックガイド〉

岡田　督　2001　攻撃性の心理　ナカニシヤ出版

大渕憲一　1993　人を傷つける心—攻撃性の社会心理学　セレクション社会心理学9　サイエンス社

中村陽吉　1976　対人関係の心理—攻撃か援助か—　現代心理学ブックス　大日本図書

【引用文献】

Bandura, A., Ross, D., & Ross, S.A.　1961　Transmission of aggression through imitation of aggressive models. *Journal of Abnormal and Social Psychology*, **63**, 575-582.

Berkowitz, L.　1965　The concept of aggressive drive: Some additional considerations.　In L. Berkowitz (Ed.), *Advances in Experimental Social Psychology*, **2**. Academic Press. 301-329.

Brown, P., & Elliot, R.　1965　Control of aggression in a nursery school class. *Journal of Experimental Child Psychology*, **66**, 103-107.

Buss, A.H., & Perry, M.　1992　The aggression questionnaire. *Journal of Personality and Social Psychology*, **63**(3), 452-459.

CRM Books　1974　*Social psychology*. Ziff-Davis.

Dollard, J., Doob, L., Miller, N., Mowrer, O., & Sears, R.　1939　*Frustration and aggression*. Yale University Press.（宇津木 保訳　1959　欲求不満と暴力　誠信書房）

Feshbach, S.　1955　The drive-reducing function of fantasy behavior. *Journal of Abnormal and Social Psychology*, **50**, 3-11.

Feshbach, N.D., & Feshbach, S.　1969　The relationship between empathy and aggression in two age groups. *Developmental Psychology*, **1**, 102-107.

Freud, S.　1933　*New introductory lectures on psycho-analisis*. Norton.

藤本忠明・東 正訓　1997　若年運転者の運転態度尺度構成に関する研究　平成6年度～8年度科学研究費補助金（基盤研究C）研究成果報告書　追手門学院大学人間学部心理学科

毎日新聞　1991　K大学生　殴られ重傷　ゴルフクラブで　割り込み車の男　因縁　10月18日付夕刊

毎日新聞　1993　追い越し合戦　口論から刺す　東京・車の男性死亡　1月23日付朝刊

毎日新聞　1994　中年男性殺される―堺の府道　9月27日付朝刊

Milgram, S.　1965　Liberating effects of group pressure. *Journal of Personality and Social Psychology*, **1**, 127-134.

二木宏明　2002　脳と感情：感情の仕組みはどこまで明らかになってきたか　関西心理学会第114回大会発表論文集13　滋賀大学教育学部

大渕憲一　1993　人を傷つける心―攻撃性の社会心理学―　セレクション心理学**9**　サイエンス社

読売新聞　1998　前走車のブレーキに立腹―運転の男性刺す　3月30日付朝刊

読売新聞　2003　軽犯罪見逃さず凶悪犯罪を予防　2月22日付朝刊

Zimbardo, P.G.　1970　The human choice: Individuation, reason, and order versus deindividuation, impulse, and chaos. *Nebraska Symposium on Motivation*, 1969. 237-307.

第3節　児童虐待

【学習目標】
・児童虐待の現状を理解しよう。
・児童虐待の定義と種類を理解しよう。
・児童虐待の要因について理解しよう。
・児童虐待への対応について理解しよう。
・児童虐待防止法について理解しよう。

　近年，対人関係の問題がさまざまに報道されています。対人関係の諸問題には命にかかわり，社会的な解決が求められている深刻なものも多くあります。児童虐待，DV（ドメスティック・バイオレンス＝配偶者からの暴力）などです。ここでは，近年，とくに注目を浴びている児童虐待，DVを取り上げます。

マンガ1　「凍りついた瞳」p.48・p.51（作画　ささやななえ・原作　椎名篤子，1996）

1. 児童虐待の現状

　新聞で児童虐待関係の記事を見ることは，今や珍しいことではありません。2002年度に全国の児童相談所が処理した件数は24,195件と過去最高を更新し，集計を始めた1990年度の約22倍にのぼっています。また，全国に958ヶ所設置されている家庭児童相談室への2001年度の虐待のべ相談数は80,433件にのぼります。単純計算で，1日66件以上の虐待事例が全国のどこかの児童相談所で対処され，1日220件以上の相談が全国の家庭児童相談室で行われていたわけです。その他に，各地で子ども虐待ホットラインなどの電話相談を行っている諸機関を加えるとかなりの数の相談活動が行われています。しかし，児童虐待は，子どもも親もその事実を否定することがまれではありません。事例として表に現れている件数は氷山の一角であり，日々多くの児童が危機にさらされていると考えられます。

　児童虐待は，最近になって急に増えたと思われていますが，事実はそう単純ではありません。ハーマン（Herman,1992）は，「残虐行為の通常人の反応はこれを意識から排除することである」と述べています。私たちは，あまりに怖ろしい話を聞くときには，それを「あり得ないもの」「実際は何らかの救いがあるもの」と，実際よりも割り引いて考えたり，または「私たちとは遠く離れたところで特別に起こっているもの」と切り離して考えたりしたくなります。斎藤（1994）は，「私たちは意識したものしか見ることができない。意識されることもなく，見えることもないものは存在しない。児童虐待とは，つい最近までそういうものだったし，今でも多くの人々にとってはそうしたものである」と述べています。児童虐待とは，これまでも私たちのごく身近で起こっていたし，現実にすぐそばで起こっているものなのです。

2. 児童虐待の定義と種類

　児童虐待は，英語でchild abuseといいます。abuseという単語はabとuseで成り立っています。abはaway, from, offなどの意味があり，「離れる」「外れる」という意味をもちます。abnormal（異常）はnormal（正常）から離れた状態というわけです。child abuseは，本来であれば子どもは，正当な権利をもち，親の保護が必要とされる「子ども」として扱われます。その本質から

離れた扱い方をchild abuse（児童虐待）といいます。例えば，子どもを親の感情の発散の対象としたり，欲望を満たすために子どもを用いたりすることがchild abuseなのです。なお，abuseには，drug abuse（薬物濫用）の「濫用」という意味もあります。ともに，正しい用い方から離れている状態をさす訳語といえます。

　児童虐待は，「親，または親に代わる保護者により，非偶発的に（たんなる事故ではない，意図を含む）に児童に加えられた行為」をさし，表7-2のように「身体的虐待」「ネグレクト」「性的暴行」「心理的虐待」の4つの種類があります。

表7-2　子ども虐待の4つの類型とその具体的内容

(1) 身体的虐待‥‥外傷の残る暴行，あるいは生命に危険のある暴行
　①外傷の残る行為とは，打撲，あざ（内出血），骨折，頭部や腹部外傷，刺傷，タバコによる火傷など。
　②生命に危険のある暴行とは，首を絞める，殴る，蹴る，投げ落とす，熱湯をかける，布団蒸しにする，おぼれさせる，逆さ吊りにする，異物を飲ませる，戸外に締め出す，身体を拘束するなど。
(2) 保護の怠慢ないし拒否（ネグレクト）‥‥保護の怠慢や拒否により健康状態や安全を損なう行為
　①遺棄・置き去り，家に閉じ込める（子どもの意思に反して学校に登校させない），病気になっても病院に連れて行かない，乳幼児を家に残したまま度々外出する，車の中に置き去りにするなどの健康・安全への配慮を怠る行為。
　②子どもにとって必要な情緒的欲求に応えてあげない。
　③衣食住や清潔さについての健康状態を損なうほどの無関心・放置。それによる栄養不良，極端な不潔，怠慢ないし拒否による病気の発生，など。
(3) 性的暴行‥‥親による近親姦，または親に代わる保護者による性的暴行
　①子どもへの性交，性的暴行，性的行為の強要・教唆。
　②性器や性交を見せる。
　③ポルノグラフィーの被写体などに子どもを強要する。
(4) 心理的虐待‥‥以上のものを含まない，暴言や差別など心理的外傷を与える行為
　①言葉による脅かし，脅迫。
　②子どもを無視したり，拒否的な態度を示す。
　③子どもの心を傷つけることを繰り返し言う。
　④子どもの自尊心を傷つけるような言動を取る。
　⑤他のきょうだいとは著しく差別的な扱いをする。

（「厚生省　子ども虐待対応の手引き（平成12年11月改訂版）」2000より一部改めた）

表 7-3　児童虐待の内容別相談件数 (厚生労働省資料による)

	身体的虐待	保護の怠慢ないし拒否	性的虐待	心理的虐待	合計
1998	3,673	2,213	396	650	6,932
1999	5,973	3,441	590	1,627	11,631
2000	8,877	6,318	754	1,776	17,725
2001	10,828	8,804	778	2,864	23,274

コラム 7-3

児童虐待の防止等に関する法律

　児童虐待に関しては，児童虐待の防止等に関する法律（いわゆる虐待防止法）が2000年5月に制定されました。児童虐待を4つの類型に分け，「何人も，児童に対し，虐待をしてはならない」（第3条）とし，虐待の罪は「親権を行う者であることを理由として」免れることはないことを明記しています。これにより，従来，「躾」という名目で行われた家庭内での暴力に対して，ひとつの指針を示したことになります。

　また，虐待を発見しやすい立場にある学校の教職員や児童福祉施設の職員，医師，保健師，弁護士などの人たちに対して，「早期発見に努めなければならない」（第5条）ことや，「虐待児童を発見した者は速やかに通告する義務がある」（第6条）ことを述べています。虐待は，専門の関係者はもちろんのこと，虐待が行われている家庭の隣に住む私たちひとりひとりが防止について協力しないといけません。

　虐待が発見されると，児童相談所所長はその児童の安全確認をし，必要に応じて一時保護を行います（第8条）。また，これまで家庭に立ち入ることは容易でありませんでしたが，児童福祉の職員は，都道府県知事の命令の下，児童の住居に立ち入り調査をすることができるようになりました（第9条）。児童相談所職員による立ち入り調査は，2000年度96件，2001年度は倍以上の194件に増えました。必要とあれば警察官の援助を得ることもできます（第10条）。

　虐待を行った保護者には指導を受ける義務が生じます（第11条）。指導を受けないときにはその保護者に対して知事による勧告を行います。ただし，2001年度でこの知事勧告が出た例はありません。現行法では，親への指導については強制力がなく，効力はあまり期待できないという声もあります。

3. 児童虐待を引き起こす要因とは

　虐待の発生には多くの要因が複雑に関係しています。これまで，虐待は「親のパーソナリティ（人格）の問題」とする考えや，反対に貧困や暴力的な文化といった「社会的・文化的要因」を強調する専門家など，いくつかの意見がありました。「親自身が虐待を受けた経験があると，その子どもを虐待する」という「世代間連鎖」という考え方もあります。しかし，これらのどの要因も，支持する研究者もいれば妥当性に欠けるという研究結果もあります（例えば，平成12年に実施された東京都の児童相談所の全事例についての実態調査では，「よく言われる虐待者の世代間連鎖を含めて，生育歴だけに焦点を当てて虐待の要因を把握しようとしても十分な説明はできない」と結論づけています）。そこで最近注目されているのは，それぞれの要因は虐待を決定的にするというわけではなく，虐待のリスクを高める"リスク要因"であるという考え方です。庄司（2002）は，虐待のリスク要因として，6つの要因を挙げています。

　①親の心の問題

　親自身の虐待経験。親自身の低い自己評価，満たされなかった愛情関係を自分の子どもに求める（役割逆転），困難な事態では（自分がされてきた）暴力による解決をはかる傾向が習慣となるなど。

　②家庭の社会的要因

　経済的困難，失業，夫婦不和，家族成員に病人がいるなどの状況は家庭内でのストレスを高め，暴力を発生しやすくする。

　③周囲からの孤立

　虐待の発見を遅らせるとともに，必要な社会的支援を得られにくくする。

　④子ども側の要因

　よく泣き，なだめにくい，非常に頑固，過敏など育てにくい気質や行動特徴をもつ子ども。また，慢性疾患がある，低出生体重児，双生児などで，これらは親の子どもに対するアタッチメント（愛着）形成を困難にしたり，育児への負担感を生じさせやすい。

　⑤親と子どもとの関係

　望まない妊娠で生まれたり，低出生体重児で出産後しばらく母子分離を経験したり，憎しみを抱いている自分のきょうだいと同じ出生順位や性であったり

第3節　児童虐待　　145

した場合。
⑥親の怒りを引き出す「その時の状況」
　おもらしをする，ぐずる，泣き止まないなどが引き金になることも多い。
　虐待のリスク要因は虐待発生の可能性を高めますが，必ず虐待と結びついているというわけではありません。ただし，これらの要因の1つ，またはいくつかが絡みあって，場合によっては大きなリスク要因になる可能性はあります。
　例えば，自己評価が低く，転勤によって周囲からサポートを得られない孤立した母親が，泣き止まない子どもの育児に疲れきり，しだいにその泣き声が，あたかも自分に対して「お前はダメな母親だ」と突きつけてくるように感じて，つい泣き止まない子どもをたたいた，というケースは決して少なくありません。また，ある母親は，「自分が虐待を受けていたからこの子だけはたたかずに育てよう」と心に決めていましたが，夫からも周囲の人たちからも大事にされているわが子を見ているうちに，虐待を受けていた自分の人生がかぎりなく虚しく価値がない気がして，気づいたら子どもをたたいたり，泣いていても放って

マンガ2　「続・凍りついた瞳」p.166（作画　ささやななえ・原作　椎名篤子, 1996, 集英社）

おいてしまう，といった事例もあります．また，一生懸命育てようとしていたわが子に障害が見つかり，頭ではわかっていても他の子と同じことができないわが子につい厳しく当たってしまい，その後で言いようのない自己嫌悪に陥っている母親もいます．それぞれの家庭で，それぞれの深刻な状況，要因があると考えられます．

4. 児童虐待への対応

児童虐待については，公的にも私的にもさまざまな対応がなされています．ここでは，公的機関による介入について紹介します．

(1) 児童虐待の発見・通告

地域の住民や，虐待を発見しやすい諸機関（小児科の医師，学校の教職員，保健師，福祉職員，弁護士など）からの通告が福祉事務所や児童相談所へ寄せられます．

(2) 調査

通告を受けた児童相談所は，関係機関や関係者から必要な情報を集めます．同時に，速やかに子どもの安全確認を行い，緊急保護の必要について判断を行います．子どもの安全確認は，原則として48時間以内に子どもの状況を目で確認することとされています．

保護者が調査に拒否的で子どもの安全確認が困難な場合は立入調査を行うことができ，立入調査を拒否したり嘘の返事をした場合には罰則が科せられます．

(3) 一時保護

調査の結果，緊急に子どもを保護する必要があると判断される場合や，住宅での援助では限界があると判断される場合には，児童相談所において一時保護を行うか，他の適切な機関に一時保護委託を行います．2000年度の一時保護はおよそ6,200件にのぼりました．

(4) 判定・処遇方針の決定

調査や心理検査，医学的診察，一時保護中の行動観察結果などを踏まえて，児童相談所は子どもにとって最善の処遇を決定します。これら総合的な診断が判定といわれるものです。

(5) 処遇

①在宅指導

親子を分離せずに家庭訪問や通所により親子関係の調整や家族指導，子どもの心理療法などを行うのが在宅指導です。在宅指導の場合，1つの機関だけで対応するには限界があります。福祉事務所（家庭児童相談室），児童委員（主任児童委員），学校や保育所，保健所，市町村保健センターなど，地域の関係機関がネットワークを形成し，緊密な連携のもと一体となって援助を行うことがきわめて重要です。

②施設入所，里親委託の措置

在宅での指導が困難な事例では，子どもを家庭からいったん分離して，親子関係の悪循環を解消し，子どもの安全と成長を保障する必要があります。このため，子どもを乳児院（2歳まで）や児童養護施設などの児童福祉施設に入所させたり，里親に委託するなどの措置がとられます。施設入所の措置をとった後も，児童相談所は施設や里親，その他の関係機関と連携しながら親子関係の再構築に向けて，家庭環境調整や面接・外泊指導など保護者への指導を継続します。しかし，親子分離後の保護者への援助については，そのノウハウも確立されているとはいえず，また，保護者への強制力も低いためさまざまな困難があるのも現状です。

虐待は，子どもの心にはかりしれない傷跡を残します。このため，パニックを起こしたり，暴言・暴力，対人不安，過度の甘え・しがみつきや一転した激しい怒り，孤立など，さまざまな情緒的，行動的な問題を示すこともまれではありません。これらの心の傷を修復するための援助が重要な課題となっており，厚生労働省では1999年から，心理療法が必要な子どもが10名以上入所している児童養護施設などに心理療法担当職員を配置し始めました。

③親権喪失宣言の請求

親が親権を濫用したり，親として著しく不適切な行動をすると認められた場合，児童相談所所長は家庭裁判所に対し，親権喪失の宣告請求を行うことができます。

5. 今後の課題

虐待防止法が制定されたことで，児童虐待に対する社会的関心はますます高まり，虐待の通告が急増しました。その結果，虐待の早期発見・早期対応は以前よりスムーズになったといえます。しかし，一方，問題点がないわけではありません。まず，第1に，数年前とは比較にならないくらい虐待に対応する件数が増えたにもかかわらず，児童相談所や児童養護施設の職員の増員や，新しい施設の増設が間に合っていないことです。

虐待防止には多くの人の手が必要です。この仕事には時間だけでなく，多大な労力が心身ともにかかります。また，保護をされた被虐待児童は，心に深い傷を負った子どもに特有の多様な問題行動・症状がみられます。彼らとのかかわりは，それまでの保護児童とは違う専門的な知識と技術が必要なのです。今や保護児童の半分以上が被虐待児であるという施設も少なくありません。大都市ではその施設も満杯で受け入れが困難な所もあります。業務内容は大きく変わったのに，職員はこれまで同様の人数しか割当てられず，誠実な施設職員であるほど消耗し，疲れているのが現状です。

問題の2つめは，虐待する親へのアプローチの問題です。児童虐待防止法は，虐待をした親に対して「指導を受けなければならない」と定めていますが，実際，現行法では親への指導については強制力がありません。虐待からせっかく安全な場所に保護しても，指導に従わず，親権という名で児童養護施設から連れ戻される児童も多くいます。一方，アメリカでは，親が生活や態度を改めないと裁判所が親権停止を決め，親は子への権利を失います。家庭で育てることが困難になった子どもたちは，まず里親に託されます。里親は児童福祉制度の中にきちんと位置づけられて，手厚い支援や研修があります。日本では，そういう法的な支援がありません。アメリカでは60万人の子どもが里親のもとで生活しています。日本では，2000年度に登録している里親は7,403人で，ここ

数年はむしろやや減少傾向にあります。虐待する親へのアプローチをどう位置づけていくのか，さらに，その後の受け皿をどう整備していくのかが，今後の重要な課題です。

第4節　DV

【学習目標】
・DVの現状を理解しよう。
・DV防止法について理解しよう。
・DVのサイクルについて理解しよう。
・DVからの脱出と援助について考えてみよう。

1. DVの定義

　DV（ドメスティック・バイオレンス）は，家庭内で生じる配偶者（内縁を含む）からの暴力をさします。暴力の形態は以下のものがあります。
　①身体的暴力：殴る，蹴る，髪をひっぱる，物を投げる等。
　②心理的暴力：大声で怒鳴る，殴るそぶりや物を投げるふりをしておどかす，「だれのおかげで生活できるんだ」などと言う，子どもに危害を加えると言っておどす，何を言っても無視して口をきかない，人前でばかにしたり命令するような口調でものを言ったりする，大切にしているものを壊す等。
　③社会・経済的暴力：実家や友人と付き合うのを制限したり，電話や手紙を細かくチェックしたりする，生活費を渡さない，外で働くなと言ったり，仕事をやめさせたりする等。
　④性的暴力：嫌がっているのに性行為を強要する，避妊に協力しない，中絶を強要する等。

2. DVの現状

　2001年に「配偶者からの暴力の防止及び被害者の保護に関する法律」（いわゆるDV防止法）が制定されました（コラム7-4）。これに伴い，公的な相談窓口として，配偶者暴力相談支援センターが婦人相談所の中に別部門として各都道府県に設置されました。支援センターは，相談を受けるだけでなく一時保護

や生活の自立のための情報提供などを行います。

　2002年度の配偶者暴力相談支援センターに寄せられた配偶者からの暴力が関係する相談件数は、来所11,035件、電話23,950件、その他958件の計35,943件にのぼります。この他にも全国でさまざまな機関がDVに関する相談を受けていますので、実質の相談件数は少なくとも上の数を大幅に超えるものと考えられます。また、一時保護所にDVのために保護された女性や子どもの総数は、2002年度の4月から9月までの半年で3,383人にのぼりました。地域によっては保護のための部屋が満杯で空いておらず、DVから逃れ、やっとたどりついた母子を他の避難所に紹介せざるを得ないこともありました。

　ところで、全国20歳以上の男女4,500人を対象とした「配偶者からの暴力に関する調査」が、2002年に内閣府により行われました。3,322人から回答が得られ、配偶者や恋人からの被害経験のうち、夫や恋人から殴る蹴るといった暴行、精神的脅迫、性的行為の強要などのDV被害を19.1％の女性が受け、命の危険を感じた経験をもっている女性も4.4％にのぼることがわかりました。およそ5人に1人はDVの被害にあっており、20人に1人は命の危機にさらされている、というわけです。実際にDVによる殺人は、日本では年間100人といわれていました。警察庁によると、日本の2000年の夫から妻への暴力の検挙件数は、殺人134件、傷害838件、暴力124件でした（朝日新聞、2001年）。

　以上のさまざまな実態から明らかになったことは、「DVはもはや特別のことではなく、隣近所で日常的に行われている可能性があり、状況はかなり深刻である」という事実です。

　こうした状況を踏まえ、2001年に初めてのDVに関する法律が制定されました。

コラム 7-4

DV防止法

　2001年に「配偶者からの暴力の防止及び被害者の保護に関する法律」（いわゆるDV防止法）が制定されました。それまで家庭内のことは民事不介入の原則で立ち入らないことが多かったのですが、この法律により、暴力に悩む被害者

を加害者から保護するよう裁判所に申し立てをすることができるようになりました。その結果として，場合によっては，加害者に対して6ヶ月の接近禁止，または同じ場所に住んでいる場合2週間の退去を求める裁判所の保護命令が出されることがあります。もし加害者がこの保護命令に違反すると，1年以下の懲役か100万円以下の罰金が科されることになっています。このほか，警察に対しては，通報を受けた場合，「暴力の制止」「被害者の保護」「被害発生を防止するために必要な措置」に努めるよう規定しています。

平成14年の裁判所からの保護命令の通知は，1,176件ありました。うち，被害者へ接近することを禁止する接近禁止令が832件，住居からの退去命令が4件，接近禁止令と退去命令の両方が通知されたのが340件ありました。なお，保護命令違反で検挙された件数も40件あります。

DV防止法は，被害者の保護や相談について被害者に光を与えました。しかし，まだまだ問題点も多く残されています。例えば，身体的暴力といった外傷が認められやすい暴力に関しては保護が受けやすいのですが，言葉の暴力・おどしや殴る真似をするといった精神的暴力などに関しては，保護命令がおりないこともあります。また，被害者を配偶者と特定していますので，子どもや親へのつきまといを防げなかったり，離婚をした元夫から暴力を受けても申し立てができなかったりします。

さらに加害者である「配偶者の暴力の防止」という部分については，加害者への更正プログラムが法的に位置づけられているわけではありません。例えば，加害者に接近禁止令が出たあと，被害者への相談や保護だけでなく，加害者への治療をどうしていくかが今後の大きな課題です。支援の側の課題もあります。DV防止法に伴い設置された配偶者暴力相談支援センターは，従来の婦人相談所の活動の上にあらたにDV支援の機能が加わったものです。DV相談には法律的，社会的，心理的，医学的といったさまざまな知識が必要とされ，さらに援助についての深い理解が要求されます。しかし，相談を受ける窓口の相談員や専門の職員の増員が県によってはなされていないこともあります。また，一時保護施設が満室で入れなかったといった事態もあります。サポートのための施設の増設や人材の確保といった受け入れ先の確保も今後の早急な課題です。

3. DVや虐待はなぜ起こるのか？

それでは，DVはなぜ起こるのでしょうか？　児童虐待にしろ，DVにしろ，これらの激しい暴力は互いの関係が「保護する」「養育する」「支援する」という親密な関係の中で生じています。そこには，最も身近でより弱い立場の人をコントロール（支配）することで何らかの欲求を満たそうとする加害者の姿が見えます。DVは，「女性に自分のいうことをきかせる」ために暴力を振るうケースが多いし，児童虐待は，「子どもに自分のいうことをきかせる」ために

暴力を振るうケースが多いのです。

　虐待同様，DVにもリスク要因という考えが当てはまります。米国心理学協会（1997）は，DVのリスク要因を，「個別的な要因」と「社会的・文化的な要因」の2つのカテゴリーに分類しています。

表7-4　DVのリスク要因
（米国心理学協会が作成したViolence and the family, 1997をもとに作成）

個別的な要因	・育った家族の中で暴力を受けた（間接体験） ・両親の間に暴力があったことを見たりした（直接体験） ・家族のほかのメンバーとの間に暴力があった（きょうだい間での単なる喧嘩を超える暴力） ・家族から孤立した存在である ・怒りや衝動的な行動がよく見られる ・不適切な役割期待を子どもや女性に対して行う（伝統的な性別役割分業を強要） ・ストレスに対する攻撃的な反応 ・伝統的な男性役割を受け入れ，かたくなに実践している ・生化学的，神経症的な原因があるとき ・精神障害があるとき ・アルコール・薬物依存があるとき
社会的・文化的な要因	・夫婦喧嘩の受容（夫婦とはこういうものだという考えが支配的になっている） ・男性は家族を統制するものだという考えが広がっていること ・貧困 ・銃や刃物などが簡単に手に入ること ・社会の中に暴力を受容する傾向があること（テレビ・警察・差別・戦争など） ・メディアとの関係 ・地域の中にある暴力 ・ジェンダー意識 ・宗教的意識

4. 被害者はなぜ逃げないのか？

　家族という関係の中に暴力が入り込むとなかなか表面化しません。ウォーカー（Walker, 1979）は，「短期間に心的外傷が繰り返されると，人々は無感覚になり，受身になって，自分たちではどうしようもないと思ってしまう。この代表が強制収容所で，無力感が慢性化して消えることがない」として，「暴力のサイクル理論」を提唱しました。DVが発生している家族であっても，絶えず暴力が振るわれているわけではありません。被害者たちは一定の「虐待サイクル」を経験しているのです。

5. 虐待サイクル

　虐待サイクルは3つの相から成り立ちます。緊張が高まる第1相，爆発と虐待が起こる第2相，穏やかな愛情のある態度になる第3相です。第2相で激しい暴力が起きた後，第3相で，加害者は愛情深い，優しい，後悔に満ちた態度をとります。時に涙を流し，「これからは変わるから」と約束することもあります。「僕が悪かった。でも，信じてほしい。君を愛しているからどうしても○○をさせたくなかったんだ」などの言葉を，優しく抱きしめ，真剣な表情で語ります。丁寧なセックスがそのあとを埋めることもあります。ウォーカーによれば，バタード・ウーマン（殴られる女性）の犠牲化が完了するのはこの相においてです。暴力的な関係で暮らしている夫婦はお互いに深く頼っている共生的カップルになります。その絆ができるのがこの第3相というわけです。次第にカップルは孤立化し，DVから逃れることがますます困難になります。

6. DVからの脱出と援助

　周囲からの援助があれば，もちろん，「暴力のサイクル」から脱出ができます。いろんな段階の援助が被害者へなされる必要があります。中村（2001）を参考にまとめてみます。

　①第1段階：DVへの関心と啓発

　まずは，自分は犠牲者あるいは被害者であるという自己認識をもつこと。DVについての正確な情報を理解していく段階です。

　②第2段階：被害を受けている事態への既存の制度を活用した対策

　配偶者暴力相談支援センターなど，専門の相談機関に連絡をとり，サポートをしてもらったり，まわりの人から身の安全を守ってもらったりする必要があります。シェルター（避難所）の紹介をセンターからしてもらうことが必要な場合もあります。

　③第3段階：被害者へのケアを含めた立ち直り支援

　暴力にあうことは大きな傷になります。独特な心理状態になっている被害者へはさまざまなケアが必要です。不眠やめまい，発作などのさまざまな症状が出る場合もあるので，病院にかかり投薬を受けることも必要です。

④第4段階：加害者対策を含めた総合的な家庭内暴力対策の確立

被害者のケアとともに、加害者へのDV防止と今後の予防の対策が必要とされます。日本でも少しずつ加害者の治療プログラムが実践され始めています（例えば、中村, 2002；斎藤, 2003）。しかし、DV防止法先進国であるアメリカのように刑事処分のシステムや司法による「DV加害者プログラム」の活用などが法律となっていないので、日本ではこの段階は、法的な整備、プログラムともに今後の課題です。

〈要約〉（第3・4節）

後半では、近年社会的に問題になっている、児童虐待とDVについて、その実態と対処法という観点から述べました。

〈キーワード〉

児童虐待、身体的虐待、ネグレクト、性的暴行、心理的虐待、リスク要因、福祉事務所、児童相談所、一時保護、在宅指導、里親委託、児童福祉施設、親権喪失宣言の請求、DV、DV防止法、暴力のサイクル理論、虐待サイクル、バタードウーマン

〈知識チェック〉

1. 児童虐待の4つの類型を挙げなさい。
2. 次のうち、正しいものをひとつ選びなさい。
    ①児童虐待を行う親は、特別な精神状態にある
    ②児童虐待が起こっていることを知った人は誰でも、児童相談所や福祉事務所に報告する義務がある
    ③DV防止法により、恋人からの暴力から法的に守られるようになった
    ④虐待やDVで、加害者（親や恋人）が「もう2度と殴ったりしない」と涙を流して反省している時には、相手を信じてあげることが大事である
3. DVのサイクル理論について、3期に分けて述べなさい。

〈レポート・討論課題〉

①児童虐待を身近に発見した時，あなたならまず何をするでしょうか？　解決に向けて考えられる方法をなるだけたくさんあげてください。

②DVを加害者または被害者としてもし体験したら，あなたならまず何をするでしょうか？　いくつかあげて，その中で実際に実行しやすいことと実行しにくいことに分け，その理由を考えてみてください。

③DVの加害者プログラムについて参考文献をもとに調べてみましょう。

〈ブックガイド〉

中村　正　2001　ドメスティック・バイオレンスと家族の病理　作品社
ささやななえ作画　椎名篤子原作　1996　凍りついた瞳　集英社
ささやななえ作画　椎名篤子原作　1996　続・凍りついた瞳　被虐待児からの手紙　集英社
ささやななえ作画　椎名篤子原作　2003　新・凍りついた瞳　集英社

【引用文献】

Adams, D., & Cayouette, S　2002　Emerge : A group education model for abusers. In E. Aldarando, & E. Mederos (Eds.), *Men who batter : Intervention and prevention strategies in a diverse society.* Civic Research.（沼崎一郎訳　エマージ―バタラー（DV加害者）のためのグループ教育モデル―）　アディクションと家族, **19**, 205-231.
あごら富山・グループ女綱　2002　特集DVⅡ―DV支援の現場から　BCC出版部
朝日新聞　2001　夫婦の暴力防止への一歩　4月7日付朝刊
母子衛生研究会　1999　改訂子ども虐待―その発見と初期対応
Dutton, D.G.　2002　Treatment program for abusive men. In E. Aldarando, & F. Mederos (Eds.), *Men who batter : Intervention and prevention strategies in a diverse society.* Civic Research.（家族機能研究所訳　2002　妻に暴力を振るう男性のための治療プログラム開発）　アディクションと家族, **19**, 183-191.
Herman, J.L.　1992　*Trauma and recovery.* London: Harper-Collins.（中井久夫訳　1996　心的外傷と回復　みすず書房）
明治学院大学法学部立法研究会（編）　1999　児童虐待―わが国における現状と課題　信山社
内閣府男女共同参画局　2003　配偶者等からの暴力に関する調査
（財）矢野恒太記念会（編）　2003　日本国政図会2003/04年版　（財）矢野恒太記念会
中村　正　2001　ドメスティック・バイオレンスと家族の病理　作品社
中村　正　2002　続・ドメスティック・バイオレンス加害者治療の試み　アディクションと家族, **19**(2), 195-203.
日本子ども家庭総合研究所（編）　2001　厚生省子ども虐待対応の手引き（平成12年11月改定版）有斐閣

斎藤　学(編)　1994　児童虐待［危機介入編］　金剛出版
斎藤　学(編)　1998　児童虐待［臨床編］　金剛出版
斎藤　学　2003　配偶者暴力加害者(男性)のための治療プログラムの試み―その参加者，内容，治療効果―　アディクションと家族, **19**(4), 525-544.
ささやななえ作画　椎名篤子原作　1996　凍りついた瞳　集英社
ささやななえ作画　椎名篤子原作　1996　続・凍りついた瞳　被虐待児からの手紙　集英社
ささやななえ作画　椎名篤子原作　2003　新・凍りついた瞳　集英社
高橋重宏・庄司順一(編)　2002　子ども虐待　中央法規
Walker, L.E.　1979　*The battered woman*. Harper & Row（斎藤　学監訳　1997　バタードウーマン―虐待される妻たち　金剛出版）

8 よりよい人間関係を保つために自分自身を心理学しよう

　何だかイライラして，ごく身近な人に，言わなくてもよいことを言ってしまって落ち込んだことはありませんか？　自分でも我慢しなくてもいいと思うのに，ついつい相手に合わせたり，相手の言い分を納得しないまま受け入れたりしたことはありませんか？　ささいなことでも，自分というのはなかなか思い通りになりません。昨今では，ちょっとしたことで必要以上に怒りを爆発させる事件があちこちで起こっています。また，自分でも理由がよくわからないまま，人に会うのが苦しくなったり，元気が出ずに外出しなくなったりすることも，決して珍しいことではありません。

　私たちは自分のことをどのくらいわかっているでしょうか？　「わかるようで一番わからないのが自分」とはよくいわれることです。フロイトは，無意識が人の生活に深い影響を及ぼすことを，およそ1世紀前に述べています。また，心身症といわれる病気は，自分の心の問題が自分では気づきにくく，身体の病気として出てしまう病気と考えられています。私たちは思った以上に自分のことがわからないのかもしれません。

　しかし，自分のことがわからないと，人との関係に，時にはトラブルをもたらすことがあります。自分自身を知ることは，心の健康のためにも，人と仲良くやっていくためにも，とても大切なことです。この章では，自分自身を知るためのいくつかの方法について心理学しましょう。

8 よりよい人間関係を保つために自分自身を心理学しよう

第1節 自分を知るための検査法

【学習目標】
・自分自身を知るための質問紙法や検査法について学ぼう。

1. 交流分析とエゴグラム

> **ワークショップ 8-1**
>
> エゴグラム。
>
> 次の質問に，はい（○），いいえ（×），どちらともつかない（△）でお答えください。ただし，できるだけ，○か×で答えるようにしてください。
>
> | | ○ | △ | × |
> |---|---|---|---|
> | ①友人や子ども，または後輩が間違いをすると，すぐにとがめますか | | | |
> | ②あなたは規則を守ることに厳しい方ですか | | | |
> | ③最近の世の中は，子どもを甘やかしすぎていると思いますか | | | |
> | ④あなたは礼儀，作法にうるさいほうですか | | | |
> | ⑤人の言葉をさえぎって，自分の考えを主張することがありますか | | | |
> | ⑥自分を責任感の強い人間だと思いますか | | | |
> | ⑦小さな不正でもうやむやにするのが嫌いですか | | | |
> | ⑧「ダメじゃないか」「⋯しなくてはいけない」という言い方をよくしますか | | | |
> | ⑨よい，わるいをはっきりさせないと気がすまないほうですか | | | |
> | ⑩ときには子どもをスパルタ式にしつける必要があると思いますか | | | |
>
> CP（　　）点
>
> | | ○ | △ | × |
> |---|---|---|---|
> | ①人から道を聞かれたとき，親切に教えてあげますか | | | |
> | ②頼られたらたいていのことは引き受けますか | | | |
> | ③友人や家族に何か買ってあげることが好きですか | | | |
> | ④子どもをよくほめたり，頭をなでたりするのが好きですか | | | |
> | ⑤他人の世話をするのが好きなほうですか | | | |

⑥他人の欠点よりも，長所をみるほうですか			
⑦人が幸福になるのを喜べますか			
⑧子どもや友人，または後輩の失敗に寛大ですか			
⑨あなたは思いやりのあるほうだと思いますか			
⑩経済的に余裕があれば交通遺児を引き取って育てたいと思いますか			

NP（　　）点

	○	△	×
①あなたは感情的というより，理性的なほうですか			
②何事も情報を集めて冷静に判断するほうですか			
③あなたは時間をうまく活用していますか			
④仕事は能率的にテキパキと片づけていくほうですか			
⑤あなたはいろいろな本をよく読むほうですか			
⑥だれかを叱る前に，よく事情を調べますか			
⑦ものごとは，その結果まで予測して，行動に移しますか			
⑧何かをするとき，自分にとって損か得かをよく考えますか			
⑨体の調子がよくないときは，自重して無理を避けますか			
⑩何かわからないことがあると，人に相談してうまく片づけますか			

A（　　）点

	○	△	×
①うれしいときや悲しいときに，顔や動作にすぐ表しますか			
②あなたは人の前で歌をうたうのが好きですか			
③言いたいことを遠慮なく言うことができますか			
④子どもがふざけたり，はしゃいだりするのを放っておけますか			
⑤もともと，わがままな面がつよいですか			
⑥あなたは好奇心がつよいほうですか			
⑦つい羽目をはずしてしまうほうですか			
⑧マンガの本や週刊誌を読んで楽しめますか			
⑨「わあ」「すごい」「かっこいい」などの感嘆詞をよく使いますか			
⑩遊びの雰囲気に楽にとけこめますか			

FC（　　）点

	○	△	×
①あなたは遠慮がちで消極的なほうですか			
②思ったことを言えず，あとから後悔することがよくありますか			
③無理をしてでも他人からよく思われようと努めていますか			
④あなたは劣等感がつよいほうですか			
⑤あまりイイ子でいるため，いつか爆発するかもしれないと思いますか			
⑥他人の顔色をみて行動するようなところがありますか			
⑦本当の自分の考えよりも親や人の言うことに影響されやすいほうですか			
⑧人からどう評価されるか，とても気にするほうですか			
⑨イヤなことをイヤと言わずに抑えてしまうことが多いほうですか			
⑩内心では不安だが，表面では満足しているように振る舞いますか			
AC（　　）点			

　○を2点，△を1点，×を0点として，それぞれの項目ごとに合計を出し，下のグラフに折れ線グラフを書いて下さい。

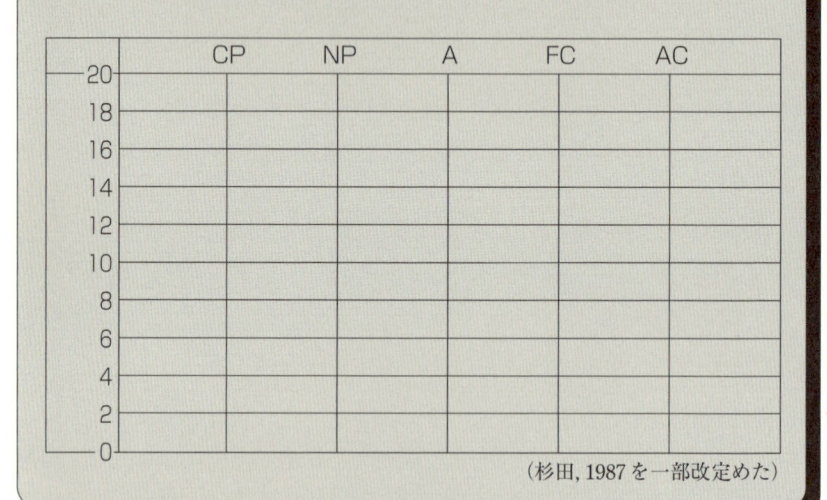

	CP	NP	A	FC	AC
20					
18					
16					
14					
12					
10					
8					
6					
4					
2					
0					

（杉田, 1987を一部改定めた）

　フロイトの精神分析を，アメリカの精神科医バーン（Berne, E.）は交流分析（transactional analysis）という形でわかりやすく理論化しました。
　バーンは，人は皆，3つの自我状態をもっているものと考えました。それぞ

れ親の自我状態（P），大人の自我状態（A），子どもの自我状態（C）とよび，それらの自我状態をさらに5つに区分しました。図8-1は，3つの自我状態について図示したものです。

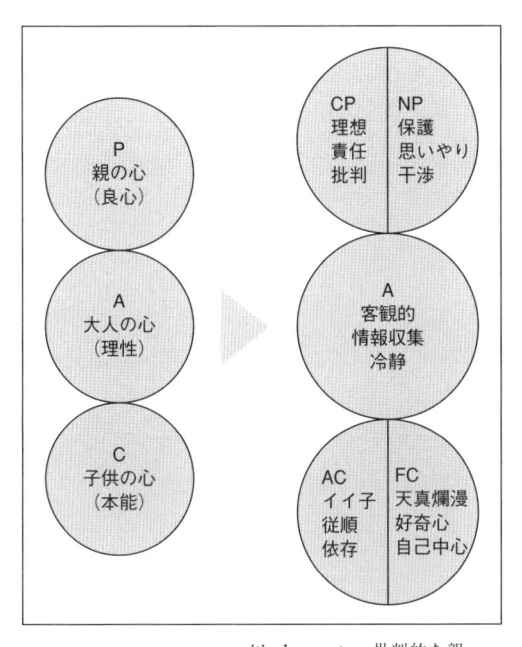

P：parent 親の心　＜ critical parent　批判的な親
　　　　　　　　　　nurturing parent　養育的な親
A：adult　大人の心
C：child　子どもの心 ＜ free child　自由な子ども
　　　　　　　　　　　adapted child　順応した子ども

図8-1　自我状態（和田，1994より）

エゴグラムは，交流分析の理論に基づきバーンの弟子であるデュセイ（Dusay, 1977）によって開発されたもので，質問紙は，この5つの状態をより視覚的に把握できるようにしたものです。やってみた結果はどうだったでしょうか？　それぞれの自我状態の特徴については，表8-1を参考にしてください。表の上部は各状態の得点が高い場合のプラス面とマイナス面，下部は得点が低い場合のプラス面とマイナス面を表します。

表 8-1　エゴグラム 5 尺度の特徴（野村，1995 より）

		CP	NP	A	FC	AC
得点が高いとき	マイナス面	・タテマエにこだわる ・中途半端を許さない ・自分の価値観を絶対と思う	・過度に保護，干渉する ・相手の自主性を損なう ・相手を甘やかす	・機械的である ・打算的である ・冷徹である	・自己中心的である ・動物的である ・感情的である ・言いたい放題である	・遠慮がちである ・依存心が強い ・我慢してしまう ・おどおどしている ・うらみがましい
	プラス面	・理想を追求する ・良心に従う ・ルールを守る ・スジを通す ・義務感，責任感が強い努力家	・相手に共感，同情をする ・世話好き ・相手を受け入れる ・奉仕精神が豊か ・弱いものをかばう	・理性的である ・合理性を尊ぶ ・沈着冷静である ・事実に従う ・客観的に判断する	・天真爛漫である ・好奇心が強い ・直感力がある ・活発である ・創造性に富む	・協調性に富む ・妥協性が強い ・イイ子である ・従順である ・慎重である
得点が低いとき	プラス面	・おっとりしている ・融通性がある ・ワクにとらわれない ・柔軟さがある ・のんびりしている	・さっぱりしている ・淡泊である ・周囲に干渉しない	・人間味がある ・お人好し ・純朴である	・おとなしい ・感情に溺れない	・自分のペースを守る ・自主性に富む ・積極的である
	マイナス面	・いいかげんである ・けじめに欠ける ・批判力に欠ける ・規律を守らない	・相手に共感，同情しない ・人のことに気を配らない ・温かみがない	・現実無視 ・計画性がない ・考えがまとまらない ・論理性に欠ける ・判断力に欠ける	・おもしろ味がない ・暗い印象を与える ・無表情 ・喜怒哀楽を素直に出さない	・相手のいうことを聞かない ・一方的である ・近寄りがたい印象を与える

　交流分析の目的の1つは，「今，ここ」の時点での自我状態に気づくことによって，感情，思考，行動を自己コントロールすることです。

　バーンは，人間の悩みの大部分は人間関係の交流から生じていると考えました。そこで，対人関係の具体的やりとり（transaction）を分析することによって，自分のまずい交流様式，とくに非言語的なメタ・コミュニケーションの改善をはかることができると考えました。

交流様式の中で，表と裏を含む二重構造のコミュニケーションが習慣化していて，最後に不快感情と非生産的な結果をもたらすものを「ゲーム」という概念でとらえました。バーンは，人々が普遍的に演じる約30のゲームのからくりを明らかにしています。交流分析の究極のゴールは，人生早期にその源をもつ「脚本」の修正にあります。時に自己破壊的な脚本を知らず知らず演じているのであれば，あなたとあなたのまわりにいる人との交流（人間関係）を分析し，その悲劇の脚本を自ら書き換えることを目標としているのです。

2. 自分を知るためのさまざまな心理検査

エゴグラムは，その人の「今・ここ」の自我状態を明らかにするために作られました。エゴグラムで測定される自我状態は，さまざまな体験やその人の状況によっても変化する可能性があります。

人を理解するための質問紙や心理検査には，たくさんのものがあります。その一部を表8-2に示します。これらの検査は，被験者その人のすべてを理解できるものではありません。どの質問紙も心理検査も，ある目的のもとに作られており，ある側面を測ったりある視点から理解しようと試みたものです。

表8-2 代表的な心理検査 （黒田, 2003を元に作成）

1. 発達検査	発達検査　乳幼児発達検査
2. 知能検査	ビネー式知能検査　ウェクスラー式知能検査
3. 人格検査	
①質問紙法	YG性格検査　MMPI
	東大式エゴグラム（TEG）
	モーズレイ性格検査（MPI）
②投影法	ロールシャッハ・テスト　TAT（CAT）
	SCT　P-Fスタディ
	描画法（バウム，HTP，人物描画，風景構成法など）
	コラージュ
③作業検査法	内田クレペリン検査
4. 職業興味検査	VPI職業検査
5. その他	ベンダーゲシュタルト視覚運動検査
	記銘力検査

このことは，運動能力を測るためのさまざまな道具や方法を考えてみると理解しやすいかもしれません。100m走のタイムも垂直跳びの高さも脚力を測る

指標になりますが、どちらもある1つの能力を測っているに過ぎません。速さだけをとっても、100m走の速い人がかならずしも持久走で速いというわけでもありません。その他にジャンプ力や瞬発力など、脚力ひとつをとってみても沢山の側面があります。さらに、運動能力全般を測ることを考えたら、途方もない量の検査や調査が必要でしょう。実際、今ある検査をすべて行っても人の運動能力という多様なものを完全に測れたとはいえないのではないでしょうか？

　質問紙法やいくつかの心理検査も同様です。ある側面を理解するためにはとても役に立ちますが、それはあくまでその検査が測ろうとしているものが測れるということに過ぎません。エゴグラムが測ろうとしているのは、エゴグラムという視点から見たパーソナリティの一部を理解するためのものです。そのため、これらの心理検査を用いるときには、一体、その人の何を知りたくて行うのか、その検査法で何がわかって何がわからないのかという検査法の効果と限界についてよく知っておく必要があります。場合によっては、多様な視点から人を理解するために複数のテストを組み合わせるテスト・バッテリーを用いる必要もあります。

　また、検査法の中には、質問紙法のように検査者の熟練があまり必要のないものもありますが、多くの作業を伴う知能検査や投影法を用いた心理検査には、検査者の熟練が大変必要なものもあります。これらの心理検査は、経験が必要とされる分、熟練によってはかなりの情報やその人の可能性をそこから読み取ることも可能です。しかし、あくまで心理検査は、人間理解の補助として用いられます。

第2節　「今、ここでの自分」を感じる

【学習目標】
・自分の心や身体が感じていることを素直にそのまま感じてみよう。

1. 身体の感じに注意を向けてみる

　さて、前節で自己理解のための質問や心理検査について紹介しました。検査

がある固定した状態像をとらえることが多いのに対して，ロジャース (Rogers, 1961) は，人間を固定化したものとしてではなく，環境に働きかけ，成長，発展をめざす変化の可能性をもった流動的な存在としてとらえました。

また，ジェンドリン (Gendlin, 1964) は，自己を，静的なものでなく，刻一刻と変化していく1つの過程としてとらえ，これを自己過程と名づけました。例えば，「喉が渇いている」という体験は，「水が飲みたい」という欲求をすでに内包しており，「水を飲む」という本人にとって必要な行動を導きます。「喉が渇いた」という身体感覚は，あらかじめ次のステップを含んでいると考えられるのです。そして，水を飲むと，もう「喉が渇いている」という自分は変化し，次のステップへ移行します。次のステップは食事をすることかもしれませんし，何か用事に取り組むことかもしれません。このように，自己は固定化されたものではなく，次々に変化していくものと考えられます。そして，今感じられているものの中には，次の行動につながる多様で複雑な意味のあるプロセスが含まれているとジェンドリンは考えました。

健康なパーソナリティの持ち主とは，自分の中のこの豊かで多様な感覚に開かれ，柔軟にそこにかかわっている人といえるでしょう。逆に不適応を起こしやすい人とは，自分の中で体験されていることに気づきにくい人，自己をいつも決まった形でとらえ，それ以外の体験をあり得ないことと排除したり，自分に都合のよいように歪めて認知する傾向が高い人と考えてよいかもしれません。

例えば，本来はたくさんの仕事や苦手な対人関係で疲れ果てているのに，体験しているものを無視したり，まだまだ大丈夫と決めつけて認知していると，そのうち，事故を起こしたり心身の病気になったりすることもあります。

では，ここで，「今，ここの自分」について，どんな感じがあるのか注意を向けてみましょう。ワークショップ8-2は自分の身体について注意を向けるワークです。

このワークショップは，日頃注意を向けることが少ない自分の身体に注意を向けてみるものです。やってみてどうだったでしょうか？ 落ち着く場所を探して実際に動いてみると，「この場所は落ち着かない」「ここは割と落ち着く」など，なんとなく（または，はっきりと）場所における自分の「感じ」が感じ

> **ワークショップ 8-2**
>
> **今の身体の状態に注意を向ける。**
>
> 　自分が今いる場所の中で一番落ち着けるところを探して，そこに移動してください。そこに座ってみて，本当にその場所でいいかどうか，もう一度確認してください。そこで OK でしょうか？ OK であればそのまま，OK でなければ，より落ち着ける場所を探して移動してください。
>
> 　さて，落ち着く場所が見つかったら，自分のために今からゆったりとした時間を作ってあげましょう。楽な姿勢をとってください。その場で何回か深呼吸しましょう。
>
> 　深呼吸をしながら，自分の身体のいろんな部分に注意を向けてみます。ゆっくりやりましょう。まず初めに足の先に注意を向けてみましょう。どんな感じが足の先にあるでしょうか？ 次にひざのあたりに注意を向けてみましょう。それから座っている椅子などに接している身体の部分，例えば背中とかおしりとかに注意を向けてみます。手のひらに注意を向けてみましょう。それから，肩。身体全体は今どんな感じがあるでしょうか？ ひとつひとつの場所に注意を向けて，その感じを数分間味わってみましょう。

られたのではないでしょうか？

　また，身体に注意を向けてみてからはどうだったでしょうか？ 感じがよくわかる部分とあまりピンとこない部分とあるかもしれません。「あれ？ 思ったより疲れているみたい……」とか「肩が凝っているな」とか「身体が重い」といったことに気づいた人はいませんか？ 注意を向けているうちに，気持ちが落ち着くのを感じた人もいるでしょう。人は自分が聞いてほしいことをゆっくりと聞いてもらえる時間を取ると落ち着くものです。私たちの心や身体も同様に，訴えている声にゆっくりと耳を傾けると落ち着いてくるようです。そして，落ち着いて注意を向けてみると，人は自分自身についてたくさんのことに気づける可能性があります。

　さて，今，自分の身体の感じに注意を向けてみて，何に気づいたでしょうか？ 身体の感じにはたくさんのメッセージが含まれていることがあります。単に「身体が重い。疲れている」というだけでなく，その重さの中に今の自分

の状態について理解する鍵が存在したり，自分にとって次の行動を示唆するものが含まれていたりする可能性があります。

ファーマー（Farmer, 1989）は，虐待をする親のもとで育った人の自己成長のプログラムの中で，「自分自身の感覚をそのまま感じる」というワークを紹介し，その大切さについて述べています。また，家族療法家であるサティア（Satir, 1976）は，「自由に見て，見たものについて率直に語ること。自由に聞いて，聞いた内容について意見を言うこと。自由にさわって，感じたとおりの感想を述べること。それによって自分の本当の感覚を取り戻すのです」と述べています。

人によっては，自分の身体でも「感じがよくわからない」という人もいるかもしれません。すぐにわからなくても大丈夫です。注意を向けていくと，少しずつ自分が今どういう感じなのかがわかるようになってきます。

2. そのまま感じてみる

自分のことを理解するには，そのまま，ありのまま，素直に感じることが必要です。ロジャース（Rogers, 1957）は，不適応を，その人自身が体験していることと自分で気づいている部分とのズレ（不一致）が大きかったり長く続いたりするときに生じるものと考えました。「こんなふうに感じちゃいけない」「これは小さなことだ。たいしたことないさ」「原因はわかっているし，対策もわかっている。とにかくやればいいんだ！　それしかないんだ」など，私たちは自分の中にある体験しているものを，随分と決めつけ，すぐに変えようとしたり，評価しようとしたりします。しかし，真に自分に気づくためには，自分が感じていることを決めつけるのでなく，その感じをまず丸ごとそのまま静かに感じ，認めてあげることが必要です。

それでは，自分自身の感覚に注意を向けるワークショップをもう1つ行ってみましょう。

さて，やってみて何に気づいたでしょうか？　今，気づいたことをメモしてみましょう。

自分が感じていることをそのまま意識にのぼらせると，人によっては短い時間で心が落ち着く体験になることがあります。精神分析の創始者であるフロイ

ワークショップ8-3

そのまま感じる。

　楽な姿勢をとってください。そのままゆっくりと深呼吸を何回かしましょう。落ち着いたら，自分の身体の中心部分，お腹や胸の辺りに軽く注意を向けてみてください。それから，そこに向かって，「自分の中に，今，何か気づいてもらいたがっているものがあるかな？」とやさしく尋ねてみてください。「今，自分の中で気になっているものは何だろう？」と尋ねてもいいかもしれません。そして，あれこれ考えるのではなく，何か浮かんできそうであれば，それを静かに待ってみてください。何も浮かばなければ無理に何かを浮かばせようとする必要はありません。もし，何か浮かんできたら，それを変えようとしたり，「よい or わるい」とか「大きなこと or 小さなこと」とか評価せず，そのままどんな感じか，ただ感じてみましょう。ただし，やっていて苦しくなったり，途中でやめたくなったりしたらいつでもそこでやめて結構です。数分の間，自分の中に今ある「感じ」と，いっしょに過ごしてみましょう。

ト（Freud, S.）は，自由連想法という方法を考え出しました。この自由連想法では，「浮かんできたものはどんなことでも話さなければなりません。無意識に責任はないのです」という導入がなされました。浮かんでくる連想の良し悪しを判断するのではなく，自由に話してもらうことを大事にしたのです。

　自由に浮かんできたものを感じ取り，表現するためには，その場が安全な場と感じられる必要があります。少なくとも，浮かんできたことを批判されたり，決めつけられたり，評価されたりしない場所であることが必要です。さらに，浮かんできたり表現されようとしていることに暖かな関心をもち，歓迎してくれる人がいれば，私たちの内面はますます豊かに表現される可能性があります。上手な聴き手がいると，自分でも話すつもりではなかったことが自由に湧いてきて，ついついしゃべってしまった，という体験をもっている人もいると思います。こういう体験が生じるには，「自由で保護された空間」（Kalff, 1966）が必要なのです。

第3節　変化のプロセスを体験してみよう

【学習目標】
・ワークショップ8-4（気がかりの整理図）をとおして自分の感じがどのように変化するのかを実際に体験的に学ぼう。

1. 心の整理法

　カウンセリングでは，そのまま感じることや感じたことを表現することをとても大切にしています。増井（1999）は，悩みや気がかりとの付き合い方についていくつかの具体的な方法を提案していますが，その方法の実施の際の注意点として，①ゆっくりやること，②深呼吸を時々入れること，③やっている最中に「こんな問題は小さいこと」とか「これは性格のため」などの理屈や評価を絶対にしない，どんな小さなことでも虚心にありのままに感じること，④無理せずいやになったらいつでも途中でやめてよいこと，などをあげています。

　図8-2は，筆者の気がかりの整理図です。初めに浮かんできたのは，このところずっと痛んでいる肩のことです。これはとても自分に近い感覚で，行き場をたずねると「①」のところがよさそうでしたのでそこに置きました。次に出てきた気がかりは，抱えている仕事で期限が迫っているものでした。これはかなり大きく感じられましたし，目の前に立ちはだかっているような感じでした。自然と「②」の位置に納まりました。「他に気になることは？」と自分に尋ねると，何だかはっきりしない，もやもやするような落ち着かない感じが浮かんできました。何となくそれを表すと③のようになりました。そんなふうに③，④と気がかりを置いていったのが図8-2です。

　この気がかりの整理図のワークショップと似たようなやり方を，生活の中ですでにやっている人もいると思います。私たちは，忙しくて混乱しそうなとき，メモ用紙などに今どのくらいやらないといけないことがあるのかを書き留めることがあります。そうすると，やること自体の量が変化するわけではありませんが，不思議と整理され，気持ちが落ち着く体験をします。増井の方法は，人が自然とやっている気持ちの整理を，カウンセリングのエッセンスを元にして，さらにイメージを用い，ひと工夫して技法化したものと言えます。

ワークショップ 8-4

気がかりの整理図。
　気がかりの整理図を作ってみましょう。手順は以下のとおりです。

①リラックス：数回深呼吸をして，心と身体をリラックスさせます。

②「整理図」の用意：Ａ４かＢ４くらいのサイズの白紙のできるだけ中央あたりに自分の位置をマークします。

③気がかりを思い浮かべる：今，私が気になっていること，問題だと思うこと，気がかりは何かな，と自分に問いかけてみて，気がかりが浮かんでくるのを待ちます。出てきたものは，「こんな問題は小さなこと」とか，「これは自分のせい。やらない自分がわるい」など，決めつけたり評価したりしないこと。「このことが気になっているんだな」「気になっている自分が確かにいるな」と素直に，ありのままに認めます。

④「行き場」を尋ねる：③で浮かんできた気がかりを，整理図の中に書き込みます。「この気がかりは，画用紙のどの辺りに置くとしっくりくるかな？」「この気がかりをどこに置きたいかな？」「この気がかりはどこに行きたがっているかな？」などと自分に問いかけ，しばらくの間，気がかりが動き出すまで待ちます。「自分」の近くに置いてもいいし，遠くに離した方が落ち着くようであれば，自分から遠く離して書いてもかまいません。置き場所がある程度イメージできたら，①とか×××のことなどの印をつけます。大きさも自由だし，形もその気がかりの雰囲気にあった形で書き入れてみてください。初めはぴったりの場所がなかなか見つからなかったり，ピンと来ないかもしれません。ある程度そこに置いてわるくなければ図に書き込んでみて，次の気がかりに移ります。

⑤深呼吸：１つ置き場所が見つかるたびに，できれば深呼吸を入れた方が次の問題が浮かびやすいようです。

⑥尋ね続ける：他に気になっていることはないかな？と自分に尋ねてみて，浮かんできた次の気がかりに対しても同じように，画用紙のどこに

置くのがいいか自分にたずねます。ゆっくり1つずつ丁寧にやるのがコツです。

⑦マークをつけ続ける：浮かんできたものは，どんな細かい小さな問題でも大切にし，置き場所を作ってあげます。

⑧整理図と距離をとってみる：ある程度書き込めたら，今度はその画用紙を自分から少し遠くに置いたり近くに置いたりして，「書き込んだ自分」と「整理図」との一番よい距離を探してみます。ちょうどよい距離が見つかったら，眺めてみてどんな感じがするか数分間味わってみます。

⑨気づいたことを話してみる：ワークショップをやって気づいたことをノートに書いたり，仲間に話したりしてみましょう。

(増井, 1999 を元に作成)

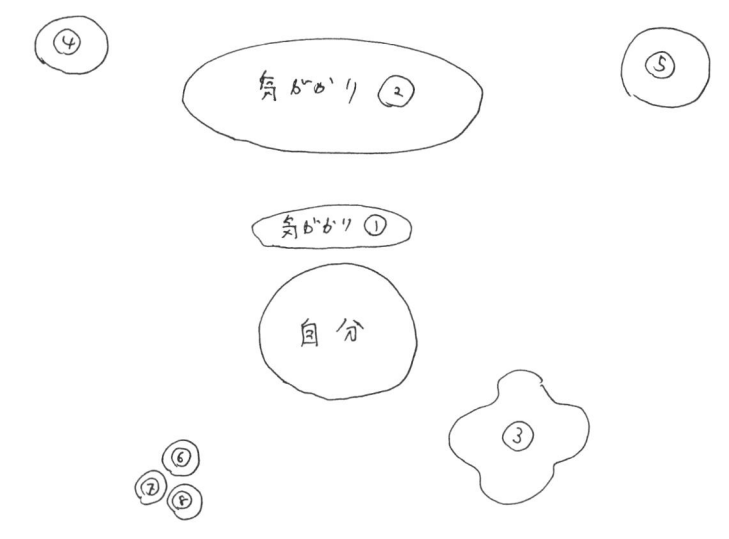

図 8-2　気がかりの整理図の例

2. アートセラピー

　自分のことを表現したり気づいたりする手段として，アートセラピーという方法がカウンセリングで使われることがあります。箱庭という道具が有名ですが，この他にも，描画，絵画，彫塑，音楽，書くこと，動くこと（ダンスやムーブメント）など，アートは，言葉では表現しきれないもの，言葉では抜け落ちてしまうものを表現することを可能にします。それをカウンセリングに生かしたのがアートセラピーです。

　ところで，「アート（芸術）」というと，学校の美術の時間のように美しい作品，よい作品，評価に値する作品を作らないといけないというイメージをもつ人もいます。しかし，さまざまな芸術的な行為は何ら特殊なものではなく，だれもが自然と行っている表現方法の1つです。決して美しいもの，評価されるもののみを大事にするのではなく，時には気持ちにまかせて引いた一本の線でさえ，その人のその時の気持ちを表している創造的な表現である可能性があります。それで，「アートセラピー」という名称ではなく，「表現療法」という言葉を使うこともあります（山中, 2003）。

　アートは，退行による精神内界の自由な表現を可能にして，自己の癒しと気づきのプロセスを促進します。写真（図8-3）は，アートセラピーの1つであるコラージュを用いた作品です。

　作者は30代後半の男性です。この時期，彼は本当の自分を出すことに怖れを感じながら，もう一方で人を求め，相手に合わせているうちに自分が何を感じているのかわからなくなるということで，時に対人関係に混乱をきたしていました。そんなとき，彼にコラージュをする機会がありました。いくつかの写真を貼った後，彼はある洋雑誌の中にガンジーが仲間と歩いている絵を見つけました。見た途端，「求めているものはこれだ！と思った」とのことです。絵の中のガンジーは，たくさんの人と歩いてはいますが，皆の方を見ているのではなく，自分の信念や思想（ガンジーにとってはおそらくは反戦への思い）の中に深く入り込んでいました。写真ではわかりにくいかもしれませんが，実際の絵はガンジーとその後に続く人々は違う色で表現されていました（作品右上）。自分自身であることに深く入りながら，深く入っているからこそその想いが人々に伝わり，賛同者が現れ，それが人とのつながりやともに何かをやる

図8-3　30代後半の男性のコラージュ作品

ことに結びついています。しかし、そもそも人といっしょにいるために行動しているのではありません。いっしょにいながら、ガンジーはしっかりとひとりを生きているのです。ひとりでいることと人とかかわりながらやっていくことに課題をもっていたこの男性は、絵の中のガンジーの中に自分がもっている課題の解決のための重要なヒントを見出しました。このコラージュの中には、その他にも、「牢の中でひとり外への手紙を書く男性」（作品左上）や、「集団の中にいながら自分に集中して踊る若い男性」（作品左下）、「1本ですくっと伸びている草花」（作品中央上）など、彼にとってはそれぞれ意味のある写真が貼られていました。コラージュは当時の彼にとっての転機を示していました。

ワークショップ 8-5

コラージュを作ってみよう。

　用意するものは，写真がついていて切り取ってもよい雑誌2冊程度（風景や人，食べ物や雑貨など，できるだけいろいろな写真が載っている方がよい），画用紙（四つ切か八つ切），ハサミ，のり，色鉛筆やクレパス（なくても可）。手順は以下のとおり。

①雑誌を見ながら，気になったもの，心引かれるもの，何度も見てしまうものなどを，あまり考えないで，どんどんハサミで切り取る。「こんなものを切り取ったら何となく恥ずかしい」「よく意味がわからないものだから」など，自分を抑えたり，アレコレ理由をつけたりせず，とにかく思いのままにどんどんやることが大事。

②ある程度切り取ったら，画用紙の上にそれらを並べてみる。どこに置くのが自分の気持ちにぴったりかを確認しながら置いてみる。これも理由をアレコレ考えず，「なんとなくここに置くのが気持ちに合う」と思われるところに置く。

③ある程度置けたら全体を眺めてみて，付け加えたいものがないか自分に尋ねてみる。もし，付け加えたいものがあったら再び雑誌を見て，探す。絵で描き加えてもよい。

④もうこれで大体完成と思えたら，できあがったコラージュの全体を眺めてみて感じを味わう。

振り返り用紙

①今の感想は？

②自分らしいと思えるところはどこですか？

③お気に入りのところはどこですか？

④自分でもどうしてそれを貼ったのかよくわからなかったり，意外性や新鮮さを感じるところ，不思議だと思うところはどこですか？

⑤作品と日常とのつながりは？

⑥作るときにどんなふうに進めていきましたか？

⑦タイトルをつけるとしたら

⑧作ってみて気づいたことは？

　コラージュにはいくつかの方法がありますが（入江, 2000），筆者が気をつけているのは，できるだけ自由に作ること，楽しむこと，素直に作ることなどです。どんな写真を切り抜いても，それが何だか気になるときには素直にその感

じに従って，切り取ったり貼ったりする心の素直さ自由さが，アートセラピーにはとても大切です。また，アートセラピーをするときには，「うまくやる必要はまったくないこと」「自分の作品の評価をしないこと」「無理はしないで，作りたくなければ作らなくてもよいし，途中でやめたくなったらやめてよいこと」などに気をつける必要があるでしょう。

アートセラピーは，以下のような特徴があります。

①非言語性

人の中には感じることはできても言葉で表現しにくい心の現実があります。アートは，言葉で表現しづらい気持ちや感じを表現するのを助けます。また，言葉による表現が苦手な子どもにも用いることができます。

②作り手と作品との間に心理的な交互作用

作品が視覚化されたり，触覚化されたりすることで，自分が感じていたものと作品との交流が生じやすく，体験が深まりやすくなります。また，客観的に自分の感じを作品として眺めることができます。

③簡便性

アートセラピーで使われる道具や手順は，簡単なわりに作り手の美的感覚をかなり満足させることができます。作品を作ることでカタルシスを得られます。

④作り手の独自の世界である

自由で保護された空間の中で，作り手は自分の世界を自由に表現することができます。そこでは，創造的で独自な世界が作られます。例えば，コラージュを作るのに同じ本を使ったとしても，選ぶ写真も違えば置く場所もそれぞれです。ふたつと同じ作品はこの世に存在しません。

⑤実験可能性

作品の中で，作り手はさまざまな実験をすることができます。自分がなりたい自分を表現したり，日頃は表現していない自分を作品の中に置いてみたり，何かを加えたり除いたり，動かしたりしながら，いくつかの実験を，イメージとイメージを具体的に象徴化する作業の中で行うことができます。

⑥ドラマ性

箱庭やコラージュの作品の中には，物語が表現されることがあります。

⑦表現の素直さ豊かさ

　言葉で表現するときには我知らずいつわりやごまかし，あるいはただ単に退屈な繰り返しの表現になることが，アートにおいては自分でも思いもかけなかった形，思いもよらぬ素直さで表現されることがあります。言葉では内面を語るのに乏しい人が，絵を描くと思いのほか豊かなものを表現することは珍しくありません。

⑧因果関係から自由である

　言葉で表現しようとすると，私たちは「なぜそうなのか」「このことが生じている理由は」など，論理的な整合性，因果関係的思考にとらわれることがよくあります。中井（1976）は，「アートは，因果関係の陳述を必要としないことも治療上有益な点であろう」と述べています。そこに置かれた絵や引かれた線は，因果関係ではそもそも説明不可能で，「何となくそうした」「でも，それがしっくりくる」ということがよく生じます。それ自体が自由で治療的なのです。

〈要約〉

　自分自身を知るにはさまざまな方法があります。この章では，自分を知るためのいくつかの方法について紹介しました。質問紙や心理検査をはじめ，実際に体験的に自分自身の身体や気持ちについて注意を向けたり，自分の中にある気がかりを整理したり，アートセラピーを用いて表現する方法についても学びました。

〈キーワード〉

　交流分析，エゴグラム，心理検査，心の整理法，アートセラピー

──〈知識チェック〉──
- 心理検査についてその有効性と限界について述べよ
- アートセラピーの特徴について5つ以上述べよ

〈レポート・討論課題〉

①この章の学習を通して自分の理解がどのように深まったか述べなさい。

②その理解を通して人間関係を良好にするためにはどうしたらよいか考えましょう。

〈ブックガイド〉

　榎本博明　1998　「自己」の心理学—自分探しへの誘い—　サイエンス社

　川瀬正裕・松本真理子（編）　1997　新自分探しの心理学—自己理解ワークブック—　ナカニシヤ出版

　ロージャズ，C. R.　村山正治（編訳）　1967　ロージャズ全集12　人間論　岩崎学術出版

【引用文献】

Dusay, J. M.　1977　*Egograms: How I see you and you see me*. Harper & Row.（池見酉次郎訳　1980　エゴグラム　創元社）

Faumer, S.　1989　*Adult children of abusive parents: A healing program for those who have been physically, sexually, or emotionally abused*. Ballantine Books.（白根伊登恵訳　2000　ほんとうの「私」のみつけかた　ヘルスワーク出版）

Gendlin, E.T.　1964　A theory of personality change. In P. Worchel, & D. Byrne (Eds.), *Personality Change*. New York: Wiley. 100-148.（池見　陽・村瀬孝雄訳　1999　セラピープロセスの小さな一歩　金剛出版　165-231.）

Gendlin, E.T.　1984　The client's client: The Edge of Awareness. In R.F. Levant, & J.M. Shlien(Eds.), *Client-centered therapy and person-centered approach*. New York: Preager. 76-107.

飯森眞喜雄　2000　芸術療法の適応と注意点　飯森眞喜雄（編）　芸術療法　こころの科学, **92**, 24-30.

入江　茂　2000　コラージュ療法　飯森眞喜雄（編）　芸術療法　こころの科学, **92**, 50-54.

Kalff, D.M.　1966　*Sandspiel: Seine therapeutische Wirkung auf die Psyche*. Rascher Verlag.（山中康裕監訳　1999　カルフ箱庭療法［新版］　誠信書房）

黒田浩司　2003　臨床アセスメント(2)　馬場禮子（編）　改訂版臨床心理学概説　財団法人放送大学教育振興会　67-77.

増井武士　1999　迷う心の「整理学」—心をそっと置いといて　講談社

中井久夫　1976　"芸術療法"の有益性と要注意点　中井久夫　1985　中井久夫著作集　第2巻　治療　岩崎学術出版　176-191.

野村　忍　1995　TEG第2版の成り立ちと読み方　東京大学医学部心療内科（編著）　エゴグラム・パターン　金子書房

Satir, M.V.　1976　*Helping families to change*. Jason Aronson.

山中康裕　1999　心理臨床と表現療法　金剛出版

山中康裕　2003　心理療法としての表現療法　山中康裕（編）　表現療法　ミネルヴァ書房　1-7.

Rogers, C.R.　1957　The necessary and sufficient conditions of therapeutic personality change. *Journal of Consulting Psychology*, **21**(2), 95-103.（伊東　博訳　1966　ロージャズ全集4　サイコセラピィの過程　岩崎学術出版　117-140.）

Rogers, C.R.　1961　On becoming a person. Boston: Houghton Mifflin.（村山正治編訳　1967　ロージャズ全集12　人間論　岩崎学術出版）

杉田峰康　1987　交流分析　講座サイコセラピー**8**　日本文化科学社

和田迪子　1994　交流分析　末松弘行（編）　新版心身医学　朝倉書店

9 ストレスと人間関係を心理学しよう

　私たちが感じるストレスには,いい面でもわるい面でも人間関係がかかわっています。この章では,ストレスがどのようにもたらされるのか,そのメカニズムを理解することをめざす心理学をしましょう。さらに大学生の人間関係にかかわるストレスについてワークショップにある実習を通じて体験的に理解をすすめます。

第1節　ストレスとは何か

【学習目標】
・ストレスの原因であるストレッサーを分類し,それぞれの性質について理解しよう。
・ストレス反応について,生理学的,医学的に理解し,ストレスが心身の健康および健康行動に及ぼす影響を理解しよう。
・個人のストレッサーの認知的評価によって,ストレス反応が違ってくることを理解しよう。
・ストレスに対する対処について理解しよう。

1. はじめに

　私たちの日常はいろいろなストレスを作り出しています。ささいなものから,大きなものまで,単純なものから複雑なものまで,さまざまです。ささいなストレスも無視はできません。ささいなストレスが積み重なると重大な単一のス

トレスよりも大きな悪影響を心身に及ぼすことがあります。ストレスはだれにでも関係がある身近で日常的な問題なのです。

もともとストレス (stress) は工学の用語で，「物体に外から圧力をかけて生じたひずみ」を意味しました。カナダの生理学者セリエ (Selye, 1976) は，動物にさまざまな有害刺激を与えると，副腎が肥大したり，リンパ節が萎縮したり，胃潰瘍を起こすといった「共通」の反応が生じることを発見しました。そして，有害な刺激（ストレッサー）によって生体に生じる変化をストレス（反応）とよびました。ストレッサー (stressor) には暑さ，寒さ，騒音などの物理的なものや化学的な環境要因，交通渋滞にまきこまれる，人間関係のいざこざ，完全主義を追求しすぎる，周囲からの圧力があるなどの心理，社会的，精神的な要因があります。このようなストレッサーにさらされると，心身の病気にかかりやすくなったり，自尊心が低下し不安が長くつづいたり，不健康な行動をとったりするなどの心理的不適応を引き起こす可能性が高くなります。

セリエ以後，ストレスに関する研究が数多くなされてきましたが，研究者によってはストレスという言葉は有害な刺激を意味したり（これは原因です），有害な刺激や出来事に対する心理的，生理的反応（結果）を意味したりもします。日常的な用法においても，「私にとって人間関係はストレスである（原因としてのストレス）」とか「最近，ストレスを感じる（結果としてのストレス）」といったような使い方をします。このような混乱をさけるために，ここでは，「原因」であることをはっきりと示す場合には，ストレッサーということにします。ストレッサーの定義は「生体の安全や幸福や安寧に対して脅威となる要因や出来事 (events)」です。一方，「結果」は，ストレス反応と表記することにします。ストレス反応の定義は「有害で脅威となる出来事に対する情緒的，生理的，認知－行動的な反応」です。日常的な使い方をするときや厳密さにこだわらない場合には，ストレスという言葉を使うことがあります。それでは，ストレス反応を生む原因であるストレッサーについて理解することにしましょう。

2. ストレッサーとは

ストレッサーは，大地震などの天変地異のようなものから，近所の騒音をめぐるいさかいといった日常の困りごとや仕事や勉強がうまくいかないといった

ものまで，さまざまあります。ストレッサーには長く持続するもの，定期試験のように何度もめぐってくるもの，比較的短く過ぎ去るものもあります。そこで，ストレッサーについて理解を進めるために，ストレッサーを大きく3つに分けて考えることにします。

　第1は大地震などの災害，戦争，犯罪の被害などほとんどの人にとって強いストレッサーです（カタストロフ型ストレッサー：catastrophes）。このような強いストレッサーを受けると，心的外傷後ストレス障害（post traumatic stress disorder：PTSD）を起こす危険性が高まります。これまでも災害の被災者や犯罪被害者，戦争に従軍した兵士などに心的外傷後ストレス障害が多く認められたことが知られています。

　第2は，個人的なストレッサーであり，否定的な結果をもたらす生活上の出来事で，専門的にはライフイベンツ（life events）とよばれるストレッサーです。例えば，愛する人の死，重要な人間関係の終結，学校や仕事での失敗などです。精神医学者のホルムズとラーエ（Holmes & Rahe, 1967）は，大半の人がストレスフルだと評定する43のライフイベントごとに社会的に再適応するのに要するエネルギー量を数値化して，社会的再適応尺度を作りました。再適応得点は最近改訂された値（表9-1：Miller & Rahe, 1997）です。若い大学生の皆さんにとっては，これらのライフイベントの多くはまだまだ遭遇しにくいストレッサーであると思います。また意味が特定化できないものもあったでしょう（そういう批判もあります）。さて，リストの中でもっとも再適応にエネルギーを要するものは，配偶者の死でした。おもしろいことに結婚といった一般的に喜ばしい出来事も再適応に努力を要するようです。これらの再適応値の合計と病気にかかる可能性との関係が指摘されています。これらのライフイベントに遭遇した後，時間とともに私たちは適応することを学び，否定的影響は徐々に薄れていきます。しかし，再適応が大変なライフイベントが重なると，場合によっては心的外傷後ストレス障害を起こすこともあります。

　第3は日常のいらだちごとで，ささいなストレスを生み出すもので，普段から私たちにとって馴染み深いものです。専門的には日常的いらだちごと（daily hassles）とよばれるストレッサーです。仕事や家事でやるべきことが多すぎる，体重が増えた，家の改築，近隣の騒音，落とし物や忘れ物といったも

ワークショップ 9-1

社会的再適応評定尺度

下記の生活上の出来事のうち，過去 24 ヶ月に生じた出来事の再適応得点の数値にマルをつけてください。マルのついた得点をすべて足してください。同じ出来事で複数回生じたものも計算に入れることを忘れないでください。

生活上の出来事	再適応得点	生活上の出来事	再適応得点
配偶者の死	119	子どもが家を離れて生活	44
離婚	98	仕事上の責任の変化	43
親密な家族の死	92	住環境の大きな変化	42
夫婦の別居	79	住む場所が変わる	41
失業，解雇	79	法律の絡むトラブル	38
自分自身の重大な傷害や病気	77	学校が始まる／終わる	38
刑務所収容	75	大きな達成でめだつ	37
親友の死	70	労働時間や労働条件が変わる	36
妊娠	66	転校	35
重大な仕事での再適応	62	クリスマス	30
抵当権や貸付金の請戻し権の喪失	61	上司とのトラブル	29
配偶者との和解	57	レクリエーションが変化したこと	29
家族の増加	57	100 万円以下の抵当権やローン	28
家族の健康や行動の変化	56	個人的な習慣の変更	27
財務状況の変化	56	社交活動の大きな変化	27
仕事からの引退	54	食習慣の変化	27
仕事のやり方が変化	51	睡眠習慣の変化	26
配偶者との口論頻度の変化	51	家族団欒の変化	26
結婚	50	長期休暇をとる	25
配偶者が仕事をはじめた／やめた	46	教会活動が変化	22
性的な障害や困難	45	小さな法律違反	22
100 万円以上の抵当権やローン	44		

過去 24 ヶ月間においてあなたに起こった出来事の再適応得点の合計＝

先行研究によれば，次のような見通しがつくといいます。

430 点以上の得点をとった人のうち約 80 ％の人が，近い将来のうちに病気を患うだろう。

285-430 点の範囲にいる人のうち約 50 ％の人および 215-285 点の範囲にいる人の約 33 ％の人が病気を経験するだろう。

215 点以下の人は重大な健康上の問題を報告することはないであろう。

(Miller & Rahe, 1997)

のですが，ささいないらだちごとであっても，慢性的に長く持続するとか複数重なるということになると，それらの否定的な影響力は決して低いものではあ

りません。単一の重大なライフイベントを上回る衝撃をもつことがあります。そういう日々のストレスの累積効果におしつぶされそうになっている人に対して「たいした苦労もしてないくせに」などとついつい無理解を示してしまいがちですが，ストレスの性質を正しく理解している対応とはいえません。ストレッサーが長く続くとその衝撃は強くなること，複数のストレッサーが重なると，その衝撃は累積的（cumulative）であることをぜひ知っておいてください。普段でもストレスがたまるとか重なるといういい方をしますが，ストレスの本質をうまくとらえた表現です。

3. ストレス反応とは

　人は体験をストレスフルであると評価した時点から，緊急警戒警報が発令されたかのように，生理的反応を起こします。心拍数や血圧，呼吸ペースの上昇，発汗といった交感神経系の活性化，ある種のホルモンの分泌，筋肉や脳の活動が高まり運動能力の向上が生じます。これらの反応は，すばやく危険から逃げるあるいは闘うために，ストレッサーに対処するための身体エネルギーを確保し身体能力を高めるための反応（闘争／逃走反応：fight-or-flight response：Cannon, 1927）です。短期的にみれば，この反応は生存のためには適応的で有用な反応であり，生物進化の過程で獲得されたものです。

　しかし，ストレッサーが排除されないために，これらの反応が長期にわたって持続するとなると，人体にとって害をもたらしやすくなります。このような緊張状態が長期にわたるとどうなるでしょう？　身も心もへとへとになってしまうと想像できます。具体的には次のようになります。ストレスにかかわるホルモン分泌は，血管や心臓に悪影響を与え，病気から身体を守る免疫機能を低下させます。かぜやインフルエンザなど感染症にかかりやすくなることもあります。頭痛，背中の痛み，吹き出物がでるといった慢性的な不快症状に悩まされます。睡眠不足，不安や緊張，抑うつ，怒りなどの心理的な苦痛となる反応もでてきます。胃や十二指腸の潰瘍，ぜんそく，関節炎にかかりやすくなることや高血圧が悪化することもあります。

　さらに，つかの間，ストレスから解放されるために，健康に有害な行動に走ってしまうことも多いことに気をつけなくてはいけません。喫煙量，アルコー

ル消費量が増加したり，栄養を無視した食事習慣に陥りがちになったり，薬物に依存するかもしれません。このようにして，ストレスは健康に大きな悪影響を与えます。

4. ストレスのトランスアクショナルモデル

　ラザルス（Lazarus, R.S.）はストレスのトランスアクショナルモデル（transactional model of stress）を提唱して，ストレスの新しい見方を提唱しました。この見方によれば，ストレスは個人側要因か環境側要因のいずれか一方によるというよりも，個人と環境の間の相互作用的な交渉（transaction）であるということになります。つまり，人が体験する心理的，生理的ストレス反応の総量は，その人の内的要因と外的状況要因の，いわば綱引きの結果，決定されるということです。単純にいうと，出来事が個人にどのような意味に受け取られるかどうかに，ストレスが生じるかがかかっているということです。例えば転職の誘いや新たなビジネスチャンスを人生の好機ととらえるか，おじけづいて二の足を踏んで不安にかられるかは，人によって違うということです。ラザルスは出来事がストレスフルと感じられるかは状況自体の評価と自分の対処能力の評価によって決まるという考え方を提案しました。

　ラザルスとフォークマン（Lazarus & Folkman，1984）はこの認知的評価（cognitive appraisal）のプロセスを2つの段階に分けて説明しています。最初は1次的評価（primary appraisal）の段階で，出来事が自分に無関係か，自分に関係があるけれども脅威ではないのかそれとも脅威であるのかを評価します。1次的評価でストレスフル（例：過去にも有害であり，将来脅威となりそう）であると見なされると，次に2次的評価（secondary appraisal）の段階で，自分が対処できる能力や資源がストレッサーを乗り越える上で適当かを評価します。ストレッサーが危険なもので，本人にとって脅威であり，かつ対処能力がかぎられている場合にストレスを体験するということになります。

　例を挙げましょう。大学生のA君は必修科目の「心理学」の学期末試験を受けることになっています。まずA君は，この事態について1次的評価を行います。この事態がもつ意味を分析し，どの程度自分にとって脅威かどうかを評価します。必修科目ですから，卒業するまでに単位をとってしまわないと，やっ

かいなことになってしまうとA君は考えるでしょう。次に、2次的評価として、試験勉強をやりおおせる時間が十分にあるかどうかを評価します。もし、「十分にある！」ならば、学期末試験という事態の脅威は低くなるでしょう。しかし、A君はコンビニで夜間のバイトをしており、しかも休みがとりづらいのです。大学で所属するクラブでも、大事な試合前で練習を休むわけにもいきません。このままでは試験勉強の時間はほとんどとれない状況にあると評価するでしょうから、A君はきついストレスを経験することになるでしょう。

5. ストレスへの対処行動

ストレッサーに直面して、ストレッサーをコントロールしたり、なくそうとしたり、耐えることを学んだりといったように、人々は意識的にさまざまな対処をとります。これを対処行動（coping behavior）とよんでいます。ストレスへの対処には、大きく分けて2つあります。

問題焦点型対処（problem-focused coping）は、ストレスフルな問題や事態を直接変化させることによってストレスを減らそうとするものです。ゼミレポートの締切りが迫っているのに、満足したレポートが完成していないとき、ゼミの担当教員に締切りをのばしてもらうことを交渉しにいくといった行動が例としてあげられましょう。

情動焦点型対処（emotion-focused coping）は、自分の感情をコントロールすることでストレスに対処しようとする行動です。例えば、ストレスフルな事態であっても、よい側面に注目するとか、信用できる人に話を聞いてもらって共感的な理解を得るといった行動です。

第2節　大学生の対人ストレスを調べてみよう

【学習目標】
・大学生の対人関係に関するストレスの諸側面を測定する心理尺度を体験する。

ここで、大学生に身近なストレスを取り上げ、これまでに学んできたストレスについての理解をさらに深めてみることにしましょう。

ワークショップ 9-2

大学生用ストレッサー尺度（尾関ら，1994）

あなたがここ半年間に，以下に記述した 35 の出来事を体験されたかどうかについてお聞きします。

項目をよく読んで，体験したかどうかを考えてください。体験していない項目であれば"0"を回答欄に記入してください。体験した項目については，そのときにどう感じたかを思い出して，その時あなたが感じた気持ちに当てはまると思われる数字（1～4）を記入してください。

体験なし→　　0
体験あり　　　1…なんともなかった
　　　　　　　2…ややつらかった
　　　　　　　3…かなりつらかった
　　　　　　　4…非常につらかった

	回答欄
1. 生活が不規則になった	
2. 一人で過ごす時間がふえた	
3. 生活上の仕事（洗濯，炊事など）がふえた	
4. 現在専攻している学問（分野）に対する興味が失せた	
5. 家族と過ごす時間が減った	
6. 自分の経済状態（生活費，交際費など）が悪くなった	
7. 家族のだれかと議論，不和，対立があった	
8. 家族の経済状態が悪くなった	
9. 家族または親しい親戚のだれかが病気やけがをした	
10. 友人や仲間から批判されたり誤解された	
11. 友人や先輩とのつきあい	
12. アルバイト先でトラブルをおこした	
13. 現在所属している学校について考えるようになった	
14. 興味のもてない授業をうけるようになった	
15. クラブやサークルの活動で束縛される時間がふえた	
16. クラブやサークルの活動内容について考えるようになった	
17. いっしょに楽しめる友人が減った	
18. 単位を落とす，留年するなど学業上のことで失敗した	
19. 課題や試験がたいへんな授業をうけるようになった	
20. 自分の勉強，試験，卒業などがうまくすすまない	
21. 仲間の話題についていけなかった	
22. 友人の悩みやトラブルにかかわった	

23. 通学中の朝夕のラッシュ
24. 隣近所が騒がしくなった
25. 規則による束縛やプライバシーの侵害を受けた
26. 体重がふえた
27. 自分の容姿が気になるようになった
28. 異性関係がうまくいかない（恋人ができない，別れたも含む）
29. 自分の性格について考えるようになった
30. 将来の職業について考えるようになった
31. 自分の能力・適性について考えるようになった
32. 自分に対するまわりの期待が高い
33. 体の調子が変化した（病気やけがも含む）
34. 生活習慣（ことばやマナー）のちがいにとまどった
35. 暇をもてあました

採点法：0は採点せず。1～4点は，それぞれ1点マイナスした後，それらを足し算して尺度得点をもとめる。
尺度得点の評価基準：得点範囲は（0～105）まで。
　　　　　　　　　　平均=16.94，標準偏差=11.40
注：以上の評価基準は，尾関らの研究対象者610名（男性429名，女性181名）から算出された。

ワークショップ 9-3

認知的評価尺度（加藤, 2000）**と対人関係コーピング尺度**（加藤, 2001）

〈認知的評価尺度〉

　あなたは友人関係がうまくいかない状況（友人や先輩との付き合いでのトラブル）に遭遇したとき，どのような評価をしますか？　最近あった友人関係がうまくいかなかった時を思い出して，その時あなたが感じた気持ちや評価に以下の文章がどの程度当てはまるかをお答えください。

	非常に当てはまる	やや当てはまる	どちらともいえない	あまり当てはまらない	全く当てはまらない
1. ストレスの原因をうまく解決できる	1	2	3	4	5

2. 自分にとって苦痛なことだと思う	1	2	3	4	5
3. 自分にとって重要なことだと思う	1	2	3	4	5
4. そのストレスをうまく解消できる	1	2	3	4	5
5. 自分にとってわずらわしいことだと思う	1	2	3	4	5
6. 自分に，重要な影響を与えるものだと思う	1	2	3	4	5
7. 自分の望み通りの結果が得られるように，そのストレスに対してうまく対応できる	1	2	3	4	5
8. 自分にとって負担になることだと思う	1	2	3	4	5
9. その状況を変えることができる	1	2	3	4	5

〈各尺度項目番号〉
対処効力感尺度：1，4，7，9
脅威尺度：2，5，8
重要性尺度：3，6

〈採点方法〉
　各尺度項目の回答（○をつけた数字）を単純加算し，対処効力感は24，脅威は18，重要性は12からそれぞれの単純加算値を引き算する。その値を尺度値とする。

表9-2　評価基準としての認知的評価尺度の男女別平均，標準偏差

尺度名	男　性（118名）		女　性（86名）	
	平均	標準偏差	平均	標準偏差
対処効力感尺度	11.94	3.25	10.41	3.55
脅威尺度	9.83	2.46	10.91	2.55
重要性尺度	6.97	1.89	7.51	1.66

大学生用対人ストレスコーピング尺度（加藤，2000）

　以下には，友人関係におけるストレスフルな出来事に遭遇したとき，人がおこなう対処が34項目あげられています。
　あなたが友人とのつきあいでつらい思いをしたときに，以下の対処を普段どの程度使用するかを判断してください。
　よく当てはまる場合には3を，当てはまる場合には2を，少し当てはまる場合には1を，当てはまらない場合には0を選んで○をつけてください。

	よく当てはまる	当てはまる	少し当てはまる	当てはまらない
1. 相手のことを良く知ろうとした	3	2	1	0
2. かかわり合わないようにした	3	2	1	0
3. 気にしないようにした	3	2	1	0
4. 積極的に話をするようにした	3	2	1	0
5. 話をしないようにした	3	2	1	0
6. そのことにこだわらないようにした	3	2	1	0
7. 積極的にかかわろうとした	3	2	1	0
8. 友達付き合いをしないようにした	3	2	1	0
9. 何とかなると思った	3	2	1	0
10. この経験で何かを学んだと思った	3	2	1	0
11. 無視するようにした	3	2	1	0
12. あまり考えないようにした	3	2	1	0
13. 相手の良いところを探そうとした	3	2	1	0
14. 人を避けた	3	2	1	0
15. 何もせず，自然の成り行きに任せた	3	2	1	0
16. 人間として成長したと思った	3	2	1	0
17. 表面上の付き合いをするようにした	3	2	1	0
18. そのことは忘れるようにした	3	2	1	0
19. 相手を受け入れるようにした	3	2	1	0
20. 1人になった	3	2	1	0
21. こんなものだと割り切った	3	2	1	0
22. 反省した	3	2	1	0
23. 相手と適度な距離を保つようにした	3	2	1	0
24. 自分は自分，人は人と思った	3	2	1	0
25. 相手の気持ちになって考えてみた	3	2	1	0
26. 相手を悪者にした	3	2	1	0
27. たくさんの友人を作ることにした	3	2	1	0
28. 相手の鼻を明かすようなことを考えた	3	2	1	0
29. 自分の意見を言うようにした	3	2	1	0
30. これも社会勉強だと思った	3	2	1	0
31. 自分の存在をアピールした	3	2	1	0
32. 自分のことを見つめ直した	3	2	1	0
33. あいさつをするようにした	3	2	1	0
34. 友人などに相談した	3	2	1	0

〈各尺度項目番号〉
ポジティブ関係コーピング尺度：1，4，7，10，13，16，19，22，25，27，29，30，31，32，33，34
ネガティブ関係コーピング尺度：2，5，8，11，14，17，20，23，26，28
解決先送りコーピング尺度：3，6，9，12，15，18，21，24

〈採点方法〉
　各尺度項目の回答（○をつけた数字）を単純加算する。

表9-3　評価基準としての男女別平均，標準偏差

尺度名	男性（322名）		女性（219名）	
	平均	標準偏差	平均	標準偏差
ポジティブ関係コーピング	17.22	8.80	20.95	8.36
ネガティブ関係コーピング	8.79	5.64	7.19	5.37
解決先送りコーピング	11.32	5.16	11.69	4.81

ワークショップ 9-4

心理的ストレス反応尺度（尾関ら, 1994）

　以下の項目を読んで，ここ一週間のあなたの心と身体の状態や行動をよく表すように回答欄に該当する数字（0～3）を記入してください。

　　0…当てはまらない
　　1…やや当てはまらない
　　2…かなり当てはまる
　　3…非常に当てはまる

回答欄

1. 悲しい気持だ
2. 重苦しい圧迫感を感じる
3. 不機嫌で怒りっぽい
4. 泣きたい気分だ
5. 不安を感じる
6. 怒りを感じる

7. さみしい気持ちだ
8. びくびくしている
9. 憤まんがつのる
10. 心が暗い
11. 恐怖感をいだく
12. 不愉快な気分だ
13. 気分が落ち込み，沈む
14. 気がかりである
15. いらいらする
16. 頭の回転が鈍い
17. 他人に会うのがわずらわしい
18. 話や行動にまとまりがない
19. 話すことがわずらわしい
20. 根気がない
21. 自分の殻に閉じこもる
22. 行動に落ち着きがない
23. 生きているのがいやだ
24. 何も手につかない
25. 人が信じられない
26. 体が疲れやすい
27. 呼吸が苦しくなる
28. 体がだるい
29. 動悸がする
30. 脱力感がある
31. 吐き気がする
32. 動作が鈍い
33. 胸部がしめつけられる
34. 頭が重い
35. 耳鳴りがする

採点方法：各尺度項目の回答を単純加算する。
評価基準：得点範囲（0～105），平均＝19.78，標準偏差＝14.04

　あなたの各尺度得点の評価の仕方を説明します。各尺度得点の平均値と標準偏差に注目してください。あなたの得点が平均値＋標準偏差の数値を超えてい

たら，その特性が強いほうだと考えてください。同じようにあなたの得点が平均値−標準偏差の数値を下回っていたら，その特性が弱いほうだと考えてください。ある変数（得点）が正規分布をする場合，平均値±標準偏差の範囲に約68.2％の得点が存在します。したがって，平均値＋標準偏差の数値を超える得点は上位約15％で，平均値−標準偏差の数値より下の得点は下位約15％に位置しています。心理学で扱う数値の多くは正規分布に近いばらつきをすることが多いので，ここでも平均と標準偏差を目安に用いました。ですが，あくまで簡便法です。臨床の現場で用いられる心理検査ではもっと精緻な処理で評価基準を作り，評価（アセスメント）も専門家の技量が必要です。

さて，以上の尺度を用いて，加藤（2001）は，ラザルスらの理論に基づく対人ストレスモデルが妥当かどうかを検証しました。被験者は，短期大学生，大学生282名（女性160名，男性122名，平均年齢19.84歳）で，最年少は18歳から最年長24歳にまたがります。図9-1は対人ストレスモデルに基づいて，尺度間の関係をパス解析という統計分析によって推定した結果です。結果を簡単に紹介します。

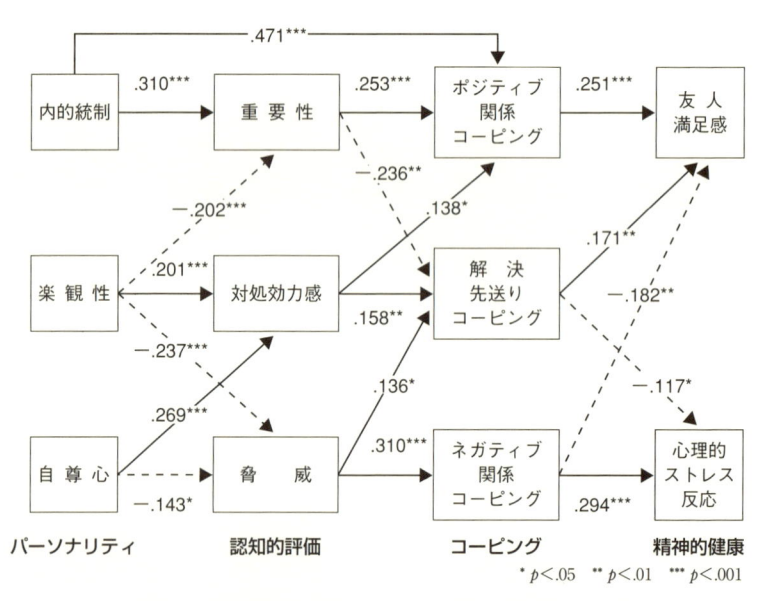

図9-1　パス解析による対人ストレスモデルの検証（加藤, 2001）

$*p<.05$　$**p<.01$　$***p<.001$

①楽観性や自尊心が高くなると，対処効力感（認知的評価段階の2次的評価に該当）を高める。

②対人ストレス事態に対する重要性（1次的評価に該当）を高く評価するとポジティブ関係コーピングを使用し，解決先送りコーピングを使用しない。

③対処効力感が高いほど，ポジティブ関係コーピングや解決先送りコーピングを使用しやすい。

④イベントを脅威（1次的評価に該当）に評価すると，ネガティブ関係コーピングや解決先送りコーピングを使用しやすい。

⑤ポジティブ関係コーピング（問題焦点型対処に該当）を使用する人は友人関係に満足する傾向がある。

⑥ネガティブ関係コーピング（情動焦点型対処に該当）を使用する人は友人関係の満足度が低くなる弱い傾向がある。

⑦ネガティブ関係コーピング（情動焦点型対処に該当）を使用する人は心理的ストレス反応を増す傾向がある。

全体的に対人ストレスモデルの妥当性を示す結果といえそうです。しかし，解決先送りコーピングに関しては，先行研究と異なる結果が得られました。

⑧解決先送りコーピングを使用する人は友人関係の満足度が高くなる弱い傾向がある。

この結果について，加藤は，解決先送りコーピングを使用することで友人同士傷つけあうことを回避でき，その結果として友人関係に満足しているのであろうと解釈しています。この結果は，現代の青年の特徴として指摘される表面的な友人関係を志向することが背景にあるのでしょうか。それとも洗練された人間関係のスキルを実行していることを示唆するものなのでしょうか。

第3節　ストレスを緩和する要因を調べてみよう

【学習目標】
・ストレスを緩和する要因について理解し，ストレスとの付き合い方を考える。

最後に，ストレスを緩和する要因を紹介し，皆さんがストレスとどのように

コラム 9-1

ストレスとうまく付き合うには

　私たちはまったくストレスと縁を切ることはできません。ストレスにどううまく対処していけばよいのかを指針としてあげておきます。
　①適度な運動と積極的休息が重要です。なぜ効果的かといいますと、第1にジョギングやウォーキングで外に出るだけで、種々の身体緊張を生む刺激から離れることができます。第2に運動を継続することによって身体を健康にすることができ、ストレスに強くなります。第3にランナーズハイなど、幸せ感をます脳内の化学的、生理学的変化を導きます。同様の理由で、体を動かすスポーツを趣味とすることが推奨されます。忙しすぎて運動する暇もないという人もいますが、忙しさで心理的に混乱する前に体を動かすような積極的な休息をとることです。仕事や課題のスケジューリングをするのと同様に、日常の予定の中に適度な運動時間をスケジューリングしておきましょう。この積極的休息の間は、仕事や課題を忘れて（我を忘れて）楽しみましょう。
　②「忙しさ」からくるストレスへの対処法を身につけましょう。基本は、種々の無駄な時間を減らすことです。普段から整理整頓、仕事のやり方を構造化しておきましょう。忘れてはならないことは、効果的に集中することがもっとも効果的な成果をあげること、優先順位を決めて1つ1つ解決すること、たいがいの人の場合、より一生懸命働くことで、時間の問題は解決できることです。普段の雑用を要領よく片づけてみましょう。締切りを設定して集中して仕事することで、ストレスとなる課題にかかわる時間を減らしましょう。あるいは、到来が予想できる課題は、ため込みすぎるとストレスになりますので、普段から無理にならない程度の取り組みを少しずつ積み重ねましょう。人の助けを借りるのも手ではないでしょうか。何でも自分ひとりでやり遂げねばと思い込んではいませんか？
　③完全主義や悲観主義に陥らないようにしましょう。完全主義的な人はそうでない人に比べ仕事ができる人が多いですが、高すぎる課題設定に疲れ果て、目標達成ができなくなる、失敗を予想すると自尊心がさがるという不適応的な側面もあります。自分を苦しめるような完全主義的傾向には気をつけましょう。悲観主義も同様です。自分に完全を求め、悲観的になりすぎる傾向を自覚したら、自分に対して柔軟でやさしく接するように心がけてみましょう。
　④ストレッサーには長くかかわらないこと、複数のストレッサーを重ねないことがストレスと付き合う原則です。先に挙げた日常のいらだちごとや課題を重ねないように心がけることです。結婚と転居、転職など再適応を要するライフイベントはできるだけ重ねないのも工夫です。大学新入生が5月病になるというのも進学、下宿生活のはじまり、自炊、家族とはなれてくらすこと、親しい友人との別れ……いろんなライフイベントが非常に重なりやすいことも一因ではないで

> しょうか。新入社員，異文化で生活を始めた人たちが高いストレスを受けるのも新環境への適応課題が累積したことが一因でしょう。

付き合っていけばよいのか（コラム9-1）を考えましょう。

1. ソーシャルサポート

　ソーシャルサポートとは，私たちがストレスフルな環境下にあるときに，まわりにいる家族，友人，近所の人，職場の同僚など互いにもちつもたれつの関係（ソーシャルネットワーク）にある人たちからさまざまな支援を受けることです。他者から支援を受けることも1つの対処といえます。例えば，高齢者の在宅介護に疲れ果てた家族を例にとって考えましょう。ソーシャルサポートには，情緒的なサポート（例：在宅介護をしている友人などに話を聞いてもらう。同じ体験をしているから共感的に理解してもらいやすい）と具体的なサポート（例：介護サービスを利用して，自分の負担を減らす）があります。私たちのまわりに人間関係のサポートがあることに気づくことでストレスが軽減されることがあります。

　また，多くの研究が，ソーシャルサポートが身体的健康に好影響をもたらすことを報告しています。例えばバロンら（Baron et al., 1990）によれば，配偶者がガン患者である人を対象にして，ソーシャルサポートが高い人ほど免疫機能が高いことを見出しています。また，精神的健康や感情面での幸福感の増進にも好影響をもっていることが示唆されています（Davis et al., 1998）。ソーシャルサポートは，高ストレス事態の障壁となり，その衝撃を受けとめるようです。また，ソーシャルサポート自体が健康を増進する効果をもっているようです。

　もちろん，人々の中でいることがサポートよりもストレスである場合もあります。友人や家族がプレッシャーをかける，罪の意識や劣等感を感じる対象である，約束を守らない，裏切られることもしばしばといった負の側面も，時と場合や人によっては生じているでしょう。

ワークショップ 9-5

ソーシャルサポートの測定（尾関ら，1994）

　あなた自身と，家族以外の人々（友人，親戚，近所の人など）とのかかわりにおいてお聞きします。

　あなたには，現在，以下のような事柄でかかわりのある人が，どれくらいいるでしょうか。

　当てはまる番号のひとつに○をつけてください。

	まったくいない	あまりいない	少しはいる	何人もいる	かなりの数いる
1. おりあるごとに行き来する友達や親戚，が	0	1	2	3	4
2. 一緒に会って，とても楽しく時を過ごせる人，が	0	1	2	3	4
3. 安心して緊急の連絡や荷物の預かり，ペットの世話などを頼めるような人，が	0	1	2	3	4
4. 家族の中でもめごとがおこったとき，どうしたらよいか気安く相談に行ける人，が	0	1	2	3	4
5. さびしいときなどに電話をしたり，訪ねていっておしゃべりができるような人，が	0	1	2	3	4
6. 急に1万円程度のお金が必要になったとき，気がねなく借りられる人，が	0	1	2	3	4
7. あなた自身のことをかってくれたり，高く評価してくれる人，が	0	1	2	3	4
8. 自分自身に個人的な心配事や不安があるとき，どうすればよいか親身に助言してくれる人，が	0	1	2	3	4
9. 家族以外で「100パーセント信用できる」という人，が	0	1	2	3	4
10. 引っ越しなど，人手がいるときに気軽に手伝いを頼める人，が	0	1	2	3	4

　採点方法：各尺度項目の回答（○をつけた数字）を単純加算する。

　評価基準：得点範囲（0～40），平均＝20.17，標準偏差＝6.30

2. ハーディネス，楽観主義，一般的性格要因

　コバサ（Kobasa, 1979）は，重役（エグゼクティブ）クラスの人々を対象にストレス体験と病気の発生率との間に中程度の相関を見出しました。彼女はさらに研究を進めた結果，高ストレス下にあるにもかかわらず健康である人（強壮なエグゼクティブ）の3つの性格特徴（ハーディネス：hardiness　頑健性）を見つけています。

　①生活上の出来事に影響を及ぼすことができるという信念であるコントロール（control）感をもっている。

　②ストレスフルな出来事に対して，強い目的意識をもってコミットメント（commitment：関与）をしようとする。

　③ストレスフルな出来事はむしろ成長への機会でありチャレンジ（challenge）しがいがあると考える。

　これらの傾向は頭文字をとって the 3C's とよばれています。とくにコミットメント，コントロール感を高くもつことは，ストレスの評価を変えることにつながり，ストレスへの強い抵抗力を示すと考えられます。

　また，よい成果を期待する一般的な傾向としての楽観主義の高い人も身体的健康が高いことが見出されています。楽観主義者（オプティミスト）のストレス対処は悲観主義者（ペシミスト）の対処よりも適応的であるからと考えられています。つまり楽観主義者は悩むよりも行動で問題を解決しようとするので，ストレッサー（とくに日常的ストレッサー）が除去されやすいと考えられます。その他，神経質でないこと，良心性（conscientiousness：勤勉できちょうめんで頼りになる性格傾向）の高い人，ユーモアを楽しむことができる人（笑うこと自体が免疫機能を向上させます），刺激追求欲求（強い感覚刺激を一般的に好む傾向）が高い人はストレス耐性が高いことが知られています。

〈要約〉

　ストレスはだれにでも関係がある日常的で身近な問題です。ストレス（反応）を生む原因であるストレッサーには大きく分けて3つあります。カタストロフ型，ライフイベンツ，日常的いらだちごとです。ストレッサーは積み重なると大きな

悪影響をもちます。人は体験をストレスフルであると評価した時点から，生理的反応，心理的反応を示します。ラザルスはストレスのトランスアクショナルモデルを提唱し，出来事がストレスフルと感じられるかは状況自体の評価と自分の対処能力の評価によって決まるという考え方を提案しました。ストレスの認知的評価は1次的評価，2次的評価から構成されます。ストレスの体験は主観的であるという側面を示しました。ストレスへの対処には，大きく分けて2つあります。問題焦点型対処と情動焦点型対処です。大学生に身近なストレスを取り上げるために，大学生を対象とした研究で用いられた，ライフイベント法，認知的評価尺度，対人関係コーピング尺度，心理的ストレス反応を実際に体験し，対人ストレスについての研究成果を検討しました。ストレスを緩和する要因として，ソーシャルサポート，性格要因として，ハーディネス，楽観主義，良心性を紹介しました。さらにストレスにどう対処するかに関する4つの指針を紹介しました。

〈キーワード〉

ストレス，ストレッサー，社会的再適応尺度，ストレス反応，闘争／逃走反応，自律神経系（交感神経系），免疫機能，トランスアクショナルモデル，1次的評価と2次的評価，対処（コーピング），問題焦点型対処，情動焦点型対処，対人ストレスモデル，ソーシャルサポート，ハーディネス，楽観主義

───〈知識チェック〉───
Q. ストレスの性質について誤っている文章を指摘し，誤りを訂正しなさい。
① ストレスは非日常的な脅威的な事態が生じることから発生する。
② ストレス反応が生じるかどうかは，ストレッサー自体の衝撃度によってのみ決定される。
③ ストレスとは常に他人から課されるものである。
④ 2次的評価はストレス事態に対して，対処可能かどうかを考えることを含む。
⑤ 2次的評価はそのストレス事態が脅威的な事態かどうかを考えることを含む。
⑥ 1次的評価はその事態が自分に関連したことか，脅威事態かどうか，ストレスフルかどうかを評価することである。
⑦ ストレスは免疫機能を抑制することがあり得る。

⑧課題への関与，挑戦，コントロールを志向する性格特徴を刺激追求欲求とよぶ。
⑨ソーシャルサポートは常に人をストレスから守る力がある。

〈レポート・討論課題〉

①ストレス反応について，本章で述べた内容よりも高度な最新の研究成果を自分で調べて，レポートしなさい。

②「大学生の対人ストレスを調べてみよう」で測定されたデータを教室単位で収集し（プライバシーを保護する配慮をすること），そのデータについて統計分析（相関分析や重回帰分析などはMS-Excelの分析ツールで実行可能）を行い，分析結果を検討しなさい。

③「ストレスとうまく付き合うには」を読んで，感想を書きなさい。いろんな意見を集約して討論材料とすること。

〈ブックガイド〉

ラザルス，R.S.・フォークマン，S.　本明　寛・春木　豊・織田正美（監訳）ストレスの心理学―認知的評価と対処の研究―実務教育出版　をすすめます。ストレス研究の歴史がよくまとめられています。

【引用文献】

Baron, R.S., Cutrona, C.E., Hicklin, D., & Russell, D.M.　1990　Social support and immune function among spouses of cancer patients. *Journal of Personality and Social Psychology*, **59**, 344-352.

Cannon, W.B.　1927　The James-Lange theory of emotion : A critical examination and an alternative theory. *American Journal of Psychology*, **39**, 106-124.

Davis, M.H., Morris, M.M., & Kraus, L.A.　1998　Relationship-specific and global perceptions of social support : Associations of with well-being and attachment. *Journal of Personality and Social Psychology*, **74**, 468-481.

Holmes, T.H., & Rahe, R.H.　1967　The social readjustment rating scale. *Journal of Psychosomatic Research*, **11**, 213-218.

加藤　司　2000　大学生用コーピング尺度の作成　教育心理学研究，**48**, 225-234.

加藤　司　2001　対人ストレス過程の検証　教育心理学研究，**49**, 295-304.

Kobasa, S.C.　1979　Stressful life events, personality and health: An inquiry into hardiness. *Journal of Personality and Social Psychology*, **37**, 1-11.

Lazarus, R.S., & Folkman, S.　1984　*Stress, appraisal and coping*. New York: Springer.（本明　寛・春木　豊・織田正美監訳　ストレスの心理学―認知的評価と対処の研究―実務教育出版）

Miller, K., & Rahe, R.H.　1997　Life changes scaling for the 1990s. *Journal of Psychosomatic Research*, **43**, 279-292.

尾関友佳子 1993 大学生用ストレス自己評価尺度の改訂―トランスアクショナルな分析にむけて― 久留米大学大学院比較文化研究科年報, **1**, 95-114.
尾関友佳子・原口雅浩・津田　彰 1994 大学生の心理的ストレス過程の共分散構造分析 健康心理学研究, **7**, 20-36.
Selye, H. 1976 Forty years of stress research-principal remaining problem and misconceptions. *Canadian Medical Assessment Journal*, **115**, 53-56.

10 幸福感と人間関係を心理学しよう

　現在の日本社会は物質的には豊かですが，日々満たされない気持ちで一杯の人や不幸せであると感じている人がたくさんいます。この本の読者や受講生の皆さんの中にも，自分もそうだという人もいるはずです。この章では，私たちの日々の幸福感を増したり，減らしたりする原因について心理学しましょう。自分や他者の幸せについて考えるきっかけにしていただければと思います。

第1節　主観的幸福感

【学習目標】
・主観的な体験として幸福をとらえる心理学の立場を理解しよう。
・主観的幸福感を測定する方法について体験的に理解しよう。
・主観的幸福感を規定する要因について理解しよう。
・主観的幸福感を増進するためのプログラムについて理解しよう。

1. 幸福と主観的幸福感

　「あなたは幸せですか？」と質問されたらどう答えますか？　あなたが「もちろんだよ」と答えるにしろ「全然ダメ……」と答えるにしろ，その背景にはいろいろな原因があるでしょう。何が人を幸福にするのか？を考えるにあたって，まず考える必要があるのは，幸せとは何か？ということです。人によって幸せの中身は違います。お金という人や幸せな家庭生活という人や職業的成功，

有名になることといった社会的名声だという人もいます。人によって千差万別である幸せの中身や条件で幸せを論じるのは難しいことがわかります。

　こんなときは科学的思考の根本に戻って現象をとらえなおすというのが研究の定石です。まず問題となる現象について，何が原因で，どんな結果が生じているかを考えてみます。原因－結果図式にあてはめてモデル化するわけです。単純すぎるかもしれませんが，原因－結果図式に当てはめると，現象のすっきりした構図がみえてきます。幸福（happiness）というとらえがたい対象を研究するようなときには，最初は単純化したモデルから出発することが生産的なのです。

　まず，結果としての「幸せ」を，自分がどの程度幸せと感じているかという幸せ感でとりあえず代表させることにしましょう。この幸せ感を，心理学や社会学では主観的幸福感（subjective well-being）とよんでいます。経済状態，社会的地位，健康状態，人間関係の満足度，個人的達成，学歴，性格，自尊心……といった幸せの中身や前提となる条件は，この主観的幸福感をもたらす原因であると考えればよいでしょう。そして，これらの諸条件が主観的幸福感をもたらすのかを調査や実験などして確かめることが可能になります。

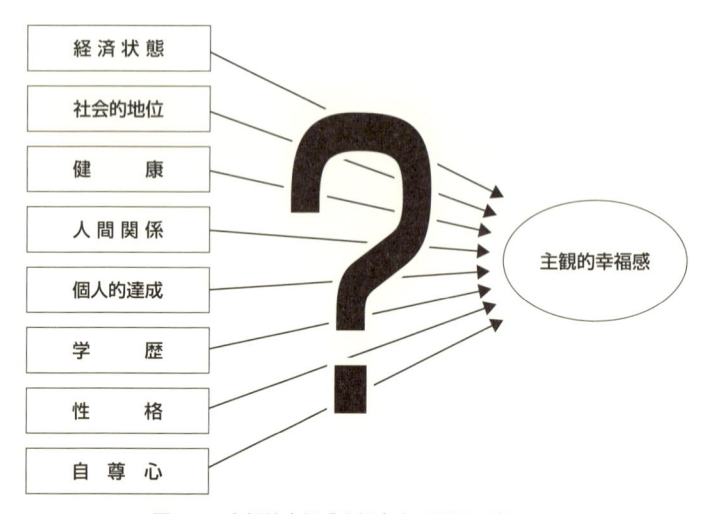

図10-1　主観的幸福感を規定する要因はどれか？

2. 主観的幸福感の測定

それでは，主観的幸福感を測定してみることにしましょう。

ワークショップ 10-1

主観的幸福感の測定（Diener *et al.*, 1985；諸井, 2001）

以下の文章は，あなた自身の考えや気持ちにどの程度当てはまるかを答えてください。

	全く当てはまらない	やや当てはまらない	どちらともいえない	やや当てはまる	非常に当てはまる
1. 私は，自分の人生に満足している。	1	2	3	4	5
2. ほとんどの点で，私の人生は私の理想どおりである。	1	2	3	4	5
3. 私は，もう一度自分の人生をやり直したとしても，ほとんど同じことになるだろう。	1	2	3	4	5
4. 私の人生の有様は，すばらしいものである。	1	2	3	4	5
5. 今までのところは，私は自分が人生の中で望んでいる重要なものを手に入れている。	1	2	3	4	5

評価基準：男性の平均（123名）= 13.22，標準偏差 = 4.00
　　　　　女性の平均（144名）= 13.34，標準偏差 = 3.44
採点方法：各尺度項目の回答（○をつけた数字）を単純加算する。

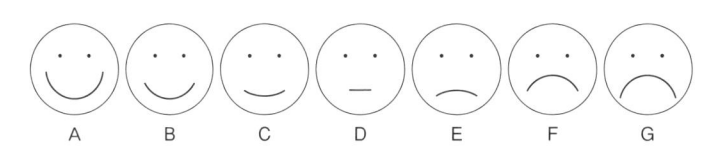

図10-2　アンドリュースらの顔尺度：あなたが全体としての自分の人生についてどのように感じているかをもっともよく表している顔はどれでしょうか？

（Andrews & Withey, 1976）

表10-1 アンドリュースらの顔尺度を日本人学生に試行した結果（％）

	A	B	C	D	E	F	G
全体（271名）	10.7	26.7	30.3	14.8	11.8	3.7	2.6
男性（124名）	10.5	23.4	33.1	12.1	13.7	3.2	4
女性（146名）	11	28.8	27.4	17.1	10.3	4.1	1.4
アンドリュースらの結果	20	46	27	4	1	2	0

表10-1は，アンドリュースらの尺度を筆者が日本の大学生（男性 = 271，女性 = 146）に試行した結果を示しています。

表の度数分布によれば，原典のアンドリュースとウィジー（Andrews & Withey, 1976）の結果と同じく，大半の大学生も幸せ感情をもっていることがわかります。しかし，アンドリュースらの結果と比べると，日本の大学生は人生にやや満足していない人も少なからずみうけられます。これは青年期特有の傾向（アイデンティティ形成途上の情緒不安定状態にある，あるいは現状に満足せず高い目標水準をたてている等）かどうかは，ここではわかりません。ワークショップ10-1には，諸井（2001）によって翻訳されたディーナーら（Diener et al., 1985）の尺度の男女別の平均値と標準偏差を示しています。自分の結果と照らし合わせてください。アンドリュースらの顔尺度の施行結果にあるように，大半の人が比較的幸せであるということは，「みんなが等しく幸せだ」ということとは違います。主観的幸福感の感じ方には個人差があります。自分がかなり幸せ感を感じている（あるいは感じていない），人生に満足している（あるいは満足していない）としたら，それはどんな要因が関連していると考えられるのかを次に検討します。

3. 主観的幸福感の規定因

さきほども大半の人が比較的幸せであると報告していることを紹介しました。これも幸せに関して，私たちが当たり前だと信じていることをひっくり返す結果です。お金持ちはそうでない人よりも幸せであると感じているとか，健康な人はそうでない人よりも幸せである，学歴の高い人や美人美男は幸せであるという「常識（仮説？）」も成立するでしょうか？ 結論的にいいますと，主観的幸福感の規定因（関連要因）について研究した実証結果は，これらの常

識的理解とは異なる結果を出しています。まず，幸せ感とは関連がほとんどなかったものからみていきましょう。

(1) 幸せ感と関連しない要因
①お金
　個人の収入と主観的幸福感の相関関係は正相関であることが報告されていますが，非常に弱い相関です。ディーナーら（Diener et al., 1993）は両者の相関はたった0.12に過ぎないことを報告しています。明らかに日々の食事にも困るほど収入がないことは人を不幸にするでしょうが，億万長者だからといって中流の生活をする人と比べて，数段幸せを感じているのではありません。ライアンとデシ（Ryan & Deci, 2001）は，富と主観的幸福感の関係について，ディーナーらの未発表の研究を次のように要約しています。
　(a) 貧しい国に住んでいる人よりも豊かな国に住んでいる人は，より幸せである。
　(b) 発展した国の国家全体の富の増加は，ここ数10年以上も，主観的幸福感の増進には関係していない。
　(c) 1つの国の中での豊かさの個人差については，幸福感との相関はほんの小さな正の相関しか見出せない。
　(d) 個人の富の増加は，概して幸福感の増進をもたらすものではない。
　(e) 富やお金への欲求が強すぎる人は，そうでない人に比べて不幸を感じている。
　貧困をさけること，豊かな国で生活すること，物質的な豊かさよりも他の目標に集中することは幸福の達成に関連しているということです。
②年齢と性別
　年齢と幸福感には一貫した関係は認められていません（Inglehart, 1990）。女性は男性よりも幸せ感が低いと見なされやすいが，年齢同様，ほとんど関係はありません（Myers, 1992）。
③子どもの有無
　若い方には実感しにくいことかもしれませんが，子育ては喜びや充足感をもたらすものです。しかし，親にとってみれば苦痛の種でもあります。主に思春

期の子どもに対する親業はけっこう大変だということです。このようによい面とわるい面の両面があるので，子をもつ人ともたない人で主観的幸福感に差が出ることはないという結果です。

　④知性

知的であることは近代社会では，高く評価される特性ですが，IQとの相関は認められていません（Diener, 1984）。教育的達成（要するに学歴の高さ）は人生の満足度と関連がありません（Ross & Van Willigen, 1997）。

　⑤身体的魅力

美人，美男子であればと願う人はたくさんいますが，主観的幸福感と身体的魅力度の他者評定との間にはほとんど関係はありません（Diener *et al.*, 1995）。

　⑥田舎に住むこと

老後は田舎暮らしでスローライフを望む人がたくさんいますが，どこに住もうが幸福度のレベルは変わらないことが示されています（Freedman, 1978）。

(2) 幸福感とやや関連する要因

つぎに主観的幸福感にとってやや関連する要因を挙げましょう。

　①健康

身体的に健康であることは，だれしもが願うことです。しかし，重大な健康上の障害をもつ人は，他人が思うほど不幸せではないことが明らかになっています（Myers, 1992）。人間は，健康上の問題があっても，それに適応する力をもっているということです。フリードマン（Freedman, 1978）は，「よい健康状態は，それ自身では幸福を生み出さない。なぜならば，人はよい健康状態を当たり前と見なしているからである」としています。ディーナー（Diener, 1984）は身体的健康状態と主観的幸福感の相関は，平均的に0.32という弱い正相関を報告しています。

　②社会的，対人的活発度

人間関係は，幸せに寄与しているようです。友人関係ネットワークに満足し，対人関係にも満足している人は，概して平均レベルの幸せ度を報告しています（Cooper *et al.*, 1992；Diener, 1984）。他方，孤独感にさいなまれる人は，とても不幸を感じる傾向がありました（Argyle, 1987）。

③宗教

日本人にとっては奇妙に思われるかもしれませんが，非宗教的な人よりも信心深い人は幸せであることが明らかになっています（Argyle, 1987 ; Poloma & Pendleton, 1990）。マイヤー（Myers, 1992）は，人生の意味や目的の感覚を与えるのではという推測をしています。宗教を信じることは，逆境を恩寵（神が与えてくれた試練）として受け止め，日々の世話をしてくれる支持的な共同体とかかわりをもつことを可能にし，安寧をもたらすのではという解釈です。

④個人主義文化と集団主義文化

個人主義文化とは，集団目標よりも個人目標を優先する文化です。ここで，集団とは，家族や種族，労働集団，社会階層，カーストを指します。また，集団に帰属することよりも自分の属性で，アイデンティティを定義することを含んでいます。集団主義文化はこの逆であると考えてください。個人主義的文化に比べて，集団主義文化では，共有された価値，資源，協調，相互依存関係を優先するとされています。人間関係の調和は集団主義ではより重要な決定因となります。国家単位で分析した結果，個人主義の国は集団主義の国よりも幸せであるという結果が得られています（Diener *et al.*, 1995）。

(3) 幸福感にもっとも関連する要因

最後にもっとも幸福感に関連する要因を紹介します。

①愛と結婚

結婚生活について不満をもらす人が結構いますが，実証結果は結婚状態が幸福感と相関していることを示しています（Myers, 1999 ; Myers & Diener, 1995）。男女ともに，結婚した人は，独身や死別者よりも幸せであるといえます。しかしながら，調査的研究ですので，因果関係はわかりません。幸せな人々はより親密な人間関係と安定した結婚生活をもてる傾向にあり，不幸せな人は親密な配偶者や仲間を見つけその関係を維持するのがより難しいのではないかということが想像できます。

②仕事

お金があれば，仕事などしたくないのにと思いがちですが，仕事は主観的幸福感の源ということが明らかになっています。愛や結婚より重要ではありませ

コラム 10-1

応用　幸せになる14ヶ条 (Fordyce, 1977, 1983 ; Gerdner, 2002)

①活動的で忙しくあれ。退屈で単調で，マンネリを避ける。自分が楽しめる活動に参加せよ。スポーツ，趣味なんでもよい。

②より社交的であれ。人と離れて生活すると幸福を感じなくなる。友達や家族とともに多くの時間を過ごそう。いろんな機会にいろんな人と出会うことが大事である。この意味で人間関係は幸せの源泉であるといえる。

③意味のある，生産性のある労働に従事せよ。仕事を選ぶことは幸せを感じる上で重要である。決して金銭面だけで職業を選択しても幸福を約束しない。個人的に意味を見出し，生産性を感じる仕事を見つけることは重要である。

④行動目標を整理せよ。幸せな人はとても頭の中が整理されているものだ。毎日成し遂げたいと思うことをリストアップし，それらに優先順位をつけたメモを作る。期日までにやりとげることができれば，メモを破り捨てることでひそかな幸せを味わうことができる。

⑤心配をやめよう。心配は，幸せの敵である。心配していることの大半があなた自身の力でコントロールできる問題ではない。さらには，心配していることの，90％近くの出来事が決して起きないこともわかっている。

⑥期待や野望を低くすることも大事。一般的に高すぎる期待は，失望を招きやすい。低い期待は快適をもたらす。不幸せな人はしばしば，非現実的な期待をもつ。その結果，のろわれるかのように失敗につきまとわれ，不幸になる。学校を卒業したら，結婚したら，子どもをもったら，宝くじにあたったら……などと幸せになるのだと考える習慣はやめにしよう。幸せは，今ここに存在するのであって，不確かな未来にあるのではない。

⑦積極的で楽観的であれ。起こってしまった否定的なことをいつまでも考えるな。幸せな人は，よくない境遇にあるときでさえ，物事のよい面を見る傾向がある。

⑧現在に集中せよ。過去は，過去に追いやろう。否定的なことは過去にすでに起きてしまったことだ。明日について過度に心配しすぎてはいけない。あなたの未来はそれ自体大事だろうが，現時点であなたが不幸せであるならば，同じく将来においてもあなたは不幸せになる可能性が高くなるのだから。

⑨健全な人格をつくりあげよ。フォーダイスは幸せな人の人格特徴を4つ挙げている。(a) 自分自身を好きになる。(b) 自分自身を受け止める。(c) 自分自身を知っている。(d) 自らを自ら助けることができる。

⑩目立つ，社交的な人間になれ。クラブや組織に参加することで，今より目立った外向的になることに従事せよ。今以上に笑おう。笑顔に必要な表情筋を活性化するとき，あなたの気分も改善される。人の輪の中で，にこやかに笑えると，魅力的に見えるし，他者と親しくなれるのだ。

⑪ "あなた自身" であろうとせよ。あなたが思っていることを言い，振る舞

いたいように振る舞おう。自発的に動こう。他の人が考えていることについて心配などするな。

⑫否定的な感情を捨てさろう。フォーダイスによれば，否定的感情を内面にためこむことは，心理的困難を生み出すもっとも重要な原因の1つである。あなたを悩ましていることについて，他者に語ることでより幸せな気分になれる。自分では手におえない問題を抱えたときには，他者に助けを求めよう。他者の中にはプロフェッショナルなカウンセラーを含んでいる。大学に併設されている学生相談室に気軽に相談するのもよい。

⑬親密で愛情のある関係を育てよ。フォーダイスによれば，幸せになるためにこれはもっとも重要なことであるという。あなたの親密な人間関係を発展させ，維持するために時間と労力を使うとよい。

⑭幸せであることを優先しよう。あなたの人生で最も優先順位の高いこと，それは幸せであろうとすることです。あなたの人生で幸せが果たす重要性に対して敏感になろう。

んが，仕事の満足度は，一般的な幸せ感と実質的な関連を示しています（Warr, 1999）。失業は主観的幸福感に大きなダメージを及ぼすこともわかっています（Argyle, 1999）。仕事満足度が幸福感を増す原因なのか幸福感が仕事満足度を増す原因なのかは区別が難しいですが，実証結果は両者が互いに原因であり結果であるという双方向の因果関係を示唆しています（Argyle, 1987）。

③性格要因

性格と主観的幸福感の関連についての研究によれば比較的強い関連が見出されます。例えば，自尊心は幸福感のもっとも優れた予測因です。自分自身が好きな人は，そうでない人よりも幸せなのです。しかし，幸福感を感じる結果，自尊心が高いというように考えることもできます。

他の性格要因としては，外向性，楽観主義，人生に対する個人的コントロール感が含まれます（Myers & Diener, 1995）。また，デネブとクーパー（De Neve & Cooper, 1998）は，メタ分析を行い，外向性と協調性は主観的幸福感と正の相関，神経質傾向は負の相関を一貫して示すとしています。以上の結果からは，外向的で神経質でないことは，そうでない人に比べて，他者と積極的にかかわり，その対人接触から喜びを得やすく，さらに同じ出来事でも楽観的かつポジティブに受け止めやすいのではないかという解釈が可能です。しかし，その解釈が示唆する因果関係が正しいかどうかについては未だに確かではあり

ません。では，仮に性格要因が幸福感の原因であるとすると，幸せをもっと感じたいのに感じにくい性格であると思っている人はどうすればいいのでしょうか。

そこで，幸福感を増進するプログラムが考えられています。フォーダイス（Fordyce, 1977, 1983）は，幸せに生活するための14ヶ条のプログラムを示しています。ここでは，ガードナー（Gardner, 2002）の記述をもとにコラム10-1で紹介します。幸せを感じにくく，もっと幸せを感じてみたいと思われる人は，一度その内容を少し試みたり，その意味を考えたりしてみてください。なお，幸せを人より感じにくい性格だろうがそうでなかろうが，その人の人生の真実や本質とはまったく無関係であることを付記しておきます。

第2節　心理的well-being

【学習目標】
・もう1つの幸福感をめぐる心理学の立場を学び，幸福感に関する考えを深めよう。

さて，第2節では，もう1つの幸せ感情に関する心理学的な立場を紹介しましょう。

ライアンとデシ（Ryan & Deci, 2001）は幸福感（ハッピネスとウェルビーイング）を研究する心理学の立場を2つに分類しています。

1つは，喜びなど快を得つつ，苦痛を回避した状態を幸福（ハッピネス）と考える立場です（快楽主義的見地：Hedonic viewとライアンらはよんでいます）。ディーナー（Diener, E.）はその代表的研究者です。これまで紹介してきた内容がほとんど該当します。生活上の圧迫感や問題がなく個人が価値をおくすべての欲求（肉体的，俗物的欲求も含む）が満たされた場合に，幸福感は感じられると考えられています。

もう一方は，生きる意味を充足し，自己実現（人々がもっている真なる可能性を実現しようする過程）に焦点を当て，人々が十全に機能している状態をウェルビーイングとして研究する立場（幸福論的見地：Eudaimonic view）で，

リフ（Ryff, C.）が代表的な研究者です。この立場が考える幸福感とは，人々の心の奥底に保持されている価値（その人がそうありたいと真に願っていること）と日常生活の活動が一致し，その活動に自己投入できたときに生じると考えられます。そういう状態に至ることができれば，人々は強烈ないきいき感と真正の確実感をもち，真なる自分として存在している感じがあると考えられています。また，このような自己実現に至るには，挑戦と努力が必要であり，その過程で人格の成長がなされると考えられています。

　これらの2つの立場は対立した考えであり，2つの立場の間で論争が続けられています。快楽主義的見地を批判する立場にたつとつぎのようなことが主張できます。種々の快楽，喜びをたくさん享受でき，人生の苦をできるだけ回避できた人は，かならずしも幸せであるとはいえません。たとえそれらが快をもたらしたにしろ，人々にとっては安寧をもたらすとはいえないからです。金銭に執着する人はそうでない人よりも幸福感が低くなるという研究結果もあり，お金に執着して，日々のいきいきした充実感が感じられなければ不幸です。

　一方で幸福論的見地もつぎのように批判できます。物質的，即物的，俗物的な欲求を充足したいというのは多くの人々の正直な願いです。それを下品であると決めつけるのも人間の生に対する一面的な見方ですし，大多数の人々が感じている「普段着の幸せ」から学ぼうとしないのも研究姿勢としては問題でしょう。このように考えてみると，快楽主義的立場と幸福論的立場の両者の見方はどちらが正しいというよりも，互いに補完的な立場であると考えるのがよいとライアンらは述べています。

　さて，ここでは，人間には自己成長（自己実現）をめざすといった，より積極的な意味で自分の幸福なあり方を求める側面があるという幸福論的立場について説明することにします。ワークショップ10-2には，幸福論的立場の代表であるリフの提唱する幸福感である心理的well-beingの個人差を測定する尺度を用意していますので，試してみましょう。このワークショップは，リフの概念や尺度を元にした西田（2000）の尺度を大学生に施行して筆者が短縮版にしたものです。幸福論の立場の代表的研究者であるリフは，心理的well-beingとして，次の6次元を提案し，それらの個人差を測定する尺度を考案しました（Ryff, 1989 ; Ryff & Keys, 1995）。それぞれの内容を吟味して，ワークショップの結果

ワークショップ 10-2

心理的 well-being 尺度（西田, 2000）

		全く当てはまらない	やや当てはまらない	どちらともいえない	やや当てはまる	非常に当てはまる
1	私は，うまく周囲の環境に適応して，自分を生かすことができる	1	2	3	4	5
2	良い面も悪い面も含め，自分自身のありのままの姿を受け入れることができる	1	2	3	4	5
3	自分の生き方を考えるとき，人の意見に左右されやすい	1	2	3	4	5
4	これ以上，自分自身を高めることはできないと思う	1	2	3	4	5
5	私はいつも生きる目標を持ち続けている	1	2	3	4	5
6	私は，あたたかく信頼できる友人関係を築いている	1	2	3	4	5
7	状況をよりよくするために，周囲に柔軟に対応することができる	1	2	3	4	5
8	私は，自分の性格についてよく悩むことがある	1	2	3	4	5
9	私は何かを決めるとき，世間からどうみられているかとても気になる	1	2	3	4	5
10	これからも，私はいろいろな面で成長し続けたいと思う	1	2	3	4	5
11	私は現在，目的なしにさまよっているような気がする	1	2	3	4	5
12	私は他者といると，愛情や親密さを感じる	1	2	3	4	5
13	私は，周囲の状況にうまく折り合いをつけながら，自分らしく生きていると思う	1	2	3	4	5
14	私は，これまでの人生において成し遂げてきたことに，満足している	1	2	3	4	5
15	私は，自分の行動を自分で決める	1	2	3	4	5
16	私は，新しい経験を積み重ねるのが，楽しみである	1	2	3	4	5
17	私の人生にはほとんど目的がなく，進むべき道を見出せない	1	2	3	4	5
18	私は他者に強く共感できる	1	2	3	4	5
19	自分の周りで起こった問題に，柔軟に対応することができる	1	2	3	4	5
20	私は，自分自身が好きである	1	2	3	4	5
21	自分の考え方は，そのときの状況や他の人の意見によって，左右されがちである	1	2	3	4	5
22	自分らしさや個性を伸ばすために，新たなことに挑戦することは重要だと思う	1	2	3	4	5
23	本当に自分のやりたいことが何なのか，見出せない	1	2	3	4	5
24	私はこれまでに，信頼できる人間関係をあまり築いてこなかった	1	2	3	4	5
25	自分の身に降りかかってきた悪いことを，自分の力でうまく切り抜けることができる	1	2	3	4	5
26	私は，今とは異なる自分になりたいとよく思う	1	2	3	4	5
27	重要なことを決めるとき，他の人の判断に頼る	1	2	3	4	5
28	新しいことに挑戦して，新たな自分を発見するのは楽しい	1	2	3	4	5
29	自分がどんな人生を送りたいのか，はっきりしている	1	2	3	4	5
30	自分の時間を他者と共有するのはうれしいことだと思う	1	2	3	4	5

採点法：下記の尺度項目を足し算して尺度得点をもとめる。
環境制御力：1, 7, 13, 19, 25
自己受容：2, 8, 14, 20, 26（8, 26は逆転採点）
自律性：3, 9, 15, 21, 27（15以外すべて逆転採点）
人格的成長：4, 10, 16, 22, 28（4は逆転採点）
人生における目的：5, 11, 17, 23, 29（11, 17, 23は逆転採点）
積極的な他者関係：6, 12, 18, 24, 30（24は逆転採点）
※6次元の解釈は本文を参照。

表10-2　心理的well-being尺度の採点基準

		環境制御力	自己受容	自律性	人格的成長	人生における目的	積極的な他者関係
男性	平均値	15.88	14.43	16.21	21.25	15.37	17.39
	標準偏差	3.6	4.13	4.11	3.45	5.12	3.39
女性	平均値	16.46	14.21	15.21	21.56	15.8	18.42
	標準偏差	3.21	3.9	3.66	3.22	4.86	3.38

を考察してみましょう。

①環境制御力

複雑な環境を操作したりコントロールする能力。自分のまわりのチャンスを効果的に利用することや自分の欲求や価値に合致した条件を選択あるいは作り出す能力を含んでいる。

②自己受容

自分自身と過去の人生についての受容と満足。よい特徴もわるい特徴も両方受容することによって自分に対してポジティブな態度を持続することを含んでいる。

③自律性

独立的に合目的的に行為し、ある信念や命令に同調を求める圧力に抵抗する能力。自律した個人は、他者が確立した基準というよりも個人的な基準に基づき自分自身を評価する。

④人格的成長

以下3つの信念をもっている。i)自分が成長し続けている。ii)新しい経験に

対して，オープンである。iii) 自分が変化することは，より大きな自己に関する知識と効力を反映することをはっきりと理解している。

⑤人生における目的

以下2つの信念をもっている。i) 過去と現在の生活では目標や意味をもっていた。ii) 生きる目標や目的をもっていた。心理的に健康な個人は生活に目標を設定し，自分が向かうべき方向を感じている。

⑥積極的な他者関係

他者と暖かく，満足した信頼関係をエンジョイできる能力。他者の安寧について関心を示したりすることや強い共感，愛情，親密さの能力を含んでいる。

リフのいう心理的well-beingは積極的な精神的健康性を意味していると考えられます。ライアンらは，リフの6次元は幸福感を定義しているというよりも，幸福感を育てる主要要因であると考えられるとしています。筆者の大学生のデータ分析によれば，リフの6尺度とディーナーの生活満足度の間には中程度の正の相関が見出されています。そこで，リフの6次元が示唆する「自律的であること（自律的に生活できる環境を選択することも含む），人生に意味を見出し，自己実現へ向かうこと，そして他者と暖かい関係が築けること」は，生活や人生に満足をもたらすことにつながると考えることもできます。

さて，これまでの幸福をめぐる議論はあくまで心理学の立場から論じられたものに過ぎません。哲学，宗教，経済学，社会学などさまざまな立場で幸せが論じられています。さらに政治的，経済的な国際関係や自然科学的な観点，例えば生物学やエコロジーの観点からも，地球の生きる人々とこれから生まれてくる人たちの幸福を考えなくてはならないでしょう。自分の幸せだけでなく，自分以外の身近な他者の幸福に対しても考えをひろげてみることも大事でしょう。

〈要約〉

客観的事実として幸福を論じるのではなく，心理学では，個人の幸せ感情を主観的幸福感（subjective well-being）とよんで研究しています。これらの研究で用いられる主観的幸福感の測定法を実際に体験しました。主観的幸福感の規定因は，

常識とは異なり、経済力や知能や学歴、身体的魅力の高低はほとんど関係がなく、健康、対人的・社会的な活発度、宗教心、文化の違いは中程度の関係を示しました。もっとも関連が強かった要因は、愛と結婚、仕事、性格要因でした。性格要因は変えにくい要因であるように思われますが、だれでも今より幸せに感じるための14ヶ条を提示しました。また、人々が生きる意味を充足し、自己実現をめざして十全に機能している状態を心理的well-beingとして研究する立場を紹介し、その尺度を体験しました。

〈キーワード〉
　主観的幸福感（subjective well-being）、心理的well-being、快楽主義的見地、幸福論的見地、環境制御力、自己受容、自律性、人格的成長

---〈知識チェック〉---
Q. 主観的幸福感について誤っている文章を指摘し、誤りを訂正しなさい。
①主観的幸福感に関する心理学的研究は、人々の幸せの絶対条件とは何かを追求している。
②経済的に豊かであることは、人々の主観的幸福感を高める重要な要因である。
③人々の性格要因は主観的幸福感を予測する要因ではない。
④孤独でいることは主観的幸福感を低下させるとはいえない。
⑤仕事に充実感をもつことは主観的幸福感を増進する要因ではない。
⑥結婚することは主観的幸福感を増進する要因ではない。
⑦知的であることは主観的幸福感を増進する。

〈レポート・討論課題〉
　①本章の学習にさきだち、「私の幸福感」というテーマで文章をまとめなさい。心理学的見地にこだわらないことが前提です。各自の思っているところの幸福感を自由に論じてください。学習終了後、いろんな主張を教室単位でまとめ、授業で学んだことや感じたことをふまえて、みんなで討論してみよう。
　②トピック「幸せになるための14ヶ条」のそれぞれについて、だれでも実行できる具体的行動や習慣あるいは自分やまわりの人が実践していることを箇条書きにしなさい。5〜6人単位で集まった箇条書きを整理し、その背後にあ

る心理的なメカニズムについて考え，発表しよう。

③幸福をめぐる哲学，経済学，社会学，社会福祉学，医学や看護学などの考え方を調べてレポートしなさい。そして，このテキストで述べた心理学的な考え方と対比しなさい。

〈ブックガイド〉

土肥伊都子・諸井克英　2001　福祉の社会心理学の第1章，および小宮　昇　2002　しあわせの心理学の第1，2，3章をすすめます。ここで紹介した諸研究の詳細や最新の研究成果について知りたい人は一読をすすめます。

【引用文献】

Andrews, F.M., & Withey, S.B.　1976　*Social indicators of well-being.* New York: Plenum.
Argyle, M.　1987　*The psychology of happiness.* London: Academic Press.（石田梅男訳　1994　幸福の心理学　誠信書房）
Argyle, M.　1999　Causes and correlates of happiness. In D.Kahneman, E. Diener, & N. Schwarz(Eds.), *Well-being: The foundations of hedonic psychology.* New York: Russell Sage Foundation.
Cooper, H., Okamura, L., & Gurka, V.　1992　Social activity and subjective well-being. *Personality and individual differences,* **13**, 573-583.
DeNeve, K.M., & Cooper, H.　1998　The happy personality：meta-analysis of 137 personality traits and subjective well-being. *Psychological Bulletin,* **95**, 542-575.
Diener, E.　1984　Subjective well-being. *Psychological Bulletin,* **93**, 542-575.
Diener, E.D., Diener, M., & Diener, C.　1995　Factors predicting the subjective well-being of nations. *Journal of Personality and Social Psychology,* **69**, 851-864.
Diener, E., Emmons, R.A., Larsen, R.J., & Griffin, S.　1985　The satisfaction with life scale. *Journal of Personality Assessment,* **49**, 71-75.
Diener, E., Sandvik, E., Seidlitz, L., & Diener, M.　1993　The relationship between income and subjective well-being: Relative or absolute? *Social Indicators Research,* **28**, 195-223.
Diener, E., Wolsic, B., & Fujita, F.　1995　Physical attractiveness and subjective well-being. *Journal of Personality and Social Psychology,* **69**, 120-129.
Fordyce, M.W.　1977　Development of a program to increase personal happiness. *Journal of counseling Psychology,* **24**, 511-521.
Fordyce, M.W.　1983　A program to increase happiness: further studies. *Journal of counseling Psychology,* **30**, 483-498.
Freedman, J.　1978　*Happy people.* New York: Harcourt Brace Jovanovich.
Gardner, R.M.　2002　*Psychology.* Wadworth.
Inglehart, R.　1990　*Culture shift in advanced industrial society.* Princeton, NJ: Princeton University Press.
小宮　昇　2002　しあわせの心理学　ナカニシヤ出版　7-45.
諸井克英　2001　幸せになるために　土肥伊都子・諸井克英　福祉の社会心理学　ナカニシヤ出

版　7-45.
西田裕紀子　2000　成人女性の多様なライフスタイルと心理的well-beingに関する研究　教育心理学研究, **48**, 433-443.
Myers, D.G.　1992　*The pursuit of happiness: Who is happy － and why.* New York: Morrow.
Myers, D. S., & Diener, E.　1995　Who is happy? *Psychological Science*, **6**, 10-19.
Poloma, M.M., & Pendleton, B.F.　1990　Religious domains and general well-being. *Social Indicators Research*, **22**, 255-276.
Ross, C.E., & Van Willigen, M.　1997　Education and the subjective quality of life. *Journal of Health and Social Behavior*, **38**, 275-297.
Ryan, R.M., & Deci, E.L.　2001　On happiness and human potentials: A review of research on hedonic and eudaimonic well-being. *Annual Review of Psychology*, **52**, 167-196.
Ryff, C.D.　1989　Happiness is everything, or is it ? Explorations on the meaning of psychological well-being. *Journal of Personality and Social Psychology*, **57**, 1069-1081.
Ryff, C.D., & Keys, C.L.　1995　The structure of psychological well-being revisted. *Journal of Personality and Social Psychology*, **69**, 719-727.
Warr, P.　1999　Well-being and the workplace. In D. Kahneman, E. Diener, & N. Schwarz(Eds.), *Well-being: The foundations of hedonic psychology.* New York: Russell Sage Foundation.

＜知識チェック回答＞
第2章，p.41
1. ◯，2. ×，3. ◯，4. ×，5. ◯

第3章，p.63
Ⅰ 1. 言語的コミュニケーション，非言語的コミュニケーション，2. 送り手，メッセージ，チャネル，受け手，効果，3. 自己呈示，自己開示

第5章，p.110
1. ◯，2. ◯，3. ×，4. ◯，5. ◯，6. ◯，7. ×

第7章（第1節・第2節），p.138
1. 身体的攻撃，言語的攻撃，いかり，敵意，2. フラストレーション攻撃説→ダラード，攻撃の社会的学習理論→バンデューラ，攻撃手掛かり説→バーコヴィッツ，攻撃の本能説→フロイト，攻撃の二過程モデル→大渕憲一

第7章（第3節・第4節），p.154
1. 身体的虐待，ネグレクト，性的暴行，心理的虐待，2. ②

第9章，p.198
1. ×非日常→日常および非日常，2. よってのみ→だけでなく認知的評価によっても，3. ×常に他人から課されるものである→他人から課されるものばかりではない（物理的，化学的要因，心理的要因，災害，他にも多数ある），4. ◯，5. ×2次的→1次的，6. ◯，7. ◯，8. ×刺激追求欲求→ハーディネス（頑健性），9. ×常に→おおむね人をストレスから守る力があるが，場合によってはストレスを高めることもある（圧力釜効果）

第10章，p.215
1. ×幸せの絶対条件→幸福感の増進条件，2. ×重要な要因である→重要な要因ではない，3. ×要因ではない→重要な要因である，4. ×低下させるとはいえない→低下させる要因である，5. ×増進する要因ではない→増進する要因である，6. ×増進する要因ではない→増進する要因である，7. ×増進する→増進する要因とはいえない

事項索引

あ

アートセラピー　172
アイ・コンタクト　54
愛情　25
　　──の類型　27
AIDMA理論　82
愛の三角形理論　26
アサーション　59
アッシュの印象形成の実験　4
アナウンスメント効果　79
暗黙の性格理論　7
意見　76
1次的評価　184
一時保護　143
一面提示　72
一貫性　74
一致的妥当化　21
意図　76
印象形成　4
インフォーマル・グループ　104
受け手　47
A-B-Xモデル　21
エゴグラム　158
SVR理論　32
送り手　47

か

カタルシス　136
　　──効果　83
価値　77
寛容効果　7
希少性　77
議題設定機能仮説　79
虐待サイクル　153
共感　9
共感性　136
恐怖アピール　72
共有地の悲劇　121
近接性　16
口の大きさ　2
クライエント　8
ケリーの印象形成の実験　5
権威　75
言語的コミュニケーション　46
好意　25, 75
　　──の返報性　24
交感神経系　183
攻撃　129
　　──手掛かり説　132
　　──の二過程モデル　132
　　──の社会的学習理論　132
　　──の本能説　132
　　──のレディネス　132
高コンテキスト・スタイル　48
行動　76
光背効果　7
交流分析　158
心の整理法　169
ゴシップ　87
孤独感　36
コミットメント　74
コンテキスト　48

さ

最小集団状況　118
在宅指導　147
錯誤帰属　32
里親委託　147
CMC　88
自己開示　34, 58, 90
　　──の返報性　59
自己呈示　58
児童虐待　140
児童相談所　146
児童福祉施設　147
社会情報　87
社会的アイデンティティ理論　119
社会的カテゴリ化　119
社会的再適応尺度　182
社会的証明　74
社会的ジレンマ　120
社会的促進　101
社会的手抜き　102
社会的抑制　101

囚人のジレンマ　122
集団間対立　117
集団規範　106
集団凝集性　106
集団極性化　116
集団浅慮　116
主観的幸福感　202
少数者の影響　109
衝動的攻撃動機　132
情動焦点型対処　185
情動二要因説　32
初頭効果　5, 58
親権喪失宣言の請求　148
身体的虐待　142
身体的魅力　3, 19
身長　2
信念　76
心理検査　163
心理的well-being　210
心理的虐待　142
ステレオタイプ　7
ストレス　179
　──反応　183
ストレッサー　180
性的暴行　142
責任の分散　99
積極的傾聴　61
戦略的攻撃動機　133
想定類似性　7
相補性　24
ソーシャルサポート　195

た
第一印象　1
体型　2
対処（コーピング）　185
対人距離　52
対人ストレスモデル　192
対人認知　6
対人不安　10
対人魅力　15
態度　68
　──の感情成分　68
　──の行動成分　68

　──の認知成分　68
態度変容　70
多元的無知　99
タッチング　55
単純接触効果　18, 82
チャネル　47
注意葛藤説　102
沈黙の螺旋理論　81
DV　149
　──防止法　149
低コンテキスト・スタイル　48
転移　8
動機　77
闘争／逃走反応　183
同調　108
匿名性　135
都市伝説　87
トランスアクショナルモデル　184

な
内集団びいき　119
2次的評価　184
認知的不協和理論　70
認知的複雑性　7
ネグレクト　142
ノイズ　48

は
パーソナリティ特性　76
パーソナル・スペース　52
ハーディネス　197
培養効果　80
バタード・ウーマン　153
パラ言語　56
ひげ　3
非言語的コミュニケーション　46, 50, 90
額のひろさ　2
評価懸念　99
フィードバック　48
フォーマル・グループ　104
福祉事務所　146
符合化　47
符号解読　47
プライミング効果　81

フラストレーション　135
　──攻撃説　132
ブレインストーミング　114
フレーミング効果　81
偏見　7
返報性　73
傍観者効果　98
暴力のサイクル理論　152
没個性化（没個人化）　102, 135
ボディランゲージ　55

ま
マス・コミュニケーション　78
マス・メディア　78
メガネ　3
メッセージ　47

メディア・リテラシー　84
免疫機能　183
モデリング　135, 136
問題焦点型対処　185

や
破れ窓理論　137
友人関係の機能　34
装い　3

ら
楽観主義　197
リスク要因　144
流言　86
流行現象　84
両面提示　72

人名索引

あ
アーガイル, M.　51, 54, 207, 209
アクセルロッド, R.　122
アッシュ, S.E.　4, 5, 58, 108
アロン, A.P.　31
アンドリュース, F.M.　203, 204
イエンガー, S.　81
池田謙一　79
伊藤哲司　106
伊藤陽一　87
井上忠司　55
井上　徹　26, 27
今井芳昭　71, 76
入江　茂　175
岩男寿美子　80, 83
インガム, A.G.　102
イングルハート, R.　205
ウィジー, S.B.　203, 204
ウィンチ, R.F.　24
ウィンドール, S.　80
ウォーカー, L.E.　152
ウォルスター, E.　19, 20, 32
エリオット, R.　136

江利川滋　29, 30
大石　裕　79
大橋正夫　2
大畑裕嗣　87
大渕憲一　132
岡　隆　59
岡本浩一　80
奥田達也　106
オストロブ, N.　19
オズボーン, A.F.　114
尾関友佳子　186, 190, 196
落合良行　38, 39
オルポート, G.W.　87, 120

か
カーティス, R.C.　24
ガードナー, R.M.　208, 210
ガーブナー, G.　80
カッツ, E.　86
加藤　司　187, 188, 192
カルフ, D.　169
川上和久　85
川上善郎　87, 88

人名索引

ガンジー 172, 173
キャノン, W.B. 183
キンダー, D. 81
クーパー, H. 206, 209
工藤 力 37
クラッチフィールド, R.S. 68
クレッチ, D. 68
グロス, L. 80
黒田浩司 163
ケリー, H.H. 5, 6
小池和代 3
コーエン, S.P. 106
古城和子 46
コットレル, N.B. 101
コバサ, S.C. 197

さ

サーマット, V. 37
ザイアンス, R.B. 18, 82, 101
斎藤 学 141, 154
榊 博文 68, 72, 75, 82
坂元 章 7, 83
ささやななえ 140, 145
サティア, M.V. 167
シーガル, H. 19
椎名篤子 140, 145
ジェラルド, H.B. 109
シェリフ, M. 107, 117, 118
ジェンドリン, E.T. 165
ジャクソン, J.M. 107, 108
シャクター, S. 32, 87
ジャニス, I.L. 72, 116
シュプランガー, E. 36
シュミット, N. 37
ジュリアーニ 137
ジュリアン, J.W. 109
庄司順一 144
ショウペンハウエル 54
ショー, D.L. 79
シンガー, J. 32
ジンバルドー, P.G. 103, 135
杉田峰康 160
鈴木武治 62
鈴木みどり 84

スターンバーグ, R.J. 26, 27
セリエ, H. 180

た

ダーリー, J.M. 98
大坊郁夫 46
タジフェル, H. 118
ダットン, D.G. 31
田中國夫 37
ダラード, J. 132
丹野義彦 76
チャルディーニ, R.D. 71, 73, 75
ティアガラジャン, S. 124
ディーナー, E. 103, 203 - 207, 209, 210, 214
ディオン, K. 3
デーヴィス, M.H. 195
デシ, E.L. 205, 210
テダスキ, J.T. 59
デネブ, K.M. 209
デュセイ, J.M. 161
ドイチュ, M. 109
ドウズ, R.M. 121
トリプレット, N. 101

な

中井久夫 177
中島純一 86
中村 正 153, 154
中村陽吉 96
ナップ, M.L. 46
成田善弘 9
二木宏明 132
西川正之 37
西田公昭 73
西田裕紀子 211, 212
ニューカム, T.M. 21
ネルソン, D. 21 - 23
ノエル=ノイマン, E. 81
ノーマン, N. 59
野村 忍 162

は

バーコウィッツ, L. 132

バーシェイド, E.　32
ハーディン, G.　121
ハーマン, J.L.　141
パールマン, D.　37
バーン, D.　21 - 23
バーン, E.　160 - 163
バーンランド, D.　55, 56
萩原　滋　6
バス, A.H.　129 - 131
バラキ, E.L.　68
バロン, R.S.　102, 195
バンデューラ, A.　83, 132
ビエリ, J.　7
東　正訓　76, 134
平木典子　60, 61
広沢俊宗　34 - 38, 86
広瀬幸雄　121
ファーマー, S　167
フェスティンガー, L.　16, 17, 70, 71, 102, 108
フェッシュバック, N.D.　136
フェッシュバック, S.　72, 136
フォークマン, S.　184
フォーダイス, M.W.　208 - 210
藤竹　暁　78, 86
藤本忠明　134
藤原武弘　26, 57
ブラウン, P.　136
フリードマン, J.　206
フロイト, S.　132, 157, 160, 167
ベールズ, R.F.　106
ペプロー, L.A.　37
ベラック, L.　54
ペリー, M.　129 - 131
ペルグリニ, R.J.　3
ヘンドリック, C.　29
ヘンドリック, S.S.　29
ホヴランド, C.I.　71
ホール, E.T.　48, 52, 53
ポストマン, L.　87
ホランダー, E.P.　109
ホルムズ, T.H.　181

ま

マースタイン, B.I.　32, 33

マイヤー, D.S.　205 - 207, 209
マクガバン, T.V.　57
増井武士　169, 171
松井　豊　29, 30, 34, 69, 86
マックームス, M.E.　79
マッケイル, D.　80
マレービアン, A.　51
三上俊治　87
宮田加久子　88
ミラー, K.　24, 181, 182
ミルグラム, S.　77, 136
村山なおこ　86
モスコヴィッチ, S.　109
モレノ, J.L.　105
諸井克英　40, 203, 204

や

八代京子　49, 55
山岸俊男　123, 125, 126
山中康裕　172
山本志都　56
湯川進太郎　83

ら

ラーエ, R.H.　181, 182
ライアン, R.M.　205, 210, 214
ラザースフェルド, P.F.　86
ラザルス, R.　184
ラタネ, B.　98, 102
ラッセル, D.　37
リー, J.A.　27, 29, 30
李　津娥　82
リバーマン, D.　58
リフ, C.D.　211, 214
リンゲルマン, M.　102
ルービン, Z.　25 - 27
ロジャーズ, E.M.　84, 85
ロジャース, C.R.　165, 167
ロス, C.E.　206

わ

ワイス, W.　71
和田迪子　161
ワラック, M.A.　116

執筆者紹介(五十音順，＊は編者)

奥田達也(おくだ・たつや)
東海学園大学心理学部心理学科教授
同志社大学文学部卒，名古屋大学大学院文学研究科博士課程単位取得満期退学
専攻：社会心理学・心理統計法・調査法
執筆分担：第5章，第6章

小城英子(こしろ・えいこ)
聖心女子大学現代教養学部教授
聖心女子大学文学部卒，関西大学大学院社会学研究科博士課程後期課程単位取得
専攻：社会心理学・マスメディア論
第4章

辻　潔(つじ・きよし)
追手門学院大学心理学部心理学科准教授
中央大学法学部卒，大阪市立大学大学院生活科学研究科後期博士課程
専攻：カウンセリング・プレイセラピー・ロールシャッハテスト
第1章3節，コラム2-3，コラム3-2

永野浩二(ながの・こうじ)
追手門学院大学心理学部心理学科教授
九州大学教育学部卒，九州大学大学院教育学研究科博士課程単位取得満期退学
専攻：臨床心理学・カウンセリング
第7章3・4節，第8章

橋本尚子(はしもと・しょうこ)
大阪産業大学他非常勤講師
追手門学院大学文学部卒，同大学院文学研究科修士課程修了
専攻：臨床社会心理学
第3章

東　正訓＊(ひがし・まさのり)
追手門学院大学心理学部心理学科教授
関西大学社会学部卒，同大学院社会学研究科博士課程後期課程単位取得
専攻：応用社会心理学・応用心理測定・心理学研究法
第9章，第10章，コラム4-2，コラム4-6

広沢俊宗(ひろさわ・としむね)
関西国際大学心理学部心理学科教授
関西学院大学社会学部卒，同大学院社会学研究科博士課程後期課程単位取得満期退学
専攻：社会心理学
第2章

藤本忠明*（ふじもと・ただあき）
追手門学院大学名誉教授
大阪大学文学部卒，同大学院文学研究科博士課程中途退学
専攻：交通心理学・社会心理学
第1章1・2節，第7章1・2節，コラム4-1

ワークショップ人間関係の心理学

2004年3月10日　初版第1刷発行　　定価はカヴァーに
2025年3月30日　初版第26刷発行　　表示してあります。

編　者　藤本忠明
　　　　東　正訓
発行者　中西　良
発行所　株式会社ナカニシヤ出版
　　　　〒606-8161 京都市左京区一乗寺木ノ本町15番地
　　　　Telephone　075-723-0111
　　　　Facsimile　075-723-0095
　　　　郵便振替　01030-0-13512
　　　　URL　　　http://www.nakanishiya.co.jp/
　　　　E-mail　　iihon-ippai@nakanishiya.co.jp

装丁＝白沢　正／印刷・製本＝ファインワークス
Copyright © 2004 by T.Fujimoto & M.Higashi
Printed in Japan
ISBN978-4-88848-833-4　C1011

◎本書のコピー，スキャン，デジタル化等の無断複製は著作権法
上での例外を除き禁じられています。本書を代行業者等の第三者
に依頼してスキャンやデジタル化することは，たとえ個人や家庭
内での利用であっても著作権法上認められておりません。